国家出版基金项目
NATIONAL PUBLICATION FOUNDATION

南方主要少数民族乡规民约与社会治理研究丛书（续编）

当代南方少数民族乡规民约探析

李天助◎著

湘潭大学出版社

总序

一

《中华人民共和国村民委员会组织法》（1998 年 11 月 4 日第九届全国人民代表大会常务委员会第五次会议通过，2010 年 10 月 28 日第十一届全国人民代表大会常务委员会第十七次会议修订）对村规民约的制定、效力等进行了较为全面的规定，如第 27 条规定："村民会议可以制定和修改村民自治章程、村规民约，并报乡、民族乡、镇的人民政府备案。村民自治章程、村规民约以及村民会议或者村民代表会议的决定不得与宪法、法律、法规和国家的政策相抵触，不得有侵犯村民的人身权利、民主权利和合法财产权利的内容。村民自治章程、村规民约以及村民会议或者村民代表会议的决定违反前款规定的，由乡、民族乡、镇的人民政府责令改正。"第 10 条又规定："村民委员会及其成员应当遵守宪法、法律、法规和国家的政策，遵守并组织实施村民自治章程、村规民约，执行村民会议、村民代表会议的决定、决议，办事公道，廉洁奉公，热心为村民服务，接受村民监督。”第38条还规定：“驻在农村的机关、团体、部队、国有及国有控股企业、事业单位及其人员不参加村民委员会组织，但应当通过多种形式参与农村社区建设，并遵守有关村规民约。”

2014年10月23日，中国共产党第十八届中央委员会第四次全体会议通过的《中共中央关于全面推进依法治国若干重大问题的决定》明确提出“增强全民法治观念，推进法治社会建设”的目标，强调“推进多层次多领域依法治理”，要求“发挥市民公约、乡规民约、行业规章、团体章程等社会规范在社会治理中的积极作用”。这表明，在法治国家、法治社会建设中，需要进一步提高乡规民约、村规民约的地位，高度重视乡规民约、村规民约的价值，全面发挥乡规民约、村规民约的作用，在社会治理中充分运用乡规民约、村规民约。

2017年10月18日，习近平同志代表第十八届中央委员会向大会所作的报告中提出了实施乡村振兴战略，强调加强农村基层基础工作，健全自治、法治、德治相结合的乡村治理体系。2018年中央一号文件《中共中央 国务院关于实施乡村振兴战略的意见》（2018年1月2日公布并实施）也明确提出“发挥自治章程、村规民约的积极作用”。

乡规民约是乡村民众为了办理公共事务和公益事业、维护社会治安、调解民间纠纷、保障村民利益、实现村民自治，民主议定和修改并共同遵守的社会规范。乡规民约包括乡规民约、村规民约等，在当代中国农村以村规民约为主体；既有根据《村民委员会组织法》由村民会议制定和修改的村规民约，也有由村老年协会等制定和修改的规约，还包括若干村民议定的某种规约；既包括行政村的村规民约、村民小组即自然村的规约，也包括跨村的乡规民约；既包括成文的村规民约，也包括不成文的规约；既包括全面性的村规民约、乡规民约，也包括如计划生育规约、环境卫生公约等专门性的村规民约。

乡规民约、村规民约在农村社会中发挥着实现村民自治、发展乡村民主、保障村民权益、团结村民群体、维护乡村秩序、保护生态环境、弘扬良善道德、传承优秀文化、改善村风民俗的重要作用。

二

南方主要少数民族为居住在广西、云南、贵州、四川、湖南、海南、广东、湖北、浙江、江西、福建等地的少数民族，包括壮族（16,926,381）、苗族（9,426,007）、彝族（8,714,393）、土家族（8,353,912）、侗族（2,879,974）、布依族（2,870,034）、瑶族（2,796,003）、白族（1,933,510）、哈尼族（1,660,932）、黎族（1,463,064）、傣族（1,261,311）、畲族（708,651）、傈僳族（702,839）、仡佬族（550,746）、拉祜族（485,966）、佤族（429,709）、水族（411,847）、纳西族（326,295）、羌族（309,576）、仫佬族（216,257）、景

颇族（147，828）、布朗族（119，639）、毛南族（101,192）等。[1]

1949年中华人民共和国成立前，我国南方主要少数民族的社会发展是不平衡的，主要有四种类型：第一种为封建地主所有制，主要是那些与汉族交往密切的民族，如壮族和彝族、黎族等民族的大部分。第二种为封建领主制，包括部分傣族、彝族、纳西族等。第三种为奴隶制，基本上保留在四川大凉山和云南小凉山地区的部分彝族中。第四种为保留浓厚的原始公社制残余，主要存在于云南边疆山区的独龙族、怒族、傈僳族、佤族、布朗族、基诺族、德昂族、哈尼族，中东南地区的瑶族，海南岛的黎族，台湾的高山族等民族之中。[2] 在1949年中华人民共和国成立前，这些少数民族主要通过习惯法进行社会的自我治理。[3] 而少数民族习惯法中的主要规范为乡规民约、村规民约。乡规民约、村规民约成为南方主要少数民族分

---

① 据2010年11月1日第六次全国人口普查统计，我国除港澳台以外的31个省、自治区、直辖市和现役军人的人口中，各少数民族人口为113，792，211人，占8.49%，同2000年第五次全国人口普查相比，各少数民族人口增加7，362，627人，增长6.92%。人口在10万人以下的南方少数民族有普米族（42，861）、阿昌族（39,555）、怒族（37,523）、京族（28,199）、基诺族（23,143）、德昂族（20,556）、门巴族（10,561）、独龙族（6,930）、高山族（4,009）、珞巴族（3,682）等。参见 http：//www.stats.gov.cn/tjsj/pcsj/rkpc/6rp/indexch.htm，2018年7月29日最后访问。

② 参见林耀华：《民族学通论》，中央民族学院出版社1990年版，第260－261页。

③ 本文所指的习惯法为非国家法意义上的习惯法，是指独立于国家制定法之外，依据某种社会权威和社会组织，具有一定的强制性的行为规范的总和。参见高其才：《中国习惯法论（第3版）》，社会科学文献出版社2018年版，第3页。

配社会资源、调整社会关系、解决社会冲突、维护社会秩序的重要规范，在社会生活中发挥着广泛的影响。在中华人民共和国成立以后，受历史传统、民族文化等的影响，乡规民约、村规民约的意识、观念、思维和规范仍然在我国南方主要少数民族中客观存在，以各种方式、多类途径在社会治理中发挥着作用。

对南方主要少数民族乡规民约与社会治理进行研究，有助于全面掌握和认识南方主要少数民族乡规民约、村规民约与社会治理的现实状况和具体表现；对南方主要少数民族乡规民约、村规民约在社会治理中积极作用和实现障碍的分析，有助于充分挖掘乡规民约、村规民约的价值，进一步推进和完善村民自治制度、发扬农村基层民主。对南方主要少数民族乡规民约、村规民约具体内容、规范特点的分析，对南方主要少数民族乡规民约、村规民约在全面推进依法治国、建设法治国家和法治社会中地位和价值的探讨，有助于发挥民族法文化的现代价值、协调少数民族习惯法与国家法律的关系，以加快我国的法治建设进程，全面建设法治社会。

作为全国少数民族的主要部分，南方主要少数民族数量多、地区分布广、民族特色鲜明、社会治理任务多样。探讨南方主要少数民族乡规民约与社会治理，对于总结南方主要少数民族乡规民约的社会治理手段和经验，思考南方主要少数民族乡规民约与社会治理的特点和规律，推进民族地区现代化建设和社会和谐发展，建立健全党委领导、政府负责、社会协同、公众参与、法治保障的现代乡村社会治理体制，健全自治、法治、德治相结合的乡村治理体系，实施乡村振兴战略并最终实现产业兴旺、生态宜居、乡风文明、治理有效、生活富裕目标具有重要意义。同时，通过对南方主要少数民族乡规民约与社会治理的分析，对于保护固有民族文化、传承优秀民族文化、促进民族文化发展具有积极作用。

中华法系是在我国统一多民族的土地上生长和发展起来的，在形成和发展过程中吸收了不同民族法文化的内容。它不仅包括以汉族为主体的中原王朝法律，也包括中国少数民族习惯法，少数民族对中华法系的形成作出了重要贡献，历史上形成了数量庞大的少数民族法典及习惯法。① 少数民族法制是中华法系发展历史中的有机组成部分，“中华法系是中国各民族法律原则和法律意识长期融合的产物”②，“中华法系正是融合了各民族的法律意识与创造力才形成的”。③ 研究中华法系、探讨中华法制文明的现代意义，不能缺少对少数民族乡规民约、村规民约等习惯法的关注，否则就无法揭示中国法制发展的全貌与发展规律，认识不同社会形态条件下各种类型法的本质和特点，理解不同历史时期、不同社会发展阶段各民族法文

① 参见杨一凡、田涛主编，张冠梓点校：《中国珍稀法律典籍续编·少数民族法典法规与习惯法（上、下）》，黑龙江人民出版2002年版。该书将民族法律文献资料分为法典法规篇、地方法规篇、乡规民约篇、习惯法篇、司法文书篇。

② 张晋藩：《再论中华法系的特点》，载《政法论坛》1985年第4期。

③ 张晋藩：《中华法制文明的演进》，中国政法大学出版社1999年版，第12页。

化及在中国共同文化范围内各民族法文化并存的条件。① 因此研究南方主要少数民族的乡规民约、村规民约等习惯法对中华法系内容的丰富、中华法系成果的传播、中华法系精神的弘扬具有重要意义。②

探讨南方主要少数民族的乡规民约、村规民约，研究南方主要少数民族乡规民约、村规民约与社会治理的关系，这对于拓宽法学研究领域、丰富法学理论、深化法学研究，正确处理现代化发展中的少数民族法文化是有一定意义的。同时，有助于推进民族学、政治学、人类学、社会学、历史学等学科的发展，为这些学科提供系统、全面的研究材料。

三

《南方主要少数民族乡规民约与社会治理丛书》（以下简称《丛书》）包括资料篇和研究篇，资料篇主要对南方主要少数民族从古代到当代的乡规民约进行汇编。研究篇为专题研究，涉及南方主要少数民族乡规民约与乡村事务管理、南方主要少数民族乡规民约与基层民主治理、南方主要少数民族乡规民约与婚姻家庭关系调整、南方主要少数民族乡规民约与生态环境保护、南方主要少数民族乡规民约与固有习惯法传承、南

---

① 蔡尚思先生也曾指出："现今研究中国各专门史，也不好以汉族为范围了，以汉族为范围的中国各专门史，不可能是整个的或比较完全的中国各专门史，如要认真地说，至多也只是汉民族的专门史。"见《中国各民族的血统和文化》，载《文汇报》1984 年 4 月 9 日。

② 参见李兴华《回族与中华文明》（载《回族研究》1999 年第 1 期）的有关论述。

方主要少数民族乡规民约与社会治安维护、南方主要少数民族乡规民约与纠纷解决等。同时，专题研究又结合了族别研究、个案研究、地区研究，包括广西金秀瑶族的村规民约，贵州锦屏苗族、侗族的村规民约，云南大理等地的白族、傣族等民族的村规民约等。

《丛书》在撰写时强调以下方面：（1）全面性。《丛书》全面、系统、综合地探讨南方主要少数民族乡规民约、村规民约在社会治理中的具体表现、积极作用，力图完整地展示南方主要少数民族乡规民约、村规民约与社会治理的发展、变化关系。（2）现代性。《丛书》在分析历史上的南方主要少数民族乡规民约与社会治理关系的基础上，重点讨论当今的南方主要少数民族乡规民约、村规民约在社会治理中的积极作用，关注南方主要少数民族乡规民约、村规民约的现实样态，描述南方主要少数民族乡规民约、村规民约的实际状况。（3）民族性。《丛书》突出南方主要少数民族乡规民约的民族特色，注重乡规民约、村规民约中的民族传统，探讨乡规民约、村规民约与民族社会治理、民族地区发展的关系。（4）地方性。南方主要少数民族乡规民约、村规民约为一种地方性知识、区域性规范，具有较为明显的地域特点。《丛书》尽力揭示南方主要少数民族乡规民约、村规民约在社会治理中的地方性因素。（5）文化性。作为社会治理的重要规范，南方主要少数民族乡规民约、村规民约体现了独特的价值内涵、文化传统。《丛书》强调从文化角度理解南方主要少数民族乡规民约、村规民约与社会治理的关系。

《丛书》在进行南方主要少数民族乡规民约、村规民约与社会治理探讨时，秉承法多元主义的理念，坚持历史进化和整体联系的观点，在方法上注意将史料分析与田野调查相结合，尤以田野调查为重；以法学、历史学方法为主，同时借鉴社会学、文化人类学、民俗学、经济学等学科的理论、技术和方法，进行综合研究，从而试图描述南方主要少数民族乡规民约、村规民约与社会治理的实际状况，把握南方主要少数民族乡规民约、村规民约与社会治理的发展趋势，探寻南方主要少数民族乡规民约、村规民约与社会治理的特点和规律，以揭示南方主要少数民族乡规民约、村规民约与社会治理的真实状况，感受南方主要少数民族乡规民约、村规民约在社会治理中的某种特殊魅力。

四

《丛书》在2016年被列入国家“十三五”出版规划，并得到2018年度国家出版基金的资助。在具体实施过程中，《丛书》组建了编委会，由编委会精心遴选作者，广泛吸纳在乡规民约、村规民约和民族习惯法方面有专门研究的学者加入调查、研究队伍。

《丛书》编委会在认真讨论的基础上，制订了详细的工作计划，就田野调查和资料搜集进行了具体的安排，确定了编写体例和基本要求，拟定了交稿时间和出版时间。各位作者克服种种困难，尽力进行田野调查，认真撰写书稿并按约交付，保证了《丛书》的如期出版。

湘潭大学出版社积极支持《丛书》编委会的工作，为《丛书》的出版提供了有力的支持，保证了《丛书》的顺利面世。

由于作者等各种因素所限，《丛书》编委会的一些设想没能完全落实。由于受时间、能力等因素所限，加之论题较大，《丛书》可能存在一些不足，敬请读者批评指正。

高其才

2018 年 7 月 27 日于京西

目录

绪论

一、问题的提出

选题与当前我国不断强调发挥乡规民约在社会治理、乡村振兴中的积极作用，重视挖掘中华优秀传统文化的价值内涵等政策息息相关。2014 年 10 月 23 日，党的十八届四中全会通过的《中共中央关于全面推进依法治国若干重大问题的决定》提出："发挥市民公约、乡规民约、行业规章、团体章程等社会规范在社会治理中的积极作用。"2017 年 1 月 25 日，中共中央办公厅、国务院办公厅印发《关于实施中华优秀传统文化传承发展工程的意见》，提出"迫切需要深入挖掘中华优秀传统文化价值内涵，进一步激发中华优秀传统文化的生机与活力"，"把优秀传统文化思想理念体现在社会规范中，与制定市民公约、乡规民约、学生守则、行业规章、团体章程相结合"。2017 年 10 月 18 日，十九大报告指出："深入挖掘中华优秀传统文化蕴含的思想观念、人文精神、道德规范，结合时代要求继承创新，让中华文化展现出永久魅力和时代风采。”2021年6月1日开始实施的《乡村振兴促进法》第30条中也有规定，“发挥村规民约积极作用”。这说明两点：其一，党和国家充分意识到并逐步重视乡规民约等社会规范在社会治理中的积极价值；其二，中华优秀传统文化的魅力和价值得到重新重视，其中包括异彩纷呈、内涵丰富的少数民族法律文化。从古至今，中国多民族国家的历史已经延续两千余年，在漫长的历史长河里，各民族创造了异彩纷呈、独具特色的民族法律文化。这些绚丽多姿的法律文化滋养了民族智慧、锤炼了民族性格，是中国传统法律文化不可或缺的一部分。发掘与整理这份宝贵遗产，古为今用，一直是民族学、历史学、法学、社会学、人类学领域孜孜以求的目标，对促进少数民族地区的纠纷解决、社会治理，实现民族团结和边疆稳定具有重大的现实意义。另外，以乡规民约为代表的民族法律文化随着社会急剧转型正在加速消解、变革和调适，对其进行收集和研究具有抢救意义。

南方少数民族因其地理、历史、文化的特殊性，所制定或形成的乡规民约必然与汉族地区有所不同，在思想根源上与宗教、禁忌、习惯等存在天然的联系，在制定与实施中形成了完整而独特的程序。这些“特殊性”“天然的联系”“完整而独特的程序”都是值得我们深入研究的课题。目前，学界对汉族地区非正式制度的研究主要以乡约、家法族规、行规等为考察对象，对少数民族地区非正式制度的研究主要集中于习惯法、民间法，“少数民族乡规民约”“少数民族村规民约”的概念和提法较为少见，从乡村社会治理、法治建设角度对少数民族乡规民约的专门研究并不多见。笔者在搜集、研读资料的过程中产生了疑问：乡规民约是不是一种非正式制度？南方少数民族乡规民约是不是一种颇值得研究的非正式制度？2016年7月，“南方主要少数民族乡规民约与社会治理研究丛书”出版项目启动，笔者有幸参会并聆听了多位长期致力于少数民族习惯法研究的专家学者报告，受益颇深，从此愈加坚定了探索这一课题的决心和勇气。

二、研究现状

第一，原始资料的搜集、整理方面，目前主要有《广西少数民族地区碑文契约资料集》[①]《苗族古歌古词》[②]《瑶族石刻录》[③]《融水苗族埋岩古规》[④]《中国珍稀法律典籍续编》（第十册）《少数民族法典法规与习惯法》）（下）[⑤]《古代乡约

① 《中国少数民族社会历史调查资料丛刊》修订编辑委员会编：《广西少数民族地区碑文契约资料集》，北京：民族出版社2009年版。

② 贵州省黄平县民族事务委员会编：《苗族古歌古词》（下集·理词），1988年版。

③ 黄钰辑点：《瑶族石刻录》，昆明：云南民族出版社1993年版。

④ 广西壮族自治区少数民族古籍整理出版规划领导小组主编：《融水苗族埋岩古规》，南宁：广西民族出版社1994年版。

⑤ 杨一凡、田涛主编，张冠梓点校：《中国珍稀法律典籍续编》（第十册）《少数民族法典法规与习惯法》（下），哈尔滨：黑龙江人民出版社2002年版。

及乡治法律文献十种》[1]《清水江文书》[2]《金秀瑶族村规民约》[3]《中国少数民族传统法律文献汇编》（第二册）[4] 等。有的由官方搜集整理而成，有的由本民族有识之士搜集而成，有的由民族学专家整理汇编而成，基本上都保持了乡规民约的原貌。原始文本中的很多错字、漏字并未改正，搜集者、整理者仅用括号或注释标明。例如，贵州省黄平县民族事务委员会编辑整理的《苗族古歌古词》中《理词》部分收录了季节理词、民事纠纷理词、丧葬理词等内容，是古代苗族社会生产经验的总结和约束人们行为的“法典”；中国社会科学院张冠梓编写的《中国少数民族传统法律文献汇编》（第二册）收录了明、清、民国时期共计 152 部少数民族乡规民约；广西民族大学莫金山的《金秀瑶族村规民约》一书辑录了 1978 年以来金秀瑶族自治县下辖乡村制定的 113 部村规民约。这些都为当代南方少数民族乡规民约的研究提供了丰富的资料来源。

第二，研究类的著作多于资料整理类的著作，其中大多是专门研究某个民族的习惯法，这一类学者通常将乡规民约视为习惯法的一种表现形式，在专著中单列一章予以论述。如龙大

① 一凡藏书馆文献编委会编：《古代乡约及乡治法律文献十种》（全三册），哈尔滨：黑龙江人民出版社 2005 年版。

② 张应强、王宗勋主编：《清水江文书·第三辑》（全十册），桂林：广西师范大学出版社 2011 年版。

③ 莫金山编著：《金秀瑶族村规民约》，北京：民族出版社 2012 年版。

④ 张冠梓编：《中国少数民族传统法律文献汇编》（第二册），北京：中国社会科学出版社 2014 年版。

轩在《乡土秩序与民间法律：羌族习惯法探析》[①] 一书的第五章提出，羌族民约是羌族习惯法最重要的表现形式，并对羌族民约的特点、产生途径和作用加以分析。曾代伟在《巴楚民族文化圈研究——以法律文化的视角》[②] 一书中也将乡规民约单独成章，对巴楚文化圈中土家族、苗族、侗族等民族乡规民约的文化基础、基本范围、特点、功能、作用、时代变迁等作了较为详细的探讨。

虽然大多数专著以习惯法而不是乡规民约作为研究主题，但其中引用或附录的部分文本可被认定为乡规民约。因此，在研究南方少数民族乡规民约时，这类专著所用的一些原始资料和典型案例亦可资利用。如陈金全、巴且日火主编的《凉山彝族习惯法田野调查报告》[③] 一书中整理了上百条彝族习惯法规则和 146 个习惯法实施的案例；吴大华等《侗族习惯法研究》[④] 一书收录了广西三江版本的侗族《约法款》、黔湘桂侗族的《九十九公款》以及 15 个传统、现实、神判案例；周世中等在《西南少数民族民间法的变迁与现实作用》[⑤] 一书末尾附录了黔桂瑶族、苗族、侗族等民族共计 15 则当代乡规民约、

① 龙大轩：《乡土秩序与民间法律：羌族习惯法探析》，北京：中国政法大学出版社 2010 年版。

② 曾代伟主编：《巴楚民族文化圈研究——以法律文化的视角》，北京：法律出版社 2008 年版。

③ 陈金全、巴且日火主编：《凉山彝族习惯法田野调查报告》，北京：人民出版社 2008 年版。

④ 吴大华等：《侗族习惯法研究》，北京：北京大学出版社 2012 年版。

⑤ 周世中等：《西南少数民族民间法的变迁与现实作用——以黔桂瑶族、侗族、苗族民间法为例》，北京：法律出版社 2010 年版。

村规民约。

由高其才、李交发担任总主编的“南方主要少数民族乡规民约与社会治理研究丛书”① 是目前为数不多的以乡规民约或村规民约为主题的系列研究成果，采用史料分析与田野调查相结合的方法，描述、揭示和探寻南方主要少数民族乡规民约、村规民约与社会治理的实际状况、发展趋势、特点和规律，既有专题研究②，又有族别、个案和地区相结合的研究③。

此外，有的专著研究方法、工具、视角、理路可谓匠心独运。如张冠梓的《论法的成长——来自中国南方山地法律民族志的诠释》④ 一书以法人类学为分析工具，敏锐地洞察南方山地民族社会内部秩序的形成根源，以及外部文化辐射引发的族际法律文化互动，从而探寻南方山地民族法律实践的共通性规律。俞荣根的《羌族习惯法》⑤ 一书，首先以田野调查获取

① “南方主要少数民族乡规民约与社会治理研究丛书”共六本，于2018年由湘潭大学出版社出版，分别是高其才《通过村规民约的乡村社会治理——当代锦屏苗侗地区村规民约功能研究》《村规民约传承固有习惯法研究——以广西金秀瑶族为对象》、陈寒非《南方主要少数民族村规民约与纠纷解决》、吕川《南方主要少数民族治安村规民约研究》、郭亮《南方主要少数民族乡规民约与基层民主治理——以合寨村为个案》、陈秋云等《海南黎族社会村规民约研究》。

② 陈寒非《南方主要少数民族村规民约与纠纷解决》、吕川《南方主要少数民族治安村规民约研究》、郭亮《南方主要少数民族乡规民约与基层民主治理——以合寨村为个案》。

③ 高其才《通过村规民约的乡村社会治理——当代锦屏苗侗地区村规民约功能研究》《村规民约传承固有习惯法研究——以广西金秀瑶族为对象》、陈秋云等《海南黎族社会村规民约研究》。

④ 张冠梓：《论法的成长——来自中国南方山地法律民族志的诠释》，北京：社会科学文献出版社2000年版。

⑤ 俞荣根主编：《羌族习惯法》，重庆：重庆出版社2000年版。

的第一手资料为立论依据，条分缕析地阐述羌族固有习惯法的产生、演变及实践过程，较早地意识到习惯法与国家制定法的关系问题。赵天宝的《景颇族纠纷解决机制研究》[①] 一书，以云南德宏景颇族村寨为考察对象，重点研究景颇族纠纷解决机制的运行过程及其社会效果，这种研究进路贯通了静态与动态、文本与实践两个层面，值得借鉴。郭武的《环境习惯法现代价值研究——以西部民族地区为主要“场景”的展开》[②] 一书运用文化多元论与进化论理性主义的方法对环境习惯法的基础范畴、表现形态、历史演变、现代价值及其理论证成、实现条件等作了系统研究，尤其是搭建起环境习惯法与环境制定法双向对接的有效路径，在比较研究的基础上拓展了环境习惯法在现代环境法治实践中的独有功能和操作空间。

第三，发表的期刊论文数量较多，根据研究角度不同，大致可分为四类：

一是研究少数民族乡规民约的内容、特征、功能、价值和历史演变。这类论文以文本为依托，从历史的视角再现了某一民族或某一地区乡规民约的演化与变迁，归纳其特征和发展趋势，并针对乡规民约与国家法的冲突与调适提出对策。如吴大华的《论民族习惯法的渊源、价值与传承——以苗族、侗族

① 赵天宝：《景颇族纠纷解决机制研究》，北京：法律出版社2013年版。

② 郭武：《环境习惯法现代价值研究——以西部民族地区为主要“场景”的展开》，北京：中国社会科学出版社2016年版。

习惯法为例》[①]；田成有、欧剑菲的《少数民族地区村规民约的变迁与调适》[②]；徐晓光、杜晋黔的《华寨的“自治合约”与“劝和”惯习》[③]；李胜利的《论习惯法在云南省德宏傣族景颇族自治州民族法制建设中的调适》[④]；段玥婷、周芸芸的《浅谈德宏地区少数民族村规民约》[⑤]；刘雁翎的《清水江文书中的苗族、侗族环境生态习惯法》[⑥]；徐晓光、徐斌的《乌江流域少数民族碑刻习惯法研究》[⑦]；周芳、胡兴东的《近40年云南少数民族地区村规民约变迁研究》[⑧] 等。

二是探讨少数民族乡规民约在乡村治理中的作用。通常以某一村寨为考察对象，考察乡规民约推进乡村社会治理的背景、程序、内容、效果，并提出具体建议。如高其才的《通

① 吴大华：《论民族习惯法的渊源、价值与传承——以苗族、侗族习惯法为例》，载《民族研究》2005年第6期，第11－20页。

② 田成有、欧剑菲：《少数民族地区村规民约的变迁与调适》，载谢晖、陈金钊主编：《民间法》（第三卷），济南：山东人民出版社2004年版，第288－311页。

③ 徐晓光、杜晋黔：《华寨的“自治合约”与“劝和”惯习》，载谢晖、陈金钊、蒋传光主编：《民间法》（第十五卷），厦门：厦门大学出版社2015年版，第268－279页。

④ 李胜利：《论习惯法在云南省德宏傣族景颇族自治州民族法制建设中的调适》，载《思想战线》2010年第6期，第137－138页。

⑤ 段玥婷、周芸芸：《浅谈德宏地区少数民族村规民约》，载《东南大学学报》（哲学社会科学版）2013年6月，第十五卷增刊，第68－70页。

⑥ 刘雁翎：《清水江文书中的苗族、侗族环境生态习惯法》，载《贵州民族研究》2017年第5期，第23－28页。

⑦ 徐晓光、徐斌：《乌江流域少数民族碑刻习惯法研究》，载《原生态民族文化学刊》2019年第2期，第90－99页。

⑧ 周芳、胡兴东：《近40年云南少数民族地区村规民约变迁研究》，载《贵州民族研究》2020年第7期，第36－41页。

过村规民约的乡村治理——以贵州省锦屏县启蒙镇边沙村环境卫生管理为对象》[①]《乡村治理视角下村规民约的变与常——以贵州省锦屏县平秋镇魁胆村为考察对象》[②]《通过村规民约改变不良习惯探析——以贵州省锦屏县平秋镇石引村为对象》[③]；陈寒非、高其才的《乡规民约在乡村治理中的积极作用实证研究》[④]；卢明威、汤伶俐的《乡规民约在壮族社会治理中的作用及启示——从清末龙脊潘日昌案切入》[⑤] 等。

三是研究运用少数民族乡规民约解决纠纷的机制。这类论文一般以某一少数民族村寨的乡规民约为样本，采用个案分析法，通过对案件各方的参与方式、程度和社会效果的生动描述，以挖掘、凸显乡规民约的解纷价值。如周勇的《初民社会纷争调处的法则——黔东南苗族“佳”歌的法律分析》[⑥]；徐晓光的《小牛的 DNA 鉴定——黔东南苗族地区特殊案件审

① 高其才：《通过村规民约的乡村治理——以贵州省锦屏县启蒙镇边沙村环境卫生管理为对象》，载《广西民族研究》2018 年第 4 期，第 56－64 页。

② 高其才：《乡村治理视角下村规民约的变与常——以贵州省锦屏县平秋镇魁胆村为考察对象》，载《学术交流》2019 年第 4 期，第 96－107 页。

③ 高其才：《通过村规民约改变不良习惯探析——以贵州省锦屏县平秋镇石引村为对象》，载《法学杂志》2018 年第 9 期，第 78－85 页。

④ 陈寒非、高其才：《乡规民约在乡村治理中的积极作用实证研究》，载《清华法学》2018 年第 1 期，第 62－88 页。

⑤ 卢明威、汤伶俐：《乡规民约在壮族社会治理中的作用及启示——从清末龙脊潘日昌案切入》，载谢晖、陈金钊、蒋传光主编：《民间法》（第十七卷），厦门：厦门大学出版社 2016 年版，第 244－253 页。

⑥ 周勇：《初民社会纷争调处的法则——黔东南苗族“佳”歌的法律分析》，载《比较法研究》1993 年第 2 期，第 145－163 页。

理中的证据与民间法参与》①；李继扬、吴大华的《场域、惯习、资本与纠纷解决——对贵州黔东南占里侗寨纠纷解决的法社会学解读》②；龙大轩、刘玲的《略论西南少数民族地区的民事纠纷及其解决机制》③；胡兴东的《西南民族地区多元纠纷解决机制研究》④；赵天宝的《少数民族习惯规范实施的理性分析——以景颇族为例》⑤；郭武的《论环境习惯法在环境纠纷解决中的功能》⑥ 等。

四是研究少数民族乡规民约与国家法的冲突与调适。这类论文或以某村寨乡规民约为考察对象，或从某个典型案例切入，以一斑窥全豹，指明非正式制度与国家法、多元化纠纷解决与正式诉讼、国家司法之间的冲突与衔接问题，并追本溯源地解释这些问题产生的原因，提出合理的解决之策。如谭万霞的《村规民约：国家法与民族习惯法调适的路径选择——以

① 徐晓光：《小牛的DNA鉴定——黔东南苗族地区特殊案件审理中的证据与民间法参与》，载《广西民族大学学报》（哲学社会科学版）2011年第1期，第118－123页。

② 李继扬、吴大华：《场域、惯习、资本与纠纷解决——对贵州黔东南占里侗寨纠纷解决的法社会学解读》，载谢晖、陈金钊、蒋传光主编：《民间法》（第十五卷），厦门：厦门大学出版社2015年版，第280－288页。

③ 龙大轩、刘玲：《略论西南少数民族地区的民事纠纷及其解决机制》，载《甘肃政法学院学报》2010年第6期，第31－38页。

④ 胡兴东：《西南民族地区多元纠纷解决机制研究》，载《中国法学》2012年第1期，第143－158页。

⑤ 赵天宝：《少数民族习惯规范实施的理性分析——以景颇族为例》，载谢晖、陈金钊、蒋传光主编：《民间法》（第十五卷），厦门：厦门大学出版社2015年版，第43－52页。

⑥ 郭武：《论环境习惯法在环境纠纷解决中的功能》，载《海峡法学》2015年第2期，第59－68页。

融水苗族村规民约对财产权的规定为视角》[①]、陈铭聪的《少数民族习惯与法律冲突案例分析研究——以台湾地区“风倒榉木案”判决为视角》[②]、梁海燕的《民族地区习惯法与区域法治构建探析》[③]、杜健荣的《少数民族习惯法司法适用的障碍及其克服》[④]、李向玉的《转型抑或边缘：法治进程中的习惯法与国家法》[⑤]、陈翠玉的《跨界合作：国家法与习惯法的关系图景——以西南少数民族婚姻纠纷解决实践为例》[⑥] 等。

纵观上述成果，可以发现，21 世纪以来，学界对少数民族民间法、习惯法的研究力度加大，成果丰富。研究的视野不断扩宽。有的学者开始尝试在民族学、历史学、人类学、社会学、法学领域作交叉、跨界研究。研究的深度不断拓展，有的学者从静态的文本制度分析转向动态的实践运行考察，或者二者兼顾；或从思想、制度与实践三个层面相互割裂的研究转向

① 谭万霞：《村规民约：国家法与民族习惯法调适的路径选择——以融水苗族村规民约对财产权的规定为视角》，载《法学杂志》2013 年第 2 期，第 80 – 86 页。

② 陈铭聪：《少数民族习惯与法律冲突案例分析研究——以台湾地区“风倒榉木案”判决为视角》，载谢晖、陈金钊、蒋传光主编：《民间法》（第十五卷），厦门：厦门大学出版社 2015 年版，第 182 – 191 页。

③ 梁海燕：《民族地区习惯法与区域法治构建探析》，载谢晖、陈金钊、蒋传光主编：《民间法》（第十五卷），厦门：厦门大学出版社 2015 年版，第 61 – 73 页。

④ 杜健荣：《少数民族习惯法司法适用的障碍及其克服》，载《贵州民族研究》2018 年第 11 期，第 33 – 37 页。

⑤ 李向玉：《转型抑或边缘：法治进程中的习惯法与国家法》，载《哈尔滨工业大学学报》（社会科学版）2018 年第 3 期，第 10 – 15 页。

⑥ 陈翠玉：《跨界合作：国家法与习惯法的关系图景——以西南少数民族婚姻纠纷解决实践为例》，载《理论与改革》2015 年第 1 期，第 141 – 144 页。

三者相互贯通的研究；或从抽象的一般性描述转向以个案为支撑的具体的特殊性描述；或从深奥晦涩的理论研究转向具有强烈问题意识的对策研究，例如少数民族习惯法的变革调适、少数民族习惯法与国家法的冲突与整合、少数民族习惯法在乡村治理中的积极作用等问题的实证研究。研究的方法更加多元化，有的学者尝试对新的领域和问题交互迭用多种研究方法，例如田野调查法、比较研究法和价值分析法。但是，研究成果分布极不均衡，苗族、彝族、侗族、瑶族、羌族、壮族、黎族等较为丰富，土家族、景颇族、傈僳族、仫佬族、仡佬族、布依族、毛南族、傣族、佤族等略有涉及，其余少数民族少有研究。由于时间和能力有限，本书搜集的资料无法涵盖南方所有少数民族，仅在学界既有研究成果的基础上，以苗族、彝族、侗族、瑶族、羌族、壮族、土家族、景颇族、傈僳族等民族为重点，对其乡规民约的生成背景与历史演变、制定主体与程序、主要内容、实施过程、主要特点、价值内涵、变革调适路径作系统分析考察，希冀挖掘南方少数民族法律文化的特色，为南方少数民族地区的乡村治理和法治建设提供些许建议。

三、理论与方法

法律多元理论。“法律多元”是20世纪70年代以来法律人类学的一个重要理论，该理论的核心在于，承认一个相同的社会领域中共存着两种或多种法律体系，其理论基础建立在人类学的“文化多元”理论上。早期“法律多元”理论的研究重点是“规范多元”，随着全球化的影响和社会科学的发展，

“法律多元”理论转向强调“法文化多元”。法人类学家波斯皮士尔说，任何社会都不是只有一个单独的、一致的法律制度，社会中有多少种次群体，就有多少法律制度。[①] 亨利·莱维·布律尔认为，“只要对社会生活简单地观察一下就可以使我们相信，除了由政权强加的法律规则外，还存在着某些法律规定，或至少是具有法律效力的规定。过去存在，现在仍然存在着一些并非从总体社会组织权限中产生的法律”[②]。埃利希认为，法律有两种，一种是国家制定的，即“国家法”，另一种是“社会秩序”本身。[③] 摩尔指出，“法律包括国家的法律，也包括社会生活中存在的各种指导和约束人的行为，并依靠着公共组织的力量保证其实施的其他可以称之为民间法的规范。所以，在同一地域上存在着不同的法律观念，法律规范和法律实施模式的情况是一种普遍现象，这种现象将导致一系列法律冲突与平衡，法律适用差异与调整的法律运动”[④]。苏力则认为，“由于法律多元是同一时空、甚至是同一问题上的多种法律共存，因此任何两极对立的划分，诸如民间法和国家制定法，在实践上都是一种错误。在任何具体的社会中，所谓社会

① 参见田成有：《法律社会学的学理与运用》，北京：中国检察出版社 2002 年版，第 61 页。

② ［法］亨利·莱维·布律尔：《法律社会学》，许钧译，上海：上海人民出版社 1987 年版，第 22 页。

③ 参见沈宗灵：《现代西方法理学》，北京：北京大学出版社 1992 年版，第 92 页。

④ 转引自胡卫东：《黔东南苗族山林保护习惯法研究》，成都：西南交通大学出版社 2012 年版，第 22 页。

制度都不仅仅是国家的正式制定的法律，而是由多元的法律构成的，这些多元的法律又总是同时混缠于社会微观的同一运行过程中”[1]。依照以上众多学者的论述，当代乡规民约在南方少数民族地区真实地存在，并构建起一种迥异于国家法的“法律秩序”，在这个意义上，可以说当代南方少数民族乡规民约也是一种“法律”。

法律文化理论。法律人类学、法律社会学学者通常认为，文化是习惯法运行的基质和土壤，习惯法的正常运行不能脱离相应的社会基础和文化准备，习惯法本身就是一种文化形态。美国法人类学家霍贝尔认为：“把它们的文化作为一个有联系的、运动中的整体看待。这样就可能把法律作为一个文化因素，用文化动力学理论的观点来研究。”[2] 科特威尔说：“一切有关法律制度和法律概念的特征的问题都需要与产生法律的社会条件相联系来加以领会，在这种意义上，法律确是文化的一种表现形式。”[3] 这些论述都强调在文化这一大背景下来认识法律，对当代南方少数民族乡规民约的考察离不开文化、法律文化的背景。

地方性知识。“地方性知识”主要是由美国文化人类学家吉尔兹提出的，他认为，“法律是地方性知识，而不是与地方

① 苏力：《法治及其本土资源》，北京：中国政法大学出版社 1996 年版，第 51－52 页。

② ［美］霍贝尔：《初民的法律——法的动态比较研究》，周勇译，北京：中国社会科学出版社 1993 年版，“序言”，第 1 页。

③ ［英］科特威尔：《法律社会学导论》，潘大松等译，北京：华夏出版社 1989 年版，第 27 页。

无关的原则，并且法律对社会生活来说是建设性的，而不是反映性的，或者无论如何不只是反映性的”。吉尔兹的地方性知识，包括两层含义：一是指任何特定的、具有地方特征的知识；二是指在知识的生成与发展中所形成的特定的情境，包括由特定的历史条件所形成的文化与亚文化群体的价值观，由特定利益关系所决定的立场和视域。[①] 当代南方少数民族乡规民约的生成背景与历史演变、制定与实施、主要内容、主要特点、价值内涵与国家制定法既异又同，“地方性知识”既然可以作为法律概念的一种阐释，也可以为当代南方少数民族乡规民约提供一种新的解释力。

本书探讨当代南方少数民族乡规民约，前提之一是以法人类学对法的理解为依据，分析框架借鉴了上述“法律多元”、法律文化和“地方性知识”等理论。基于这个前提和这些框架，笔者认为当代南方少数民族乡规民约不仅具备了法的基本属性，而且是一种“地方性知识”和一个文化因素，因此，可以从法律文化的角度对其加以检视，试图挖掘其在乡村治理、法治建设中的积极价值。

本书采用了历史研究、社会调查、比较研究、语义分析和价值分析等方法。

第一，历史研究方法。一切社会现象都有其产生、发展的历史，如果抛开历史的联系，那么，所有的法律现象都不可能

① ［美］克利福德·吉尔兹：《地方性知识——阐释人类学论文集》，王海龙、张家瑄译，北京：中央编译出版社2000年版，第277页。

得到正确的理解和把握。对南方少数民族乡规民约进行历史的实证考察，可以使我们洞察这一法律现象在历史上是怎样产生的，经历了哪些历史演变阶段，有助于我们理清这种法律现象与经济、政治、文化相互作用的历史脉络。

第二，社会调查方法。笔者在确定“当代南方少数民族乡规民约探析”这个十分宏大的题目之后，根据研究提纲，拟定具体的研究方案，通过观察、访谈、个案调查等方法搜集原始文本和数据，在此基础上提出一些重要的命题。不足之处在于笔者未能从事深入系统的田野调查，缺乏对当代南方少数民族乡规民约所构建的“法律秩序”“法律世界”的直接观感和深度参与。

第三，比较研究方法。本书既有历时性场景中传统乡规民约与当代乡规民约的纵向比较研究，又有作为非正式制度的乡规民约与作为正式制度的国家制定法的横向比较研究，还有共时性场景中不同地域、不同民族乡规民约的主要内容和特点的横向比较研究。

第四，语义分析方法。本书通过分析当代南方少数民族乡规民约具体某一条文的要素、逻辑结构和语境来还原、揭示其制定与实施的动机、主体、程序、效果等。通过语义分析方法分析某一条文，尤其是罚则部分是否符合假定条件、行为模式和法律后果的法律规则的逻辑结构，或者将其纳入不同法律规则的分类中，实现类型化的分析。

第五，价值分析方法。本书通过认识和评价当代南方少数民族乡规民约的价值内涵，确证、揭示、辨析其积极价值和消极影响。价值分析的目的一方面在于探究不同民族的乡规民约在调整社会关系和在不同主体之间分配权利义务时遵循的利益标准和价值观念，从而真实地还原当代南方少数民族乡规民约蕴涵的价值准则和价值位阶；另一方面，从近年来中央至地方高度重视的全面依法治国、精准扶贫、生态文明建设、乡村振兴、扫黑除恶等战略或政策的需要出发，设置一定的价值标准、价值准则对当代南方少数民族乡规民约的文本与实践进行批判、取舍，并带着强烈的问题意识，探索当代南方少数民族乡规民约的变革调适路径。

四、概念界定

“概念……是我们认识事物的工具。”① 当人们对一个新的问题进行研究时，首先碰到的便是概念。对概念的界定如此重要，为便于正文论述的展开，首先将三个概念予以界定。

（一）南方

地理上的南方，指秦岭－淮河以南地区。本书研究主要及于云南、贵州、四川、重庆、湖北、湖南、广西、广东、海南、福建、浙江等地。我国历代中央王朝的政治、经济、文化中心多数在北方，因而北方少数民族受汉文化影响很大，国家法在北方少数民族地区的实施更为深入。与此相对，南方因山

---

① 费孝通：《乡土中国 生育制度 乡土重建》，北京：商务印书馆2014年版，“重刊序言”，第4页。

岭密布、河谷纵横而交通闭塞，加之远离中央王朝的统治中心，国家法的施行效果不及北方。南方少数民族众多，各族聚居的村寨相对封闭，所以异彩纷呈、独具特色的民族法律文化得以相对完整地传承。总体来说，南方少数民族乡规民约保留得更为完整，内容更为丰富，更具研究价值。

（二）少数民族

现代民族是资本主义上升时期的产物，是以具有共同语言、共同地域、共同经济生活和表现为共同文化特点为基础的共同心理素质的稳定的共同体。20 世纪初，中国从日本引进现代民族概念时，赋予了中文“民族”对应英文“nation”的现代意义。这也使中文传统的“民族”一词有了两种含义：一指体现为国家层面的民族，如中华民族；二指自然、历史过程形成的民族，如汉族、蒙古族、藏族等 56 个民族，其中人口规模相对于汉族为少的民族通常称为少数民族。① 本书涉及苗族、彝族、侗族、瑶族、羌族、壮族、土家族、景颇族、傈僳族、阿昌族、傣族、布朗族、拉祜族、佤族、哈尼族、纳西族、白族、布依族、水族、仫佬族、仡佬族、毛南族、畲族、京族、黎族 25 个南方少数民族，重点考察苗族、彝族、侗族、瑶族、羌族、壮族、土家族、景颇族、傈僳族等民族。由于少数民族乡规民约具有鲜明的民族性和地域性，各民族也有不同

① 夏征农、陈至立主编：《大辞海·民族卷》，上海：上海辞书出版社 2012 年版，第 1 页。

支系、部落，笔者尽可能将考察对象具体化，如“凉山彝族”“广西金秀瑶族”“广西融水苗族”“黔东南苗族”“湘西、鄂西土家族”“云南德宏傣族”等，尽量避免由于泛指导致的不精确。

（三）乡规民约

什么是乡规民约？我们先总结一下学界的观点。学者们对这个概念从各自的角度作出不尽相同的界定，归纳起来有以下六种：

第一，认为乡规民约是一种社会行为规范，等同于乡约。

《中国大百科全书·社会学》将其解释为：“中国基层社会组织中社会成员共同制订的一种社会行为规范。又称乡约。”①

第二，认为乡规民约既是一种社会规范，也是一种社会组织，等同于乡约。

张中秋认为，“乡约是传统社会乡民基于一定的地缘和血缘关系，为某种共同目的而设立的生活规则及组织”②。这里的“乡约”包含两层含义：首先，它是一种社会规范；其次，它是一种民间社会组织。张明新认为，“乡约”“村规民约”

---

① 中国大百科全书总编辑委员会《社会学》编辑委员会、中国大百科全书出版社编辑部编：《中国大百科全书·社会学》，北京：中国大百科全书出版社1991年版，第434页。

② 张中秋：《乡约的诸属性及其文化原理认识》，载《南京大学学报》（哲学·人文科学·社会科学版）2004年第5期，第51页。

都是“乡规民约”的范畴[①]。显然，这两种观点不谋而合。

第三，认为乡规民约仅是一种社会规范，不同于乡约。

董建辉对乡规民约与乡约作了精细的界分，前者是“基层社会组织的社会成员共同制定出来供大家共同遵守的一种社会行为规范”，后者是“乡村社会中以社会教化为主要目的的一种民间基层组织形式”,[②] 二者的内涵明显不同。笔者赞同这种区分，即“乡约”是一种民间社会组织形式，“乡规民约”是一种社会规范。

第四，认为乡规民约是人们合议的共同规则，就是习惯法。

卞利认为，“明清时期徽州的乡规民约，作为某一特定乡村地域范围内……的共同规则……事实上就是明清时期徽州乡村社会的习惯法”[③]。这种观点将乡规民约与习惯法等同起来。

第五，认为乡规民约是一种社会规范，随着历史发展逐步趋向组织化、制度化。

张广修指出，“历史上的村规民约……组织上组织化、制度化，民国初期的村规民约还反映出‘自治’思想的萌芽”[④]。

---

① 张明新：《乡规民约存在形态刍论》，载《南京大学学报》（哲学·人文科学·社会科学版）2004 年第 5 期，第 59 页。

② 董建辉：《“乡约”不等于“乡规民约”》，载《厦门大学学报》（哲学社会科学版）2006 年第 2 期，第 51 页。

③ 卞利：《明清徽州乡（村）规民约论纲》，载《中国农史》2004 年第 4 期，第 97 页。

④ 张广修：《村规民约的历史演变》，载《洛阳工学院学报》（社会科学版）2000 年第 2 期，第 25 页。

这里的乡规民约仅指汉族乡规民约，对其指导思想、历史演变的描述未必符合少数民族乡规民约。

第六，认为乡规民约是在官方指导下乡民的行为规则。

谢晖从广义、狭义的角度将乡规民约予以类型化，前者指任何社会都具备的“游离”于国家法之外的非正式规则，而后者指乡民们被动地在国家政权力量的“帮助、指导”下制定的社会行为准则。在此基础上，他认为“当代中国乡民社会的乡规民约主要表现为习惯法、家族法和狭义的乡规民约”[①]。可见，其广义上的“乡规民约”外延过宽，实即民间法的范畴；狭义上的“乡规民约”，外延过窄，实即在官方指导下依范本制定的当代乡规民约或村规民约，具有较强的官方色彩。

以上六种说法，尽管侧重点不同，但还是有共同点的，那就是一致认为乡规民约是一种迥异于国家制定法的民间社会规范，它的形成有一定的自发性，对维护村庄——中国社会的最基层单位——的生产生活秩序发挥了重要作用。

何为“南方少数民族乡规民约”？只需将前述几个概念的界定略作归纳，这个研究对象的内涵和外延也就基本清晰了，因此没有必要再对其作总的界定。但为避免概念和逻辑的混乱，笔者对以下几个问题略作说明。

第一，南方少数民族乡规民约与汉族乡规民约有诸多不同

---

① 谢晖：《当代中国的乡民社会、乡规民约及其遭遇》，载《东岳论丛》2004 年第 4 期，第 49 页。

之处，比如思想渊源、历史演变、制定与实施、主要内容、主要特点、价值内涵等方面，但二者不是完全隔绝的，在中华民族多元一体格局之下，各民族乡规民约在漫长的历史发展进程中相互影响、借鉴和吸收，呈现出一定的融合与共通。

第二，当代南方少数民族乡规民约在表现形式上，既有成文的，又有不成文的。本书引用的资料以成文的为主，比如文书、碑文、木刻以及很多学者的田野调查资料，还有一些口述、传说、唱词、民谚等。

第三，南方少数民族乡规民约从历史发展看，存在两种类型——传统乡规民约和当代乡规民约。本书主要论述当代南方少数民族乡规民约，对传统南方少数民族乡规民约仅在第一、二章论及。

第一章 南方少数民族乡规民约的生成背景与历史演变

“如果法律不在它所赖于存在的社会历史领域中加以观察，那么，法律作为一种社会现象是难以理解的。”① 不管人类历史的发展处于哪一阶段，无论某一历史阶段的任何民族，他们的法律仅仅只是文化沃土上长出的一颗硕果，他们法律发展的历史仅仅只是文化之河冲刷而成的一片“绿洲”。换言之，南方少数民族乡规民约的生成和历史演变是该民族所处的自然环境、生产方式、智识水平、民族性格、文化系统以及外部环境等因素综合作用的结果。因此，为了真实地还原南方各少数民族法律实践的原貌，首先要追本溯源，即探寻南方少数民族乡规民约的生成背景及演变历程。

---

① ［英］欧内斯特·巴克：《英国政治思想——从赫伯特·斯宾塞到现代》，黄维新、胡待岗等译，北京：商务印书馆 1987 年版，第 113 页。

一、南方少数民族乡规民约的生成背景

依据“法律多元”理论，南方少数民族乡规民约确为法律“家族”中的一员，它的形成必然受到本民族的地理环境、生态基础、经济形式、精神文化、制度范式等因素的综合影响。下面仅从地理因素、思想基础和制度因素三方面予以分析：

（一）地理因素：特殊的地理环境

在世界法律史上，地中海孕育了罗马法系，沙漠和绿洲之间诞生了伊斯兰法系，在长江中下游平原这个特殊的地理板块上生长出了中华法系。实际上，早在两百多年前孟德斯鸠就充分注意到地理环境与法的关系，“不同气候的不同需要产生了不同的生活方式，不同的生活方式产生了不同的法律”①。在他看来，一国的生产方式、政治制度、民族性格、宗教信仰、风俗习惯、法律制度根本上取决于该国的地形、土壤、气候等因素。

在论述南方少数民族乡规民约的形成背景时，我们无法忽略产生这个独特规则体系的地理因素。美国地理学家亨丁顿曾在《人生地理学原理》一书中阐述了地理条件在人类文化发展中不可替代的作用，“无论哪一群人……他们所采的方针、

① ［法］孟德斯鸠：《论法的精神》，张雁深译，北京：商务印书馆1959年版，第280页。

他们所赖于维持的富源以及他们发展能力的高下，却都是依靠着地理环境的”[①]。南方少数民族乡规民约连同其承载的法律文化，正是在蜿蜒澎湃的滔滔江河和雄伟磅礴的崇山峻岭中孕育和生发的。地理环境并非一个独立于民族的“外界的土地”，相反，它既从外部辐射着民族文化的发展面貌，又作为内部因素参与到社会文化变迁的进程之中，使“民族精神从这些可能性（地理环境）中滋生出来”[②]，进而形成了各民族独特的法律文化。

我国南方少数民族大多聚居在偏僻的山地、丛林、沟谷、岛屿，沟壑纵横，山路崎岖，交通不便，与外界交往甚少。正如《史记》所载：“而夷狄殊俗之国，辽绝异党之地，舟舆不通，人迹罕至，政教未加，流风犹微。”[③] 羌族生长在岷江上游的高山峡谷地带，“附山而居，耕田凿井，勤劳艰辛之状苦不可言”[④]。广西金秀瑶族聚居区山脉连绵，峰峦叠起，山地与坡地构成了瑶族赖以生存的自然环境。土家族、苗族聚居的湘西沟壑纵横相间，道路崎岖，长期以来交通十分不畅，村民外出和外人进山都十分困难，“绕溪越岭，时上时下，幽深险

① 转引自朱谦之：《文化哲学》，北京：商务印书馆1990年版，第149页。

② ［德］黑格尔：《历史哲学》，王造时译，北京：生活·读书·新知三联书店1956年版，第123页。

③ 《史记》卷一百一十七《司马相如列传第五十七》。〔西汉〕司马迁：《史记》，北京：中华书局1959年版，第3051页。

④ 〔清〕李锡书纂修：《汶志纪略》卷三《风土》，清嘉庆十年（1805）刻本。

阻，回绝人寰，登涉艰难”①。侗族主要分布在贵、湘、桂三省交界，云贵高原的东端，在古代是一个瘴气丛生、环境恶劣的荒野之地。凉山彝族地区位于青藏高原东部、云贵高原与四川盆地之间的过渡地带，山河相间，峡谷纵横，峰峦叠嶂。由于生产力水平低下，人们无力与自然抗争，尤其是处于高寒山区较恶劣的自然环境中，农业生产常常靠天吃饭。强大而神秘的自然力被少数民族先民们摆上“神坛”，于是，最原始的宗教观念产生了，庄严肃穆的祭祀仪式出现了。出于保护自然力、神灵不被亵渎和保证仪式的庄严，惩戒性的约定和规范被达成或制定。

特殊的地理环境孕育出南方各民族独特的法律文化，作为各民族法律文化载体的乡规民约，顺其自然地表现出地域性特征。以彝族的托养制度（彝语称“把尤”）为例。由于特殊的地形，凉山彝区明显体现出山地气候的特征：其一，气象变化快，阴晴雨常在较短时间内交替出现，正是所谓“百米不同天”；其二，受气温垂直变化的影响明显，从山脚到山顶竟可集亚热带、温带、亚寒带的气候类型为一体，乃至有“山顶是冬天，半山是秋天，山谷是春天”“山高一尺，水冷三分”等民谚。海拔 1500 米以下的地区，到了五月，牧民要把绵羊赶上高山避暑，九月、十月又需下山避寒，久而久之，人们为饲养之便相互约定而形成了“把尤”之制：低处有牛羊的住

① 石启贵：《湘西苗族实地调查报告》，长沙：湖南人民出版社 1986 年版，第 7 页。

户将牲口赶上山后，交由高山户代养，孳息的分配按照羊粪归托户、羊毛与小羊归主人的原则；若羊只因故死亡，则肉归托户，羊腿及羊皮归主人。另外，在七月剪羊毛或赶羊下山之际，羊主均有以酒肉招待托户的义务，以此建立良好的人情，形成长期的托养关系。反之，九月寒冷之后，高山户将自己的羊赶下山，亦可交由山下的住户代为托养，其相应的权利义务同上。[①] 凉山彝族针对特殊的地理条件摸索出一套放牧牲畜的生产经验，形成了相应的物质生产习惯乃至演化为不成文的乡规民约。

（二）思想基础：特殊的民族文化信仰

关于“文化”这一概念，当代英国文化人类学家泰勒在《原始文化》一书中作了经典的阐释，“所谓文化或文明乃是包括知识、信仰、艺术、道德、法律、习惯以及其他人类作为社会成员而获得的种种能力、习性在内的一种复合整体”[②]。在漫长的历史进程中，南方各民族在生产、繁衍、祭祀和战争中既有感性的、经验的积累，又有理性的思考。无论是宗教、艺术、哲学抑或语言、文学、法律都形成了独特的体系，留下了珍贵的文化印记。脱离历史和文化，乡规民约只是一些难以理解的规则“碎片”，只有处于文化的“母体”之中，乡规民

① 参见陈金全、巴且日火主编：《凉山彝族习惯法田野调查报告》，北京：人民出版社2008年版，第7页。

② ［英］泰勒：《文化之定义》，顾晓鸣译，载庄锡昌、顾晓鸣、顾云深等编：《多维视野中的文化理论》，杭州：浙江人民出版社1987年版，第98页。

约才显现出连贯的逻辑和强大的生命力。对历史和文化的考察，是我们理解任何一种规则体系的必经之路。沿着泰勒关于“文化”的解释，笔者将从宗教、禁忌、习惯三方面来阐述南方少数民族乡规民约形成的思想基础。

1. 宗教

在人类社会早期，法律与宗教是相互缠绕、交织在一起的，法律“栖身”于宗教的藩篱之内。后来随着社会分工以及生产方式的改变，法律才缓慢地从宗教的藩篱中解放出来。纵观世界法律史，宗教对法的起源、演变的源头性作用，宗教戒律、规条对法律文本的直接植入，宗教仪式的庄严、信徒的虔诚对大众法律意识、法律心理的影响，都是不言而喻的。回溯南方少数民族先民诞生、进化和迁徙的漫长历程，原始的、外来的宗教都对各族乡规民约的形成和发展产生过既深且远的影响。

第一，原始宗教的神灵观念是南方各民族乡规民约形成的精神基础。

先民们由于智力不及，面对强大而神秘莫测的自然力，不能作出科学合理的解释，只能“主动”接纳，并赋予其特定的意义。久而久之，先民们的内心深处就产生了神灵崇拜观念，这种观念一旦形成，就注定了它将根深蒂固地制约着人的行为。曾有学者分析，原始宗教中的神灵观念是人类的一个极其伟大的自觉意识，其价值在于，“当人类由于智力不足，无力解释生存环境、无力解释世界并因此而困惑的时候，它成了人类得以或赖以生存下来，并进化、发展的背景支援和精神保险”①。南方各民族在极早的初民社会，巧妙地运用了这些神灵观念，使其成为决断是非、辨明曲直的“无形”准绳，并且将其上升为神圣不可侵犯的教条。在南方少数民族社会，神灵观念一方面如同法律、道德、伦理一样，制衡了人们的欲望，关涉和干预着人世间的秩序与正义，另一方面又成为他们最原始、最权威的社会规范，成为他们诸种社会规范的“母背景”“源背景”。②

原始宗教万物有灵的观念决定了许多少数民族乡规民约中充斥着神灵的内容，少数民族生产、生活都是在神灵的庇护、引导、裁判下决定行止。比如，许多民族有崇拜、祭祀山神、树神的原始宗教观念，于是乡规民约就有不许乱砍滥伐的内容。羌族、瑶族、苗族、侗族等民族都制定寨规：神树、神林关乎村寨的福祸安危，无论何人都不准砍伐；谁若是敢造次，砍了神树林，不仅会受到罚款、游寨、罚实物的处罚，还要出钱请祭司来祭山、敬神。羌民普遍认为：“群山、树木和石头都具有生命。”③ 一些年长有威望的人，如老民、端公等认为必要时，就会挑选一片生长茂盛而又靠近村寨的树林，作为神树林。有的神树林代代相传，少有更替。每逢重大祭祀活动，

---

① 江山：《法的自然精神导论》，北京：法律出版社1997年版，第107－108页。

② 张冠梓：《论法的成长——来自中国南方山地法律民族志的诠释》，北京：社会科学文献出版社2000年版，第452页。

③ ［美］费兰茨·博厄斯：《原始人的心智》，项龙、王星译，北京：国际文化出版公司1989年版，第111页。

如青苗会、还愿会、祭山会、牛王会等，村寨里每家每户都齐聚于此。在这种庄严的场合，老民、端公会当众公布、重申一些专门规范某一方面行为的乡规民约——青苗会上号召大家要保护庄稼，祭山会上强调保护森林，牛王会上要求保护耕牛。瑶族的“石牌律”中有诸如“埋葬风水不许天龙斩脉、封门塞墓”等规定，也体现了他们祖先有灵的宗教观念。景颇族对故意杀人的行为，一般判处杀人者赔偿被害人家属命金即可，而不判处杀人者偿命。这主要是因为景颇族与生俱来的万物有灵观念。景颇族先民普遍认为：包括人类在内的一切世间万物，都具有自然实体和“耐特”① 的双重性质，万物的超自然存在——“耐特”比其本身更具威力，人的死亡只是肉体的终结，其灵魂运动依然留存于世，即灵魂不死。

第二，外来宗教的传入对南方少数民族乡规民约的形成产生了重要影响。

南方山地民族除了拥有以万物有灵为基本特征的原始宗教观念以外，还广泛接纳了来自异质文化的各种宗教信仰，如道教、佛教、基督教等宗教信仰，从而构成了自己庞大而驳杂的信仰体系。外来宗教的教义、教规、戒律被逐渐纳入世俗的南方各族乡规民约之中，成为其法律文化的一部分，并延伸到乡土社会的各个角落。在广西瑶区，由师公、道公主持，每个瑶族成年男子都须经历度戒仪式，仪式上会宣讲一些戒律。如果瑶族青年拒绝接受度戒，娶亲、祭祀乃至普通的社会交往活动

---

① 景颇语 nat 的音译，具有精灵、鬼、神等多种含义。

都会受到影响。在很大程度上，瑶族青年耳濡目染的戒条自然会慢慢内化为他们的法律观念。对道教崇拜神的尊崇和维护，甚至直接反映在乡规民约的文本中。广西龙胜的《潘内寨团律乡约碑》中即有规定：“一议埋葬风水，不许天龙斩脉，封门塞墓。若不遵者，小则同众公罚，大则送官（究治）。”[①] 在云南大理白族聚居区，“一些白族士绅和白族文人还组织洞经会，传播道教，本主和道教诸神皆为他们所崇拜。而且，道经、戒律、道术、道教诸神亦被大量地用于村规民约及其运作之中”[②]。在云南西双版纳地区，佛教的戒律、规条和仪式深刻地影响着每个傣族群众，每个村寨都将这些戒律纳入村民行为规范的范畴，他们投入佛教生活的程度、恪守佛教教义的力度决定了其社会地位和身份。在历史上，傣族统治集团将佛教教义作为统治的中心思想，制定了《西双版纳傣族封建法规》，使政教合流的形式得以固定。

2. 禁忌

据笔者的理解，禁忌按来源可分为两种：一种是衍生于原始宗教的禁忌；另一种是世俗生活经验习得的禁忌。本来宗教与禁忌总是相互交织的，很难将两者人为割裂，但为了逻辑上的完整，在前面论述宗教与南方少数民族乡规民约的关系时，并未提及禁忌，特意留到此处集中论述。以下所提及的“禁

① 黄钰辑点：《瑶族石刻录》，昆明：云南民族出版社1993年版，第130页。

② 张冠梓：《论法的成长——来自中国南方山地法律民族志的诠释》，北京：社会科学文献出版社2000年版，第498页。

忌”不仅指涉源于宗教的禁忌，还指涉源于世俗生活的禁忌。

王学辉在《云南少数民族习惯法形成和发展的轨迹》一文中将“禁忌”的内涵分为两种：一是对受尊敬的神物不许随便使用，以免遭到惩罚；二是对受到鄙视的人和事物，不许随便接触。[①] 历经成百上千年的发展演变，南方少数民族的许多禁忌已转化为乡规民约的内容，抑或说，乡规民约的许多规定直接来源于南方少数民族古老的禁忌，或至少受其指引和影响。借用王学辉对禁忌的定义，可以将其分为行为禁忌和人物禁忌两类。

首先，图腾被视为受尊敬的神物，必须禁止对其食用、损毁、杀伤、亵渎等一切行为，这属于行为禁忌的范畴。枫木、枫树是黔东南苗族的图腾物，苗民一般在枫木上刻记作为恋爱、婚姻的契约，“用它来刻木，大家信得着”。苗族榔规榔约规定，禁止砍伐枫木，对种在村寨周围、桥头田坎的枫木都要倍加爱护，不能损毁。在土家族人的观念中，火被认为是力量之源，每家每户的火塘边上都放置一个三脚架，象征着家庭兴旺。因此禁止用脚踩或随便移动，每年只在大年三十那天由老人移动一次，它已不再仅仅是烧水、做饭的工具，而被赋予特殊的文化内涵。纳西族崇拜老虎，把老虎奉为他们的“祖先”，当地土司把老虎当作神灵一样供奉。若谁不知深浅，打伤、打死了老虎，就会触犯众怒，“打死了虎的猎人要受到鞭

① 王学辉：《云南少数民族习惯法形成和发展的轨迹》，载《现代法学》1998年第3期，第117页。

笞，轻者痛打三十大板，重者罚款，有的还要坐水牢”[①]。竹鼠是云南布朗族受尊敬的图腾物，乡规民约规定所有村民要爱护竹鼠，禁止驱赶、捕杀竹鼠，如有违反，头人依规约严惩。壮族乡规民约规定，不能在“逢地火”的日子（即忌日）播种，在忌日不出工，不许下田耕作。景颇族规定，骑马入村过寨必须下马；到别人家，不得任意出入鬼门；不能摸人家经常佩挂的长刀等。傣族未经过主人同意不能擅自上竹楼。其次，人物禁忌是指把特定的人物作为禁忌的对象，一般多为妇女。在苗族社会被怀疑使用“蛊术”的妇女会受到鄙视和唾弃，村寨成员不会与其打交道。云南兰坪白族认为，被“养药鬼”“撒魂鬼”附身的女子不吉利，会招来厄运，村民都唯恐避之不及，有的甚至被驱逐出寨或者处死。

南方各民族的禁忌内容纷繁复杂，伴随着少数民族先民智力的开化以及中原汉文化辐射产生的族际法律文化互动，这些原始的禁忌规范艰难而顽强地突破畏惧、恐怖和迷信的禁锢，逐渐演变成一种内生的、完整而独特的民间规则体系。日本法学家穗积陈重对这种现象作了精辟的论述，他认为，人类早期的社会规范“源于对神及其他不可思议之势力之畏惧及恐怖……发生彼等间之法律观念者，实多起源于‘太朴’”[②]。

---

① 严汝娴、宋兆麟：《永宁纳西族的母系制》，昆明：云南人民出版社1983年版，第190页。

② “太朴”为英文taboo的音译，意为禁忌。参见［日］穗积陈重：《法律进化论》，黄尊三等译，上海：商务印书馆1929年版，第46页。

3. 习惯

“习惯是一种不仅最古老而且最普遍的法律渊源。”① 恩格斯对法律起源的经典论述可以指导我们从源头上梳理初民社会的“法”的演进路径：规则—习惯—法律。“这个规则首先表现为习惯，后来便成了法律。”② 作为一种非正式制度和一种地方性知识，南方少数民族乡规民约的生成无疑从各民族漫长发展累积而成的习惯体系中汲取了经验和力量。具体来说，一方面，南方少数民族一些与生产、生活紧密相关的习惯直接被乡规民约吸收，上升为社会规范，具有了法的形式特征和规范属性；另一方面，一些不具备法的形式特征和规范属性的习惯仍坚守在“原地”，潜移默化地影响着各民族成员的行为。

如生活在四川汶川、茂县、理县、北川一带的羌族，在历史上“其俗氏族无定，或以父名母姓为种号。十二世后，相与婚姻，父没则妻后母，兄亡则纳嫠嫂，故国无鳏寡，种类繁炽。不立君臣，无相长一，强则分种为酋豪，弱则为人附落，更相抄暴，以力为雄。杀人偿死，无它禁令”③。这是对古羌婚姻、家庭、部落的简单描述，它实际上构成了早期羌族的习惯体系，虽然其中不乏“杀人偿死”的规定，但在羌族发展

① ［美］埃尔曼：《比较法律文化》，贺卫方、高鸿钧译，北京：生活·读书·新知三联书店 1990 年版，第 43 页。

② 中共中央马克思、恩格斯、列宁、斯大林著作编译局编：《马克思恩格斯选集》（第二卷），北京：人民出版社 1972 年版，第538－539 页。

③ 《后汉书》卷八十七《西羌传第七十七》。〔南朝宋〕范晔：《后汉书》，北京：中华书局 1965 年，第 2869 页。

的早期阶段，仅凭习惯就可以把大多数社会关系调整好。另举两例恰与此形成鲜明对比。中华人民共和国成立前，云南德宏景颇族仍然实行部落酋长世袭制，但在家内沿袭幼子继承的习惯，无论多少个兄长，他们成年后必须迁徙到新的地方，安家落户。随着景颇族社会的不断发展，族人开始将部落酋长世袭制上升为法律，并将幼子承袭制改为长子承袭制，形成具有普遍约束力的习惯法规范。由于山穷水恶、土地贫瘠，加之自然灾害、匪患滋扰，广西金秀瑶族往往凭借集体力量弥补个人能力的不足，在娶亲、祭祀、送葬、渔猎、建房等生产生活中形成相帮互助、救人急难的习惯。广东连南瑶族用茅草或芒草结成的“草标”作为警标，这种标常常插在田间地头，意在提醒放牧者管好牲畜，如果牲畜践踏了庄稼，受损者即可按照乡规民约的规定索赔。

以上两类分别代表升华为“法”的习惯和坚守“原地”的习惯，虽然归宿不同，但两者都在一定程度上印证了法的起源和发展的一般轨迹。相当数量的南方少数民族乡规民约，在思想渊源上直接发端于习惯，在实施过程中又受到习惯的深刻影响。

综合起来看，宗教、禁忌与习惯本来就是相互交织、缠绕的，它们共同构筑了南方少数民族的文化信仰体系，在这个丰富庞杂的体系中，乡规民约形成的思想基础得以孕育并圆融地发展完善。以上，笔者将三者分而述之，只求逻辑上的对应，绝无人为割裂三者之意。

（三）制度因素：国家法的缺位

自秦朝始，我国南方少数民族地区在形式上就被纳入中央王朝的统治。但由于历朝在南方少数民族地区普遍施行“因俗而治”和“修其教不易其俗，齐其政不易其宜”[①] 的民族和边疆政策，客观上默认和保护了这一地区各民族的传统文化，从而使他们的社会组织形式和秩序安排也变得相对独立、自主、自给，在某种意义上可以被视为“无国家的社会”。“礼失而求诸野”[②]，在这种状况下，南方少数民族乡规民约纷纷应运而生。

中国古代在南方少数民族地区的法律适用始终保持较强的灵活性，各民族聚居地形成了享有充分法律自治权的特殊“法域”。在有的朝代，统治者曾试图将国家法向民族地区强制推行，但由于实行民族压迫、剥削，少数民族不予认可，甚至爆发起义，[③] 统治者不得不转而实行“羁縻之治”。关于“因俗而治”的最早记载，就是战国时期秦昭襄王与南方少数民族的盟约，“复夷人顷田不租，十妻不算，伤人者论，杀人

---

① 《礼记正义》卷十二《王制》，〔清〕阮元校刻：《十三经注疏》，北京：中华书局1980年版，第1338页。

② 《汉书》卷三十《艺文志第十》。〔东汉〕班固：《汉书》，北京：中华书局1962年版，第1746页。

③ 据《汉书》卷九十九上《王莽传第六十九上》载，汉平帝时，王莽辅政，废护羌校尉，在羌区置西海郡，以加强统治，“又增法五十条，犯者徙之西海。徙者以千万数，民始怨矣。”参见〔东汉〕班固：《汉书》，北京：中华书局1962年版，第4077－4078页。

雇死倓钱”[①]。秦国与南方少数民族订立允许其依据本族乡规民约来治理本民族社会的盟约，开创了“因俗而治”的先例，其后历代对南方少数民族的统治政策大体沿袭此例。

汉代对南方少数民族采取“以其故俗治”[②] 的方针，认为在中原地区施行的国家法并不适用于南方少数民族，“不可以冠带之国法度理也”[③]。到了唐代，在法律中明文规定“化外人”适用其本俗法解决纠纷。据《唐律疏议·名例》载：“诸化外人，同类自相犯者，各依本俗法；异类相犯者，以法律论。”[④] 宋代基本沿袭唐代的“羁縻之治”，与南方少数民族形成了松散的统辖关系，“其人物犷悍，风俗荒怪，不可尽以中国教法绳治，姑羁縻之而已”[⑤]。明代则保留元代在少数民族地区的官员任职，并逐渐演变成土司制度。《明史》载：“其府州县正贰属官，或土或流，皆因其俗，使之附辑诸蛮，谨守

① 〔晋〕常璩：《华阳国志》卷一《巴志》，北京：中华书局 1985 年版，第 3 页。

② 《史记》卷三十《平准书第八》。〔西汉〕司马迁：《史记》，北京：中华书局 1959 年版，第 1440 页。

③ 《汉书》卷六十四上《严朱吾丘主父徐严终王贾传第三十四上》。〔东汉〕班固：《汉书》，北京：中华书局 1962 年版，第 2777 页。

④ 《唐律疏议》卷六《名例》“化外人相犯”条。〔唐〕长孙无忌等撰，刘俊文点校：《唐律疏议》，北京：中华书局 1983 年版，第 133 页。大多数观点认为，“化外人”即外国人。也有人认为“化外人”指少数民族。中央民族大学法学院邹敏认为，“化外人”包括外国人和部分少数民族。详见邹敏：《关于唐律“化外人相犯”条的再思考》，载《贵州民族研究》2006 年第 5 期，第 157 页。

⑤ 〔宋〕范成大撰，齐治平校补：《桂海虞衡志校补》，南宁：广西民族出版社 1984 年版，第 33 页。

疆土，修职贡，供征调，无相携贰。”[①] 对南方各少数民族，皆尊重其习惯，对其民间纠纷不适用明律，“争讼不入官府，即入，亦不得以律例科之”[②]。

清朝加强了少数民族立法，对南方各少数民族的社会控制有所强化。“因俗而治”的策略在清律中得到明确规定，逐渐实现法典化和系统化，这些法律条文连同皇帝对有关少数民族事务奏折的批复一起构成了南方少数民族的“民族区域自治法”。康熙四十年（1701 年）准许“熟苗照民例治罪，生苗仍照苗人例治罪”“苗民轻罪者，听土官自行发落”。[③] 乾隆元年（1736 年）七月初九，清帝对苗疆经略总督张广泗所奏《苗疆善后事宜》一折的批示中，曾明确地说：“苗民风俗与内地百姓迥别，嗣后苗众一切自相争讼之事，俱照苗例完结，不必绳以官法。”[④] 此处“官法”之外的“苗例”，泛指南方少数民族的固有法、习惯法或乡规民约，说明它是清代国家法认可的一种区域性、民族性社会自治规范。基于国家法的明文认可，“苗人内部纠纷适用苗例”的做法，推而广之，成为南方少数民族地区地方司法的一条基本原则。这种“因俗而治”

---

① 《明史》卷七十六志五十二《职官五》。〔清〕张廷玉等撰：《明史》，北京：中华书局 1974 年版，第 1876 页。

② 王云五主编：《丛书集成初编：炎徼纪闻及其他一种》，上海：商务印书馆 1936 年版，第 55 页。

③ 马建石、杨育棠主编：《大清律例通考校注》，北京：中国政法大学出版社 1992 年版，第 1117 页。

④ 刘显世、谷正伦修，任可澄、杨恩元纂：民国《贵州通志》卷三十四《前事志二十》，民国三十七年（1948 年）铅印本。

的统治策略与当代的民族区域自治制度有着内在的一致性，或者说后者是对前者批判地继承和吸收后加以创造的结果。

苏力认为："在法律没有规定的地方，一个理想的法官可能根据习惯的做法以及有关的政策性规定或原则以及多年的司法经验作出实践理性的决断，补充那些空白。"[①] 在南方少数民族地区，"法官"的角色往往由民间权威扮演，如羌族的老民、彝族的德古、瑶族的石牌头人、侗族的寨老和款首、苗族的理老等，他们不仅主持、推动乡规民约的制定，而且以调解、裁判、神判等方式适用乡规民约来处理社会纠纷，甚至在一些案件中亲自执行乡规民约。可见，当中央统治者"因俗而治"，国家权力不图或无力全面地统辖南方少数民族地区时，身处偏远地区的少数民族群众只能采取"私力"或"半私力"救济，这些救济的反复使用就意味着乡规民约的产生。

二、南方少数民族乡规民约的历史演变

"所有的社会都在持续地发生着变迁——有的异常迅速，有的则非常缓慢。"[②] 南方少数民族社会也不例外，只是在不同历史阶段呈现出不同的演变速率，或迅速，或缓慢。南方少数民族乡规民约从来不是停滞和僵硬的，在几千年的文明史中，社会经济的发展、中央王朝的政策影响、外来文化的冲击

① 苏力：《送法下乡——中国基层司法制度研究》，北京：中国政法大学出版社 2000 年版，第 6 页。

② ［美］史蒂文·瓦戈：《社会变迁》，王晓黎等译，北京：北京大学出版社 2007 年版，第 182 页。

无不推动着其发展演变。

关于南方少数民族乡规民约的历史演变，笔者选择三个关键的历史节点：18 世纪 30 年代雍正朝的大规模“改土归流”、1949 年中华人民共和国的成立和 20 世纪 70 年代末的改革开放。总体上，1949 年之前为传统南方少数民族乡规民约，1949 年之后为当代南方少数民族乡规民约。在雍正朝实行大规模“改土归流”前，南方少数民族地区基本上是个封闭社会，乡规民约独立自由发展；“改土归流”至中华人民共和国成立的两百余年间，整个中国社会遭遇“数千年未有之大变局”，南方少数民族社会也未能“独善其身”，乡规民约越来越遭受国家法的介入和挤压；中华人民共和国成立至改革开放这段时期，随着国家权力的“下沉”，乡规民约逐步丧失发展空间；改革开放以来，国家权力从乡村收缩，农村村民自治的出现引领乡规民约进入了全新发展阶段。

（一）传统南方少数民族乡规民约：1949 年之前

1.“改土归流”之前

纵观各个朝代对南方少数民族的统治政策，可以发现，各朝虽有所偏重，在前朝基础上不断调整和修改，但基本上都沿袭“羁縻之治”。“羁縻之治”由汉代始，即任用当地少数民族首领为统治者，治理该民族、该地区，只要臣服中央政府，其政治、经济、法律制度、风俗习惯等都不会触动和改变。如东汉顺帝永和元年（136 年），对武陵蛮采取“羁縻而绥抚”[①]的政策。唐宋时，国家法在南方少数民族地区主要发挥抽象的主权控制功能。“树其酋长，使自镇抚，始终蛮夷遇之，斯计之得也。”[②]

元朝开始在一些少数民族地区实行土司制度，他们的政治、法律、习惯基本沿袭不变。此时，汉族的史书、杂记、笔记中开始把少数民族分为生、熟两类。依靠官府，贡赋多，与汉族交往多，接近汉族的称为熟；反之，官府管不到，与汉族少有交往，远离汉族的称为生。“生而不见外事，故其俗不移。”[③] 处于“生界”的民族主要依据和凭借乡规民约维护社会治安，约束社会成员的行为，而不是中央政府的法律。在“熟界”，虽然中央政府的法律已普遍实施，但一般民事以及轻微刑事案件仍按乡规民约处理，严重的案件和纠纷才由官府处理。明代田汝成《炎徼纪闻》载，苗人“争讼不入官府，即入，亦不得以律例科之，推其属之公正善言语者，号曰行头，以讲曲直”[④]。清人赵翼曾担任广西镇安知府，其所著《檐曝杂记》对当地壮族百姓“不喜争讼”“讼狱稀简”的状

① 《后汉书》卷八十六《南蛮西南夷列传第七十六》。〔南朝宋〕范晔：《后汉书》，北京：中华书局 1965 年版，第 2833 页。

② 《宋史》卷四百九十三列传二百五十二《蛮夷一 · 西南溪峒诸蛮上》。〔元〕脱脱等：《宋史》，北京：中华书局 1977 年版，第 14171 页。

③ 王云五主编：《丛书集成初编：炎缴纪闻及其他一种》，上海：商务印书馆 1936 年版，第 57 页。

④ 王云五主编：《丛书集成初编：炎缴纪闻及其他一种》，上海：商务印书馆 1936 年版，第 55 – 56 页。

况有所描述。“内地保长之类，小民视之已如官府……前后在任几两年，仅两坐讼堂。”[①]

由上可知，在雍正朝实行大规模“改土归流”前的漫长历史时期，南方少数民族社会整体上处于相对封闭的状态，乡规民约得以独立发展，表现出极强的自治性、民族性和地方性。彝族的“节威”、瑶族的石牌律、侗族的“款约法”、苗族的榔规榔约等都已形成并发展成熟，在各自的民族和地域范围内发挥着解决纠纷、维护秩序和传承文化的作用。

2. “改土归流”至中华人民共和国成立

“法律既是从整个社会的结构和习惯自下而上发展而来，又是从社会中的统治者们的政策和价值中自上而下移动。”[②]法与政治的关系是如此紧密，国家政策的转向往往对法律的发展进程产生重大影响。南方少数民族乡规民约亦是如此，长期处于封闭环境的它们，本来可以继续掌控着属于它们的“一方天地”，延续着缓慢的、平静如水的历史演进。然而历经“改土归流”、封建时代的终结、近代资产阶级革命的勃兴等一系列政治环境的剧变，它们原有的功能逐渐被侵蚀和剥夺，已变得不再“纯粹”，或者被迫“改头换面”。

18 世纪 30 年代，雍正朝开始实施大规模“改土归流”[③]，

① 〔清〕赵翼：《檐曝杂记》卷三《镇安民俗》，北京：中华书局 1982 年版，第 45 页。

② ［美］伯尔曼：《法律与革命》，贺卫方等译，北京：中国大百科全书出版社 1993 年版，第 665 页。

③ 即中央对少数民族地区实行废除土官、改任普通官吏的政策。

由朝廷直接派驻的流官代替世袭的土官，设立与全国各地一致的府、州、县地方政权机构，置保甲制度以代替旗制，另外还派军队驻防、组织团练等。从而，对南方少数民族的控制加严。如在四川羌区，朝廷将原本由“老民”依据民约处理的命盗、户婚、田土一类案件收归州县流官管辖。由于地方司法权的介入，“公断”① 的传统调处方式不得不“委曲求全”，被迫作出更新和调整，乡规民约中才出现了“报官”“送官府”等字样。例如，光绪朝《永远章程条规碑》的“集众绳缚送官”②，《月里乡规民约碑》中的“扭禀送官，受予刑罚，休得见怪”③ 等。更有甚者，朝廷试图将以儒学为核心的汉文化在羌区推行。龙大轩认为，羌族法律文化在汉文化的影响下有了儒家化的倾向。清道光七年（1827 年）刻立的《茂县水磨坪治安管理碑》中规定：“前奉刊刻圣训六谕，敬衍养蒙诗及劝孝歌，皆有益于身心，该保甲户内各有……蒙以养正之功，并令其背诵纯熟、讲解透彻。”④ 在里甲牌众中推行“申明亭”制度，要求羌民互相揭发“不孝子弟、犯盗犯奸”等违背儒家伦理的犯罪，对“凡拆毁申明亭房屋，乃毁（亭中）板榜者”，按《大清律例》处“杖一百，流三千里”的刑罚，且

---

① 在本书第二章“实施程序”一节专门论述。

② 光绪二十二年（1896 年）《永远章程条规碑》。转引自何永斌：《西川羌族特殊载体档案史料研究》，成都：四川出版集团、巴蜀书社 2009 年版，第 312 页。

③ 阿坝州文物志编写组编：《阿坝州志 · 文物志》。

④ 阿坝州文物志编写组编：《阿坝州志 · 文物志》。

“仍各令修立”[①]。可见，朝廷将儒家思想与保甲熔为一炉，潜移默化之中，羌族的乡规民约连同其所承载的法律文化逐渐被钳制，成为国家法的附庸。

清廷为将苗族纳入“王化”，先是以武力开道，设置“苗疆六厅”。后来，又在“六厅”统辖之下的乡村基层推行保甲制，实行“联保联坐”，逐村经理，逐户稽查，“一家被盗，全村干连”，保甲长不能察觉，左邻右舍不能救护，各皆配罪，无所逃罪。[②] 又如，在土家族聚居的湘西、鄂西，朝廷还宣布一些法令，将土家族一些风俗习惯加以禁除。乾隆朝《鹤峰州志》载有“为晓谕婚姻礼节事”的文告，另有“乘丧讹诈”“禁轻生”“禁肃内外”“禁端公邪术”等，都体现了国家法大规模地干预和渗透土家族乡规民约的事实。

在广西大瑶山瑶区，道光朝刻立的石牌律中高频率地出现“送官究治”“送上究治”“呈官究治”等内容。如立于道光二十九年（1849 年）的《广西龙胜龙脊乡规碑》规定：“别省各邑外来之人，杂居境内，毋许兴集游棍，引匪留贼，诱赌唆讼。如有此等，送官究治。”[③] 《广西龙胜金坑团联村禁约碑》中有规定：“盗偷猪、羊、牛、马、鸡、鸭、鹅物件类，

---

① 《大清律例》卷三十四《刑律 · 杂犯》“拆毁申明亭”条。张荣铮、刘勇强、金懋初点校：《大清律例》，天津：天津古籍出版社 1993 年版，第 560 页。

② 参见徐晓光：《原生的法——黔东南苗族侗族地区的法人类学调查》，北京：中国政法大学出版社 2010 年版，第 319 页。

③ 张冠梓编：《中国少数民族传统法律文献汇编》（第二册），北京：中国社会科学出版社 2014 年版，第 310 页。

一人被盗，众协力主办拿贼，各带川资，送官究办枪决。”① 这表明，瑶族石牌律与国家法的关系已由互不相干的“隔绝”状态转为冲突与合作并存的状态。1933 年国民党开始在金秀瑶区实行团甲制，“五家为甲，设甲长，十甲为团，设团总”②，以此取代传统石牌律和石牌头人的统治。国民党团甲制的推行，加速了瑶族传统石牌律的衰落。

然而，这一时期由于时局混乱，土匪、军阀、列强等各方势力交错渗透，中央、地方政府根本无力推行国家法。这就给南方少数民族乡规民约的存续留有余地，因而这两百余年间，南方各族的法律实践活动表现出“法律多元”的特征，但其主流仍是以乡规民约为核心的民间自治秩序。

（二）当代南方少数民族乡规民约：1949 年之后

1. 中华人民共和国成立至改革开放

中华人民共和国成立以后，南方少数民族地区相继获得解放，过去封闭的社会状况被终结，外部环境发生了剧变，由乡规民约构建起来的“自治”或“半自治”的乡土秩序面临新

① 黄钰辑点：《瑶族石刻录》，昆明：云南民族出版社 1993 年版，第 169－170 页。

② 莫金山：《瑶族石牌制》，南宁：广西民族出版社 2000 年版，第 52 页。

的挑战。此时，执行的是充分尊重少数民族文化的政策，[①] 南方少数民族乡规民约得以延续并在国家法的影响下逐步调适。在这短暂的几年里，南方少数民族乡规民约并未立即受到冲击，政府主导下建立的乡村基层组织为了顺利开展工作，也离不开民间权威的支持，这样少数民族的民间权威如老民、德古、石牌头人、寨老、款首、理老等，被吸纳到新的基层组织中，继续扮演乡规民约执行人的角色。

然而，在随后探索建设社会主义道路过程中产生的失误和挫折对少数民族政策造成了影响，以习惯法、乡规民约、村规民约为代表的民族法律文化受到冲击。南方少数民族原有的多种经济形态被改造成单一的农业经济，传统社会组织形式纷纷转型，少数民族乡规民约赖以生长的制度“土壤”被改变，许多村寨头人、寨老被划成地主、富农，他们指挥农业生产、调解和主持各项仪式的权力被剥夺了。南方少数民族乡规民约的运行不可避免地受到影响。在一些地区，“埋岩”“议榔”“讲款”“起石牌”等乡规民约的制定、实施活动也被取缔，南方少数民族社会原有的组织结构受到冲击。据吴大华对侗族习惯法的研究，这一时期，侗族“款约法”曾被作为“四旧”[②] 扫除。他所引的一个案例描述了一个侗族村寨在乡规民

---

① 1950 年 6 月 6 日，毛泽东在《不要四面出击》一文中指出：“少数民族地区的社会改革，是一件重大的事情，必须谨慎对待。我们无论如何不能急躁，急了会出毛病。条件不成熟，不能进行改革。一个条件成熟了，其他条件不成熟，也不要进行重大的改革。”参见《毛泽东选集》（第五卷），北京：人民出版社 1967 年版，第 23 页。

② “四旧”指：旧思想、旧制度、旧风俗、旧习惯。

约被废止后出现的规范缺失和秩序空白状态。[①] 另据陈金全对彝族习惯法的研究，在这一时期彝族习惯法也受到禁锢，但它是彝族文化的创造物，在彝族人心中极具权威性，故彝族人民仍在暗地里寻求德古的调解。[②] 从这些案例中可以窥见当时南方少数民族乡规民约所面临的“尴尬”处境。

中华人民共和国成立到改革开放前这一时期，由国家权力主导的各种改革和政治运动风起云涌，南方少数民族乡规民约作为一种“地方性知识”和法律文化的载体，也未能抗拒这股历史洪流，无疑也受到了这个特殊时代的改造和重塑。

2. 改革开放至今

1978 年以后，国家权力从乡村生产生活中退出，为少数民族法律文化的“复兴”提供了契机，沉寂多年的乡规民约又重新焕发生机。1980 年 1 月 8 日，广西壮族自治区宜山县三岔公社合寨大队（现为宜州区屏南乡合寨村）果作屯以蒙宝亮、蒙光新、韦焕能、蒙成顺、蒙正昌、蒙正奉、蒙光捷等为代表的壮族村民，冲破了生产大队、生产队的僵化体制，率先实行村民自治，成为“中国村民自治第一村”，果作村民委员会成为“中国第一个村民委员会”。村民自治的出现以及村

① 据资料记载，贵州镇远县报京公社报京大队是一个侗族聚居的大寨，在这一时期，大队原有的规约被废止。结果社员家里遭偷盗，集体财产受损失，山林被砍伐，庄稼被糟蹋，坏人坏事无人过问，生产秩序、社会秩序很难维持。参见黄才贵编：《贵州民族文化论丛》，贵阳：贵州人民出版社 2009 年版，第 28 页。

② 陈金全主编：《西南少数民族习惯法研究》，北京：法律出版社 2008 年版，第 81 页。

民自治制度的确立标志着乡规民约进入全新发展阶段。1982年《宪法》首次对村民委员会的性质、任务和组织原则作了具体规定①，确立了农村村民自治制度②。与此同时，1982年《宪法》首次提出通过制定和执行守则和公约加强社会主义精神文明建设。③ 1954年《宪法》最早确立的民族区域自治制度成为我国基本政治制度之一，1982年《宪法》延续和巩固了民族区域自治制度。1982年《宪法》第4条规定："各少数民族聚居的地方实行区域自治，设立自治机关，行使自治权。各民族自治地方都是中华人民共和国不可分离的部分。各民族都有使用和发展自己的语言文字的自由，都有保持或者改革自己的风俗习惯的自由。"1984年通过并施行的《民族区域自治法》对民族区域自治作了具体阐释，"序言"部分规定："民族区域自治是在国家统一领导下，各少数民族聚居的地方实行区域自治，设立自治机关，行使自治权。实行民族区域自治，体现了国家充分尊重和保障各少数民族管理本民族内部事务权

① 1982年《宪法》第111条规定："城市和农村按居民居住地区设立的居民委员会或者村民委员会是基层群众性自治组织。居民委员会、村民委员会的主任、副主任和委员由居民选举。居民委员会、村民委员会同基层政权的相互关系由法律规定。居民委员会、村民委员会设人民调解、治安保卫、公共卫生等委员会，办理本居住地区的公共事务和公益事业，调解民间纠纷，协助维护社会治安，并且向人民政府反映群众的意见、要求和提出建议。"

② 基层群众自治制度指包括以农村村民自治制度、城市居民自治制度、职工代表大会和其他形式企事业民主管理制度为主要内容的基层群众自治体系。

③ 1982年《宪法》第24条规定："国家通过普及理想教育、道德教育、文化教育、纪律和法制教育，通过在城乡不同范围的群众中制定和执行各种守则、公约，加强社会主义精神文明的建设。"

利的精神，体现了国家坚持实行各民族平等、团结和共同繁荣的原则。”民族区域自治制度的建立、巩固和完善为少数民族群众行使自治权提供了制度保障，为南方少数民族乡规民约的全新发展创造了条件。

在 1982 年《宪法》的基础上，1987 年 11 月 24 日第六届全国人民代表大会常务委员会第二十三次会议通过了《村民委员会组织法（试行)》，规定在农村实行村民自治制度，重新赋予村民自治权，尊重并延续了乡村自治的传统与习惯。《村民委员会组织法（试行)》第 16 条规定：“村规民约由村民会议讨论制定，报乡、民族乡、镇的人民政府备案，由村民委员会监督、执行。村规民约不得与宪法、法律和法规相抵触。”乡规民约、村规民约和村民自治章程的制定、备案、执行和监督得到国家法律的确认和规范，意味着这一村民行使自治权利的重要方式纳入了法治化轨道。该法试行十年之后，于 1998 年 11 月 4 日第九届全国人民代表大会常务委员会第五次会议正式通过，后来又经过 2010 年和 2018 年两次修订。现行《村民委员会组织法》第 27 条对乡规民约制定、报备的主体和程序作了规定，对乡规民约的内容提出了合法性要求，对其与法律、法规、国家政策相抵触的内容规定了纠错机制。① 另

① 2018 年《村民委员会组织法》第 27 条规定：“村民会议可以制定和修改村民自治章程、村规民约，并报乡、民族乡、镇的人民政府备案。村民自治章程、村规民约以及村民会议或者村民代表会议的决定不得与宪法、法律、法规和国家的政策相抵触，不得有侵犯村民的人身权利、民主权利和合法财产权利的内容。村民自治章程、村规民约以及村民会议或者村民代表会议的决定违反前款规定的，由乡、民族乡、镇的人民政府责令改正。”

外，第10条还规定村民委员会及其成员应当遵守并组织实施乡规民约,① 第38条规定驻村机关、团体、部队、企业等同样应当遵守乡规民约。②

民事法律规范层面，乡规民约、村规民约也获得发挥效力的空间。2007年颁布的《物权法》（2021年1月1日《民法典》开始施行，该法已经失效）第62条规定：“集体经济组织或者村民委员会、村民小组应当依照法律、行政法规以及章程、村规民约向本集体成员公布集体财产的状况。”第85条规定：“法律、法规对处理相邻关系有规定的，依照其规定；法律、法规没有规定的，可以按照当地习惯。”2020年5月28日颁布的《民法典》第264条③延续了上述《物权法》第62条的规定，第10条④、第289条⑤延续了《物权法》第85条的规定。

---

① 2018年《村民委员会组织法》第10条规定：“村民委员会及其成员应当遵守宪法、法律、法规和国家的政策，遵守并组织实施村民自治章程、村规民约，执行村民会议、村民代表会议的决定、决议，办事公道，廉洁奉公，热心为村民服务，接受村民监督。”

② 2018年《村民委员会组织法》第38条规定：“驻在农村的机关、团体、部队、国有及国有控股企业、事业单位及其人员不参加村民委员会组织，但应当通过多种形式参与农村社区建设，并遵守有关村规民约。村民委员会、村民会议或者村民代表会议讨论决定与前款规定的单位有关的事项，应当与其协商。”

③ 《民法典》第264条规定：“农村集体经济组织或者村民委员会、村民小组应当依照法律、行政法规以及章程、村规民约向本集体成员公布集体财产的状况。集体成员有权查阅、复制相关资料。”

④ 《民法典》第10条规定：“处理民事纠纷，应当依照法律；法律没有规定的，可以适用习惯，但是不得违背公序良俗。”

⑤ 《民法典》第289条规定：“法律、法规对处理相邻关系有规定的，依照其规定；法律、法规没有规定的，可以按照当地习惯。”

当代南方少数民族乡规民约是少数民族群众实行村民自治，发展农村基层民主，进行自我管理、自我教育、自我服务的一种形式，必须符合国家现行的法律、法规和方针、政策，且只在特定民族、特定地域发挥作用。其与传统乡规民约相比，已经有了很大的改变，主要体现在：

在表现形式上，当代南方少数民族乡规民约大多以成文形式（包括纸质、木刻、石碑等）展现，多用汉文书写，词句严肃规范，不如传统的民谚、唱词、理词、款词等来得形象生动，重外在形式而轻实质内容，其实效性和权威性有所下降。

在内容上，当代南方少数民族乡规民约极少涉及刑事方面，大多为乡村事务管理、婚姻家庭关系调整、环境保护、治安维护、纠纷解决等，并吸收了社会主义道德、社会主义核心价值观等一些新的内容。更为关键的一点，当代乡规民约往往重申不能与国家法冲突，两者并行不悖。如1980年农历八月，黔东南州从江县信地公社制定的《信地新规石碑》明文规定："国有律，寨有规。律必守，规必遵。同心同德，国富民安。众人思安，同定如下约规。"① "遵纪守法"几乎成为任何一部当代乡规民约都不可或缺的内容。如2013年5月，云南省腾冲县明光乡自治村（现为腾冲市明光镇自治社区）制定的《自治村村规民约》第3条规定："每个公民都应该积极学习国家各种法律法规，做到知法、守法，自觉维护法律的尊严和

① 黄才贵、吴永清：《侗族的习惯法》，载《贵州文史丛刊》1982年第3期，第54页。

权威，自觉遵守社会公德，维护社会秩序，爱护公共财物，同一切违法犯罪行为作坚决的斗争。”[①] 但实际上，当代南方少数民族乡规民约中的某些内容或规定可能与当时的法律存在冲突，或者随着国家法律的不断调整和更新，原来乡规民约中的内容可能违反现行法律规定，不符合法治精神，应当加以修改和废除。[②] 为了回应这一要求，本书第七章以“三治结合”为突破口探索当代南方少数民族乡规民约的变革调适路径。

在制定主体与程序上，当代南方少数民族乡规民约基本以全体村民会议讨论通过的形式制定，但实际上真正发挥作用的是村民委员会。村委会的组成人员与昔日的传统权威不同，这些人有知识，对外界社会了解较多，甚至有相当一部分是退休回村的县乡干部。在具体制定过程中，很多村寨的乡规民约是按“范本”起草的。“范本”由乡镇政府在上级司法、民政部门的指导下，以国家法为依据制定出来并下发到各村。“范本”的目的是统一格式，限定内容和范围，使乡规民约的订立在一定的框架内展开。这样，同属一个乡镇所有村寨的乡规民约呈现千篇一律的现象。除此之外，有的村寨结合新形势、

① 该村规民约连同《关于修改补充自治村〈村规民约〉的决议》《自治村村民自治章程》系笔者于2015年春节回乡时搜集。后文所引不再加注。云南省腾冲县明光乡自治村（现为腾冲市明光镇自治社区）位于腾冲县西北边陲，距腾冲县城98公里，是一个傈僳族和汉族杂居的行政村，笔者老家所在的麻栎村与该村毗邻。

② 例如，2001年通过的《人口与计划生育法》分别于2015年、2021年两次修正。现行《人口与计划生育法》第18条第1款规定：国家提倡适龄婚育、优生优育。一对夫妻可以生育三个子女。

新情况，将传统乡规民约加以改造，通过这种方式制定出来的乡规民约在内容上表现出法律、法规、国家政策与传统规约、习惯的糅杂。显然，这种乡规民约在制定过程中充分吸纳了族长、寨老、群众的意见，更多地考虑了村寨自身实际，脱离了“范本”的束缚，内容上更加科学合理，突出民族和地方特色，也更具研究价值。

在处罚方式上，当代南方少数民族乡规民约以缴纳罚款、违约金为主，增加了移交公安司法机关处理等内容。传统的游寨、抄家、沉潭、活埋、处死等处罚方式退出历史舞台，对于抢劫、强奸、杀人、放火、投毒等重大刑事案件一般都规定直接移交公安司法机关。如贵州雷山县郎德镇《报德村村规民约》第41条规定：“对通奸和强奸行为，一经发觉，除供全村人吃一餐（数量另定）作消邪外，对强奸者押送司法部门依法惩处。”① 广西金秀《永和村新石牌》规定：“抄家者，除退还全部物品外，另罚款200元。”② 湘西凤凰县腊尔山区的苗族乡规民约规定，凡牛吃苞谷造成重大损失的，罚牛的主人租一场电影给村里人看。构成犯罪、性质严重的，依法移交司法机关惩处。③ 这些都反映了当代南方少数民族乡规民约在国家法影响下作出的更新与调适。

---

① 徐晓光：《原生的法——黔东南苗族侗族地区的法人类学调查》，北京：中国政法大学出版社2010年版，第147－148页。

② 周世中等：《西南少数民族民间法的变迁与现实作用——以黔桂瑶族、侗族、苗族民间法为例》，北京：法律出版社2010年版，第158页。

③ 曾代伟主编：《巴楚民族文化圈研究——以法律文化的视角》，北京：法律出版社2008年版，第212页。

改革开放以来，当代南方少数民族乡规民约呈现出上述新的变化，其深层次原因是，中国社会进入急剧的转型期，少数民族地区的经济、社会、文化环境发生了巨大的变化。不妨借用社会学者的“社会转型”理论予以说明。具有代表性的有郑杭生的观点：“社会转型”与“社会现代化”是同义语，“意指社会从传统型向现代型的转变，或者说由传统型社会向现代型社会转型的过程”，这个过程就是“从农业的、乡村的、封闭的、半封闭的传统型社会向工业的、城镇的、开放的现代型社会的转型”。[①] 在这个过程中，南方少数民族社会势必要走过一条从解体到重构的“坎坷之路”，具体言之，各民族的“传统权威”将被具备新知识、能带领村民致富的人取代；传统乡规民约由于“跟不上时代”而被束之高阁；秩序规则的构建更加多元化，村民的法律意识、法律心理逐渐萌生。可见，从传统型社会向现代型社会的过渡必定是一个曲折而漫长的过程，它意味着一系列艰难的试错，也暗含着新秩序构建之前的“结构混乱”“失序”和“危机”。于是，乡规民约的“复归”也就符合情理了。只是，“复归”不等于“回归”，“现代社会的习惯法或民间法已完全不可能保持其在近代民族国家形成之前的那种所谓的‘原生状态’，它已必定是在同国家法的互动过程中，不断地重新塑造自己”[②]。

---

① 郑杭生等：《当代中国社会结构和社会关系研究》，北京：首都师范大学出版社1997年版，第19页。

② 苏力：《中国当代法律中的习惯——从司法个案透视》，载《中国社会科学》2000年第3期，第133页。

第二章 传统南方少数民族乡规民约的制定与实施

传统南方少数民族乡规民约在生成方式上既有人们自觉制定而成，也有约定俗成，而且很大一部分是人们在长期的社会生活中自发形成，通过口耳相传沿袭下来的。以文本形式传承下来的乡规民约一般都是人们自觉、理性制定的结果。无论是成文的还是不成文的乡规民约均可归入少数民族习惯法的范畴。本章对制定与实施的探讨主要依托原始文本和学界对南方少数民族习惯法、风俗习惯、传统社会组织形式等方面的研究成果。下面，以《长新乡乡规民约碑》为引展开论述。

《长新乡乡规民约碑》

从来朝廷之立法，所以惩不善而警无良，乡之议规，正以从古风而敦习尚，并非互结相联而启讦弊之路也。故古之良民，方里之内，出入相友，守望相助，疾病相扶，亲睦之风，昭昭于古。余里之境，能不法古而遵守乎？况我朝圣谕，上亦有联保甲以弥盗贼，和乡党以息争讼，训子弟以禁非为，息诬告以全善良，讲律法以警愚顽，笃宗族以昭雍睦等数条者，无非因上帝好生，凡民之俊秀愚顽使之各务本业，而不失亲睦之风，得优游于太平之世也矣乎！兹余里一近边夷，二邻杂处，不能受累。

爰是乡村绅耆，协力同心，公议张规，永存勒石，以是为序。兹将新规所议数款逐一开清于后。计开：

——遇村里失贼，牛角为号，各家自备盘费，相帮访迹捕盗，不得坐视失主。

——乡间子弟，父兄各宜严禁非为，以归正路。如不严禁，罪归父兄。

——左邻右舍不得借事生端，不和不睦。

——乡间不论老幼，各异安分，不得恃勇逞强，些些小事，服毒吊筋吓人。

——二婚彩礼，准定十一二两之数，不得贪心倍取。

——村内偷鸡盗狗，不论男女，如有查获，乡规处治。

——恃强滋事，无故讼狱者，定以乡规和彼理论。

——窝藏远客匪类，危害地方，如有查获，过失归族长。

——田内所种蚕豆极成，不许仍前丧失。大粮未熟乱采，拿获者，定以盗论。

——松树不得砍伐，其余碓磨各项，只许先来后到，不得相争扰乱。

以上所议乡规数款，俱系有益，原无害于本村乡里，倘若村里男女老幼人等所犯此规者，不论大小轻重，各村议定，罚银五两，以为充公，临时不得抗傲此规，勿谓言之不先也。因此永垂勒石碑记。

大清道光十七年（1837年）六月初一黄道吉日。

各村绅老仝（“仝”同“共”，笔者注）立。（郭惠青录文）[①]

一、制定与实施主体

法人类学家波斯皮士尔认为，判断一种社会控制现象是不是法的根本标准在于它是否具备了四个要素——权威、普遍适用的意图、权利与义务的关系、制裁。其中，“权威”即拥有劝使或迫使社会组织中大多数成员遵守其决定的人，或称之为法律权威，构成权威的唯一标准是权威的决定和建议能否为组织的其他成员所遵循的事实。[②] 马克斯·韦伯将“权威”分成三种：传统型权威、魅力型权威和法理型权威。其中，传统型权威指在某种社会组织内部，凭借超人一等的道德、智识、经验获得成员的尊重和依赖，从而具备调处、惩戒、外交等职能，一定程度上成为该组织的象征。借用韦伯的概念，南方少数民族社会中的族长、头人、寨老等可视为传统型权威，由于长期为众人创造福利而获得声望，从而拥有“魅力”，甚至一

① 碑文位于云南省大理白族自治州云龙县长新乡。张冠梓编：《中国少数民族传统法律文献汇编》（第二册），北京：中国社会科学出版社2014年版，第294－295页。

② 张冠梓：《论法的成长——来自中国南方山地法律民族志的诠释》，北京：社会科学文献出版社2000年版，第24页。

定程度的“神异性”。虽然南方少数民族乡规民约在不同历史发展阶段的制定与实施主体不同，但二者始终存在重合，大多数情况下，“立法机关”与“司法机关”不分。在传统乡规民约中，族长、头人、寨老、理老、德古、款首、石牌头人、老民等传统权威是制定与实施主体，综合发挥“立法者”“司法官”和“执行人”的作用。传统南方少数民族乡规民约的制定与实施主体具有多元性，制定与实施活动的进行不仅仅依靠村寨里的某几个人，很多时候需要自然首领和行政首领的分工合作，有时还需召开“议事大会”，甚至村寨全体成员参加的“群众大会”。制定与实施主体代表了村寨全体成员的利益，谙熟村情民意，具有复合型的知识结构，当属村寨中道德水平高、办事能力强、说话有威信的一类人。

传统南方少数民族乡规民约的制定与实施过程体现了本民族的社会组织形式和结构特征。各民族社会组织的“议事大会”通常成为乡规民约制定与实施的主要形式，议事场所也成为乡规民约制定与实施的场所，只是不同民族各有称谓。

苗族“榔规榔约”主要通过“议榔会议”或“埋岩会议”[①] 的方式制定与实施。黔东南苗族流行“议榔会议”的方

① 根据高其才教授的研究，苗族的社会组织在不同地区名称各异。贵州黔东南大部分地区叫“议榔”“构榔”或“勾夯”，也有叫“议榔会议”“构榔会议”；贵州从江和广西大苗山叫“栽岩会议”或“埋岩会议”；湖南湘西大部分地区称“合款”；湖南凤凰县又叫“春酒会”；云南金平称“丛会”或“里社会议”，性质基本相似，都是苗族社会中议定、执行习惯法的地区性的政治经济社会的联盟组织。参见高其才：《中国习惯法论》（第三版），北京：社会科学文献出版社 2018 年版，第 234 页。

式。“议榔”苗语称为“构榔”，“构”有“说”“议”等义，更有“咒”“发誓”之内涵。“构榔”一词，可简明地说成“议约”或“议定公约”，也有“集体发誓”或“组织决定”之意。“议榔会议”由一个村寨或一个鼓社召开，也有几个鼓社，甚至几个村联合召开的。贵州从江、广西融水一带的苗族通过“埋岩会议”制定乡规民约。当某一村寨或地区出现普遍性的社会问题或不良风气时，地方头人或头人代表一般经过商量、酝酿，认为有必要以“埋岩”方式解决问题的，就确定埋岩的时间和地点，之后采用苗族先民遗传下来的信息传送方式，向各村寨发出通知，召开各村寨的群众大会或代表大会，制定或宣布相关规约。除个别情况外，一般在会址竖立一块岩石作标志。“埋岩”制定或宣布的规约一经通过，就产生法律效力，凡参加会议的村寨必须遵守。① 广西桂林、柳州一带的苗族，一般由“理老”主持乡规民约的制定与实施。据康熙朝桂林知府钱元昌所撰《粤西诸蛮图记》描述，苗民“有相讼者，集于社。推老人上座。两造各剪草为筹。每讲一事，举一筹；筹多者胜。盖理诎则筹弃，理直则筹存也。谓之‘赛老’，或曰‘论理’。论毕，刻木记之，终身不敢负”②。可见，“理老”是苗族社会中纠纷的裁判者，“理老”调处纠

① 参见徐晓光：《原生的法——黔东南苗族侗族地区的法人类学调查》，北京：中国政法大学出版社2010年版，第24－25页。

② 〔清〕钱元昌：《粤西诸蛮图记》。转引自广西壮族自治区编辑组、《中国少数民族社会历史调查资料丛刊》修订编辑委员会编：《广西瑶族社会历史调查》（一），北京：民族出版社2009年版，第30页。

纷、执行惩罚的权力和资格源于他们的道德、经验和权威。那些有威望的理老，往往对不同形式的苗族乡规民约，如榔规、古歌、理词等都烂熟于心、运用自如。

彝族“节威”一般通过家支会议的形式制定与实施。凉山彝族地区由全体家支成员参加的议事大会称为“蒙格”，它具有制定与实施习惯法（包括乡规民约）的功能。召开“蒙格”时，德古凭借其威望、地位和职业素养，通常对家支大会的决定产生重要影响。彝族“节威”的产生和制定还与德古解决纠纷的活动密切相关。德古在裁断案件和解决纠纷时常常因循旧例，不仅熟记并援引一些案例，同时也从案例中抽象出规则，又将零散的规则在头脑中进行分类、整合，发挥一定的“造法”功能。[①] 四川大凉山地区的彝族，乡规民约的实施一般由德古主持。彝谚说：“彝区的德古，汉区的官府”“儿孙争理依父母，人类争理靠德古。”德古履行了裁决案件、调处纠纷的职能，在一些大型的、复杂的纠纷解决过程中，大德古充当“调停人”“仲裁者”的角色，小德古担任纠纷双方的代理人，为其传话、说情、临场辩理，甚至寻找证据。从这个角度看，德古更像是“民间法律人”，是彝族乡规民约的实施者和传承者。德古的身份和地位一般自然形成，有的开始担任学徒，跟随“授业师”学习三年五载后，开始调解一些简单、轻微的“细故”纠纷，逐步锻炼成长起来。德古的权威源于

① 参见陈金全、巴且日火主编：《凉山彝族习惯法田野调查报告》，北京：人民出版社2008年版，第187页。

其道德、经验、调处纠纷的公正程度以及民族成员对其之信任。

侗族“款约法”主要通过款会制定与实施。“款”是以族姓群体（血缘共同体）为基础，以地域为纽带，通过合款而成的对外联防自卫、对内民主自治的军政合一的社会组织形式。按规模大小分为小款、中款和大款。每种规模的款组织都有款首①，款首在侗族“款约法”的制定与实施过程中有着举足轻重的地位。他们可以根据需要，适时召开款会，制定或修改款约，讲款并监督款约的实施。广西融水一带的侗族通过“埋岩②会议”制定出来的乡规民约称为岩规③，由岩主④负责宣读、讲解。⑤ 侗族村寨的民刑纠纷一般由族长、寨老、款首等传统权威调处或裁判。房族内部发生的一般纠纷，如小偷小摸、打架斗殴等，由本房、本族的房长和族长主持和裁决，不必延请款首；情节严重、影响恶劣的案件或牵涉到其他房族的纠纷，必须召集有关各方的族长、寨老坐到一块公开辩理；发生战争或有重大纠纷需要处理时，款首才出面指挥或召集会议。

---

① 款首由推选产生。大款款首，在中款款首和小款款首中推举产生；中款款首，在小款款首中推举产生；小款款首，由款众从各村寨的自然领袖中直接选举产生，或由家族长直接担任。

② “埋岩”又称“栽岩”或“竖岩”，是将一块长方形的石条埋入土中，半截露出地面。它是广西融水侗族、苗族社会一种比较原始的乡规民约制定形式。

③ “岩规”即每次栽岩所制定的条款。

④ “岩主”即栽岩的主持人。

⑤ 参见吴大华等：《侗族习惯法研究》，北京：北京大学出版社 2012 年版，第 46－47 页。

瑶族“石牌律”[①] 一般通过石牌会议制定与实施。石牌律的制定、修改均由全体石牌成员或石牌成员代表参与和一致通过，具有浓厚的原始民主色彩。广西金秀瑶族的石牌组织有大有小，既有一个族系、一个村寨组成的石牌组织，也有跨族系、跨村寨的石牌组织，还有包括整个大瑶山的总石牌组织。每个石牌组织都有头人，石牌头人根据本民族的传统和惯例，针对突出的社会问题，拟定若干条规约草案，然后定下日期和地点，召开石牌会议，由石牌成员讨论和通过。“油锅”[②] 组织是贵州荔波白裤瑶的社会组织形式，一个油锅组织都是由同一姓氏的瑶民组成，包括若干个小家庭，若干小油锅构成一个大油锅。白裤瑶族以“油锅会议”的形式制定和通过乡规民约。广西金秀地区的瑶族，一般由“石牌头人”主持乡规民约的实施。清代闵叙《粤述》记载：“寨老者，即本地年高有行之人。凡里中是非曲直俱向此老论说，此老一一评之。”[③] 据嘉庆朝《广西通志》描述，广西大源瑶族“以所居山寨为号，有所争不决，则推其乡高年众所严事者往直之，谓之叫

① 石牌律是瑶族传统乡规民约的主要表现形式。石牌律是当地瑶族把有关维持生产活动、保障社会秩序和治安的原则制定成若干具体规条，经过参加石牌组织的各家户主集会协商，达成一致的意见，然后用文字记录下来加以公布，或用口头宣讲的方式传播出去，供全体居民共同遵守的一种特殊规约。

② “油锅”，当地白裤瑶自称为“破扑”，意思是同宗同祖，同锅吃饭，有事相互帮忙。

③ 〔清〕闵叙辑，陆祚蕃著：《粤述》，北京：中华书局1985年版，第22页。

老，老人以为不宜，则罚酒食分飧谢罢。故瑶人讼，鲜至官府”[①]。从可见的清代史料分析，瑶族内部纠纷的裁决和调处主要由瑶老、头人主持，他们一般从本村寨、本石牌的年高有行之人中推举产生。

羌族乡规民约一般通过“议话会议”制定与实施。羌族每个村寨都在居住集中的核心地带选一块面积较宽，能容纳全寨成年男子的平地作为固定的议话坪，即议话会议召开的地点。议话会议每年至少召开一次，每户须派一个代表参加，每个代表都有发言权。羌族有时也在祭山会、封山会、青苗会等宗教节会上制定和宣讲乡规民约。[②] 四川阿坝地区的羌族，一般由“老民”主持乡规民约的制定与实施活动。例如，光绪二十二年（1896 年）四川茂县三龙乡《永远章程条规碑》规定：“众等公断不了之事，词讼不决，以交老首人处。”[③] “首人”是羌族村寨的族长、头人，其产生须经过一定的程序，类似于马克斯·韦伯所言的法理型权威。“老人”或“老民”均是村寨德高年长者，无须推选或任命，归为传统型权威较为合适。“老民”是羌族乡规民约实施过程中的重要人物，并非所有年长之人都可以担任这一角色，尚有严格的条件限制：

---

① 〔清〕谢启昆纂修：《广西通志》卷二百七十八列传二十三《蛮夷一》“瑶”条，清嘉庆五年（1800 年）刻本。

② 参见龙大轩：《乡土秩序与民间法律：羌族习惯法探析》，北京：中国政法大学出版社 2010 年版，第 204－206 页。

③ 光绪二十二年（1896 年）《永远章程条规碑》。转引自何永斌：《西川羌族特殊载体档案史料研究》，成都：四川出版集团、巴蜀书社 2009 年版，第 312－313 页。

(1) 年龄长和辈分高；(2) 对本族历史传统知之甚丰，富有处事断理的经验，能言善辩；(3) 为人正直，处事公平，行为得体；(4) 德高望重，为族人所信服，言行举止对该村落的羌众有感召力。[①] “老民”将裁决案件、调处纠纷作为自己义不容辞的神圣职责，但他们不是专门的司法人员，亦区别于寨首、乡约、保长、甲长一类的行政首领，“老民”这一独特的社会角色已经成为羌族法律文化的重要因子。

此外，云南德宏地区的景颇族以“山官会议”来制定与实施乡规民约，布朗族以“头人会议”（“拔霍抛木”）制定与实施乡规民约，纳西族通过“老民会”制定与实施乡规民约，布依族、水族、畲族通过“议榔大会”“寨老会议”制定与实施乡规民约，土家族通过“宗族会”制定与实施乡规民约，壮族通过“寨老会议”制定与实施乡规民约。哈尼族的“咪谷组织”、仫佬族的“冬组织”、毛南族的“隆款组织”、京族的“翁村组织”、黎族的“合亩组织”等是其制定与实施乡规民约的主要形式。

值得注意的是，作为血缘共同体领袖的族长何以成为乡规民约的制定与实施主体之一？这实为家族、宗族乡约化[②]现象的表征。由于地域、民族的不同，不同村寨的组织结构亦存在

---

① 龙大轩：《乡土秩序与民间法律：羌族习惯法探析》，北京：中国政法大学出版社2010年版，第146页。

② 常建华教授对明清宗族乡约化、宗族保甲乡约化作了深入研究。详见常建华：《明代徽州的宗族乡约化》，载《中国史研究》2003第3期；《明代江浙赣地区的宗族乡约化》，载《史林》2004第5期；《清代宗族“保甲乡约化”的开端——雍正朝族正制出现过程新考》，载《河北学刊》2008年第6期。

差异，但从差异性中可以归纳出共性。“聚族而居”是包括汉族在内各民族的显著特征，作为地域共同体的村寨往往由一个或几个血缘共同体——家族构成，甚至一姓一族即为一个村寨的情况也不少见。家族是村寨中的一个基本单元，村寨又成为基层社会的一个二级单元。但是，在空间效力上，家法族规仅限于一姓一族之内，对本家族之外的纠纷无能为力。乡规民约则不同，其效力覆盖本村寨①，自然涵盖村寨内的各个家族。加之，国家法律很难有效渗透到县以下基层单位的一村一寨，介于家法族规与国家法律二者之间的乡规民约，可以起到融合、连通二者以及弥补二者效力空缺的作用。从这个意义上看，乡规民约比家法族规更有优势，更具生命力，明清时期乡规民约呈现出吸纳、同化、取代家法族规的趋势。明代大力推行乡约，清代又推行保甲②，政权直接介入宗族事务，与族权产生密切关系，从而家族、宗族乡约化凸显。在内外因素的综合作用下，家族、村寨、保甲组织呈现出统一化、一体化，乡规民约中开始出现家法族规的内容，族长亦成为不可或缺的制定与实施主体之一。（关于传统南方少数民族乡规民约制定与实施的主体、形式和场所详见表一）

---

① 多个村寨联合制定的乡规民约，其效力范围更广。

② 雍正四年（1726年），清朝推行保甲制，同时要求在聚族而居地区设立族正，负责宗族内部的治安。详见常建华：《清代宗族“保甲乡约化”的开端——雍正朝族正制出现过程新考》，载《河北学刊》2008年第6期，第65页。

表一:传统南方少数民族乡规民约制定与实施的主体、形式和场所

序号	民族	表现形式	制定与实施主体	制定与实施形式	制定与实施场所
1	苗族	榔规榔约、苗例	寨老、理老、榔头	议榔会议、埋岩会议、唱理词	鼓社、理场
2	彝族	节威	德古、家支头人	家支会议("蒙格")、议事会	
3	侗族	款约法	款首、寨老、族长	款会、合款、盟款、聚款	鼓楼、款坪
4	瑶族	石牌律、料令	瑶老、石牌头人	石牌会议、油锅会议	
5	羌族	民约	老民、端公	议话会议、祭山会、封山会、青苗会	议话坪
6	土家族		族长、族会	宗族会	
7	壮族		寨老、都老、乡甲头人	寨老会议	
8	景颇族	通德拉	山官、长老、寨头、懂萨	山官会议	
9	傈僳族		头人、首领		
10	阿昌族		寨老		寺庙、奘房、款场

续表

序号	民族	表现形式	制定与实施主体	制定与实施形式	制定与实施场所
11	傣族		土司、寨老、头人、波曼、波乃曼（寨父）、咩曼（寨母）		
12	布朗族		土司、村社头人（“达曼”）	头人会议（“抛马根”或“爹妈会”）、“拔霍抛木”	
13	拉祜族		卡些、寨老、族长、头人	村社大会（“迪卡节达”）	
14	佤族	阿佤理、江三木罗	头人（窝郎）、巫师（魔巴）、老人		
15	哈尼族		土司、寨老、头人、老人会、巫师（莫批、毕摩、纠玛）	咪谷组织	
16	纳西族		老民、东巴	老民会	
17	白族		头人、老人、乡耆、绅老		
18	布依族		寨老、族长、榔头	议榔大会、寨老会议	

续表

序号	民族	表现形式	制定与实施主体	制定与实施形式	制定与实施场所
19	水 族		洞长、寨老、榔头	议榔大会	
20	仡佬族		族长、寨老		
21	仫佬族		冬头、寨老	冬组织	
22	毛南族		村老、头人、寨老、牌头、学董、武相公、文相公	隆款组织	
23	畲 族		寨老、理老、榔头	议榔大会	
24	京 族		村长（“翁村”）、老人	翁村组织	
25	黎 族		亩头	合亩组织	

二、制定程序

目前，学界关于苗族、彝族、侗族、瑶族、羌族、土家族习惯法的研究成果相对较多，其中对习惯法或乡规民约制定程序的考察是必不可少的内容。例如，徐晓光对黔桂边界苗族地区“埋岩”这一立法活动的基本程序的考察①，以及对黔湘桂

① 徐晓光：《原生的法——黔东南苗族侗族地区的法人类学调查》，北京：中国政法大学出版社2010年版，第26－27页。

侗族地区从“款石”“法岩”到“石牌法”的立法活动的考察[①]，陈金全、巴且日火对凉山彝族召开“蒙格”制定习惯法和德古的“造法”功能所作的考察[②]，吴大华对侗族召开“款会”制定乡规民约的过程进行的考察[③]，高其才对广西金秀瑶族通过“石牌会议”制定乡规民约的程序与步骤的介绍[④]，龙大轩对羌族以“公议”或“祭山会”制定乡规民约的过程进行的描述[⑤]，冉春桃、蓝寿荣对土家族乡规民约制定过程的介绍[⑥]。笔者在上述研究成果的基础上，尝试总结和归纳传统南方少数民族乡规民约制定的一般程序。

按照国家权力对乡规民约制定的干预或指导程度，成文的乡规民约可分为民议民定和民议官定两类，数量上以前者居多。民议官定的基本程序是“由特定地区的民众提出议案和条款内容，由官府审定，并以诸如告示、晓谕等行政命令的形

---

① 徐晓光：《原生的法——黔东南苗族侗族地区的法人类学调查》，北京：中国政法大学出版社2010年版，第46－52页。

② 陈金全、巴且日火主编：《凉山彝族习惯法田野调查报告》，北京：人民出版社2008年版，第187页。

③ 吴大华等：《侗族习惯法研究》，北京：北京大学出版社2012年版，第46－47页。

④ 高其才：《瑶族习惯法》，北京：清华大学出版社2008年版，第29－40页。

⑤ 龙大轩：《乡土秩序与民间法律：羌族习惯法探析》，北京：中国政法大学出版社2010年版，第204－206页。

⑥ 冉春桃、蓝寿荣：《土家族习惯法研究》，北京：民族出版社2003年版，第54－56页。

式表现出来”①。笔者对传统南方少数民族乡规民约制定程序的探讨仅限于民议民定类，其制定程序通常是：少数民族村寨的首领和头人“首唱”② 并拟定草案，然后召集村寨成员议定，以少数服从多数的原则通过，并以一定的仪式公布。具体程序包括提议、拟定、通过、宣布等，不同民族其制定程序繁简不一，各具特色。

三、实施条件和实施对象

在法律多元③的视角下，家法族规、乡规民约、行业规范、宗教教规等可分别视为一种在血缘、地缘、业缘、宗教共同体内部得到普遍遵守与执行的“法律”。但是，它们显然又迥异于国家制定法，其适用与执行不能套用国家法的规定，往往在国家制定法的影响下拟制出其有特色的实施程序。中华人

---

① 龙大轩：《乡土秩序与民间法律：羌族习惯法探析》，北京：中国政法大学出版社2010年版，第206页。

② 日本学者寺田浩明认为，传统乡规民约的制定“往往是首唱者向众人提示某种规范并使大家接受该规范的过程，换个角度看也是人们以某个主体提示的规范为契机逐渐达到相互间共有某种规范的状态这一过程”。详见［日］滋贺秀三等：《明清时期的民事审判与民间契约》，王亚新、梁治平编，王亚新等译，北京：法律出版社1998年版，第167页。

③ “法律多元”是20世纪70年代以来法律人类学的一个重要理论，该理论的核心在于，承认一个相同的社会领域中共存着两种或多种法律体系，其理论基础建立在人类学的“文化多元”理论上。早期“法律多元”理论的研究重点是“规范多元”，随着全球化的影响和社会科学的发展，“法律多元”理论转向强调“法文化多元”。

民共和国成立之前的南方少数民族地区[①]，一个个以地缘关系为基础的村寨集体，正是依据乡规民约的规定，对村寨内部、村寨之间的纠纷以及违法犯罪行为作出裁断与执行。诸多乡规民约的实施程序、机制和活动型构一种村寨自治的内生秩序[②]，在稳定基层社会秩序方面发挥了重要作用。

（一）实施条件

秩序作为法的核心价值之一，对个体的人、民族、社会乃至人类的生存和发展至关重要。古代中国广土众民，多民族一体，各地经济、文化发展水平不均，君主专制的中央集权统治无法深入每一个村社，在地理环境闭塞、天高皇帝远的南方少数民族地区，国家法律更显鞭长莫及。无论对家族、村寨、行业、宗教等共同体，还是对国家而言，都需要一种相对安定的

---

① 南方少数民族地区指的是云南、贵州、四川、重庆、湖北、湖南、广西、广东、海南、福建、浙江等的苗族、彝族、侗族、瑶族、羌族、壮族、土家族、景颇族、傈僳族、阿昌族、傣族、布朗族、拉祜族、佤族、哈尼族、纳西族、白族、布依族、水族、仫佬族、仡佬族、毛南族、畲族、京族、黎族等少数民族聚居的地区。

② 哈耶克认为秩序可以分为两类，一类是源于外部的“人造的秩序”，它是指“由某人通过把一系列要素各置其位且指导或控制其运动的方式而确立起来的秩序”。另一类则是源于内部的、自生自发的“增长的秩序”，它是众多人之间的互动模式所显示出的一种并非任何人可以创造的秩序，是许多人的行动的产物，而不是人之设计的结果。换句话说，所谓“人造的秩序”，是指那些建立在特定目的和刻意设计的规则之上并由外生力量（个人或集团的强制力量）所创造的秩序。所谓“自生自发的秩序”，是指那些产生于人们自发的社会交往并经由“试错过程”和“赢者生存”的实践过程逐步演化形成的秩序。详见［英］哈耶克：《法律、立法与自由》（第二、三卷），北京：中国大百科全书出版社 2002 年版，第 55－57 页。

秩序，否则，人们将“不断处于暴力死亡的恐惧和危险中，人的生活孤独、贫困、卑污、残忍而短寿”①。简言之，南方少数民族各村寨要生存、发展，为解决种种矛盾、困厄，以及齐聚人心、凝聚力量以形成一个紧密的共同体，都需要一种规则及其实践，于是乡规民约及其完整而独特的实施机制便应运而生。

清代对南方少数民族采取“因俗而治，得其宜矣”② 的统治政策。《大清律例·刑律·断狱下》“断罪不当”条规定：“其一切苗人与苗人自相争讼之事，俱照苗例归结，不必绳以官法，以滋扰累。”③ 康熙四十年（1701 年）覆准，“熟苗、生苗若有伤害人者，熟苗照民例治罪，生苗仍照苗人例治罪”，康熙四十四年（1705 年）覆准，“苗民犯轻罪者，听土官自行发落……”④ 由此，在中央、地方政府的肯定、支持和授权下，乡规民约的存在有了合法性，也有了实施空间，在国家制定法预留的空间范围内发挥着稳定社会秩序的作用。

地方官府也发布告示、晓谕、禁令，上以贯彻国家法律，下以安抚各族民众，容许推立头目，订立规约，以裨治理。清

① ［英］霍布斯：《利维坦》，黎思复、黎廷弼译，北京：商务印书馆 1985 年版，第 95 页。

② 〔清〕赵尔巽：《清史稿》卷一百一十四《职官志序》，北京：中华书局 1977 年版，第 3263 页。

③ 〔清〕薛允升著，胡星桥、邓又天主编：《读例存疑点注》，北京：中国人民公安大学出版社 1994 年版，第 875 页。

④ 〔清〕席裕福等纂：《皇朝政典类纂》卷三百七十三《刑五·名例律·化外人有犯》“事例”条，清光绪二十九年（1903 年）铅印本。

代赵申乔任湖南巡抚时曾说："皇上恩授土司职衔，颁给号纸。他们身名两全，诚为可嘉。"他对当时湖南生苗叛乱的原因作了一番分析："原系无管'生苗'，并无头目钤束，又镇箪地方，未经设立文官，尔苗与内地人民，小嫌口角无从控理曲直。又或因近地奸民，欺骗钱债，交易不公，结成仇怨……故尔等胸中原有怨忿，更加堕落奸谋，以致冒死犯法。"赵申乔为了"既不忍吾民受尔扰害，又不忍尔苗受无教之诛"，特颁布晓谕："遵照往例……通传各寨，推立头目……投册报名，输诚立誓……务令民苗各安生业。"① 此外，汉化程度较高、与官府互动较多的民族村寨在制定乡规民约时，通常先提出议案，送官府审定，借助官府权威使其更好发挥效用。例如，嘉庆八年（1803 年）广西武平乡（现为武平镇）《立录村乡规民约碑记》开篇明言，"特授广西镇安府归顺州正堂加五级纪录十次蔡为准立乡规民约"②。又如，光绪四年（1878 年）汶川县克枯乡《小寺护林碑约》开篇即云，"特授直隶理番府驻新保关照□□加纪纪录□□次胡□□为示禁事"③。可见，乡规民约受到地方官府审定、认可后，可以凭借官府权威发挥效用，因而乡规民约的实施有了更加充分的外在依据。

"国有法而乡有规，盖国法明而善良安，乡规立而盗窃

① 〔清〕段汝霖撰，伍新福校点：《楚南苗志》，长沙：岳麓书社 2008 年版，第 140 – 141 页。

② 杨一凡、田涛主编，张冠梓点校：《中国珍稀法律典籍续编》（第十册）《少数民族法典法规与习惯法》（下），哈尔滨：黑龙江人民出版社 2002 年版，第 250 页。

③ 俞荣根主编：《羌族习惯法》，重庆：重庆出版社 2000 年版，第 367 页。

息。是乡规者亦国法之一助也。”① “官有禁条而柔治理，民有私禁以靖地方。”② 南方少数民族乡规民约具有特有的功能和地位，内部可以维持村寨秩序，外部又得到国家法律的支持，两者共同构成了乡规民约的实施条件。

（二）实施对象

传统南方少数民族乡规民约的实施对象可以分为两类：一是违犯乡规民约规定的普通村寨成员；二是乡规民约实施主体本身。

第一种情形，乡规民约的实施主体是族长、寨老、头人等负有管理村寨公共事务职能的村寨权威，其他村寨成员都是乡规民约的实施对象。虽然传统南方少数民族乡规民约的内容各有不同，但是从规则属性上，大致可分为劝诫性乡规民约和惩戒性乡规民约，前者重教化而厚风俗，引导、劝告和督促人们遵守规约，是一种指导性规则；后者对人们损害村寨利益、扰乱基层秩序的行为作出明确规制，是一种强行性规则。但不论前者还是后者，均为村寨成员必须遵循的规范，一旦违犯，势必受到乡规民约的处罚，只在于软约束或者硬制裁的区别。例如，道光十一年（1831 年）贵州锦屏县《启蒙因时制宜碑》

① 广西壮族自治区大新县志编纂委员会编：《大新县志》，上海：上海古籍出版社 1989 年版，第 451 页。

② 光绪二十二年（1896 年）《永远章程条规碑》。转引自何永斌：《西川羌族特殊载体档案史料研究》，成都：四川出版集团、巴蜀书社 2009 年版，第 311 页。

规定，“以上诸条，凡合款之家，共七百余户。若有故犯，俱在各甲长指名报众”[①]。又如，云南大理《长新乡乡规民约碑》规定，“以上所议乡规数款，俱系有益，原无害于本村乡里，倘若村里男女老幼人等所犯此规者，不论大小轻重，各村议定，罚银五两，以为充公，临时不得抗傲此规，勿谓言之不先也”[②]。

第二种情形，在特殊情况下，族长、寨老、头人等实施主体会以实施对象的身份出现。此种情形又可分为两种。首先，由于他们是自然产生或公举产生，具备较高的道德、经验、智识水平是其资格条件。如果他们在主持乡规民约实施的过程中，滥用权力、“徇情偏护”“包揽词讼”，同样将受到乡规民约的惩处。贵州锦屏县《启蒙因时制宜》碑规定，甲长不准隐瞒举告，“倘或隐瞒，公罚甲长儆众”[③]。道光二十五年(1845年)贵州黎平侗族《茅贡乡寨母碑记》规定：“寨长处理案件，务宜公平，勿得徇情偏护，颠倒是非，小事酿成大事，违者公罚银一两五钱。”[④] 又如，《永远章程条规碑》规定：“至于大小事务，行至圣驾庙正直公断，内中不得包揽词

① 吴大华等：《侗族习惯法研究》，北京：北京大学出版社2012年版，第74－75页。

② 张冠梓编：《中国少数民族传统法律文献汇编》（第二册），北京：中国社会科学出版社2014年版，第294－295页。

③ 吴大华等：《侗族习惯法研究》，北京：北京大学出版社2012年版，第74－75页。

④ 徐晓光：《原生的法——黔东南苗族侗族地区的法人类学调查》，北京：中国政法大学出版社2010年版，第58页。

讼，倘查出，众罚香钱十仟文。”[①] 其次，有时乡规民约直接规定家长、房长、族长、寨老、头人等对村寨成员特定的违法犯罪行为负有“连带”责任，故而成为乡规民约的实施对象。这是因为，对于完赋役、服兵役、纠举犯罪等事关中央政府统治的重大事项，国家法律首先施以家长、房长、族长、寨老、头人等“连带”责任。[②] 为了执行国家法的规定，乡规民约不得不拟制其内容，直接规定实施主体的“连带”责任，此时实施主体与实施对象是合一的。例如，咸丰五年（1855 年）云南大理巍山《有食上村村规民》碑规定，“完国课。凡合村钱粮，于开征之后，必早完纳。倘故意迟延，以至累及户长者，必究”[③]。道光十七年（1837 年）云南大理云龙县《长新乡乡规民约碑》规定，“乡间子弟，父兄各宜严禁非为，以归正路，如不严禁，罪归父兄……窝藏远客匪类，危害地方，如有查获，过失归族长”[④]。

① 龙大轩：《乡土秩序与民间法律：羌族习惯法探析》，北京：中国政法大学出版社 2010 年版，第 186 页。

② 例如，《大清律例》卷二十三《刑律·贼盗上》“谋叛”条规定：“其自首免罪，各犯由县造具姓名、住址清册，责成保甲、族长，严行稽查约束，仍将保人姓名登记册内。如有再犯，即将保甲、族长拟杖一百。”参见张荣铮、刘勇强、金懋初点校：《大清律例》，天津：天津古籍出版社 1993 年版，第 361 页。

③ 张冠梓编：《中国少数民族传统法律文献汇编》（第二册），北京：中国社会科学出版社 2014 年版，第 319 页。

④ 张冠梓编：《中国少数民族传统法律文献汇编》（第二册），北京：中国社会科学出版社 2014 年版，第 294－295 页。

四、实施程序

传统南方少数民族乡规民约是一种以地缘关系为基础，甚或包含血缘关系的民间社会规范，在特定的地域或血缘范围内，其效力如同国家制定法，甚至比国家制定法更能发挥效用。其效用的发挥需依赖一套独特的实施程序，不可能完全套用国家法的规定，而是在国家司法程序的影响下拟制出一套特有的实施程序。具体包括举告、裁断和执行三个阶段：

（一）举告

举告是传统南方少数民族乡规民约实施的启动程序。村寨中一旦发生违犯乡规民约的行为，受害人、发现人、抓获人均有向管理公共事务的村寨权威举告的义务，见知不举者将受到相应处罚。例如，道光八年（1828 年）广西罗城《大梧村孙主堂断祠记》规定，村社成员，见人偷窃物件，“徇情隐瞒不报甲长者，查出一体同罪”①。又如，乾隆五十八年（1793 年）广西《上林黄楚村村规》规定，捉获偷人物件者，“报知保长并村老冬头，众人解官治他之罪，不得隐匿私和”②。甚而，出于鼓励乡民举告、抓获、扭送违犯者的考虑，乡规民约常常设定“赏金”条款。例如，光绪三十四年（1908 年）贵

① 张冠梓编：《中国少数民族传统法律文献汇编》（第二册），北京：中国社会科学出版社 2014 年版，第 289 页。

② 张冠梓编：《中国少数民族传统法律文献汇编》（第二册），北京：中国社会科学出版社 2014 年版，第 282 页。

州贞丰《必克布依族众议坟山禁砍树木碑》规定，若有仁人见者报信，“谢银一两二”，赃贼俱获者，“谢银二两四”①。又如，宣统三年（1911 年）广西金秀《六拉三姓石牌》规定，对于抓获偷扯山中香草者，“赏花红银三十六元”，有人确证，“赏花红银二两四钱”②。抓获违犯者送交村寨集体的过程实际上完成了举告程序。

特别值得指出的是，传统南方少数民族乡规民约除规定举告人的举告义务外，还强调乡寨首领受理举告的义务。从四川羌区流传下来的各种碑文和文献资料可见“投鸣村中”③“投明首人”④“投明老首人”⑤“投乡约首人知道”⑥等记载。《永远章程条规碑》规定：“若投明老首人，众等公断不了之

① 杨一凡、田涛主编，张冠梓点校：《中国珍稀法律典籍续编》（第十册）《少数民族法典法规与习惯法》（下），哈尔滨：黑龙江人民出版社 2002 年版，第 318 页。

② 杨一凡、田涛主编，张冠梓点校：《中国珍稀法律典籍续编》（第十册）《少数民族法典法规与习惯法》（下），哈尔滨：黑龙江人民出版社 2002 年版，第 323－324 页。

③ 光绪二十二年（1896 年）《永远章程条规碑》。转引自何永斌：《西川羌族特殊载体档案史料研究》，成都：四川出版集团、巴蜀书社 2009 年版，第 312 页。

④ 光绪三十三年（1907 年）《汶川雁门萝卜寨议话坪护林碑》。转引自何永斌：《西川羌族特殊载体档案史料研究》，成都：四川出版集团、巴蜀书社 2009 年版，第 309 页。

⑤ 光绪二十二年（1896 年）《永远章程条规碑》。转引自何永斌：《西川羌族特殊载体档案史料研究》，成都：四川出版集团、巴蜀书社 2009 年版，第 312－313 页。

⑥ 光绪十六年（1890 年）《汶川雁门四寨议话坪碑》。转引自何永斌：《西川羌族特殊载体档案史料研究》，成都：四川出版集团、巴蜀书社 2009 年版，第 310 页。

事，词讼不决，以交老首人处。"[①] "投明"又称"投鸣"，也就是举告，相当于现代诉讼制度中的"告诉"。

（二）裁断

首先，村寨内部裁断。村寨权威受理举告后，违犯乡规民约的案件进入裁断阶段，此时，族长、寨首、头人等村寨权威开始扮演"司法官"的角色。道光二十七年（1847 年）贵州长顺《新寨苗族跳厂规约碑》规定："倘有不遵依者，并将不遵之人举出，公同处罚。"[②] 光绪二十三年（1897 年）云南剑川县东岭乡《新仁里村乡约》规定："斧斤时入，王道之本。近有非时入山肆行砍伐，害田苗于不顾，甚至盗砍面山，徒为己便，忍罚童松，实属昧良。此后如有故犯者，定即从重公罚。禁白（山）后，犹不准砍竹下山。"[③] "公同处罚""公罚"即是由参加立约的各寨或新仁里村全体乡民依据乡规民约的规定，议定罪名并实施处罚，但实际上"裁断权"掌握在族长、寨首、头人等村寨权威手中。可见，举凡违犯乡规民约的案件告到族长、寨首、头人这里，他们立即召集村寨全体

① 光绪二十二年（1896 年）《永远章程条规碑》。转引自何永斌：《西川羌族特殊载体档案史料研究》，成都：四川出版集团、巴蜀书社 2009 年版，第 312－313 页。

② 杨一凡、田涛主编，张冠梓点校：《中国珍稀法律典籍续编》（第十册）《少数民族法典法规与习惯法》（下），哈尔滨：黑龙江人民出版社 2002 年版，第 272 页。

③ 杨一凡、田涛主编，张冠梓点校：《中国珍稀法律典籍续编》（第十册）《少数民族法典法规与习惯法》（下），哈尔滨：黑龙江人民出版社 2002 年版，第 393 页。

成员商讨如何惩治，乡规民约的规定或惯例、旧案都可以作为惩罚的依据，在达成一致或大多数一致的情况下，即可进入执行阶段。因案件或纠纷的复杂、难易程度不同，“司法官”在处理时所采取的方法也不同。有的纠纷仅通过简单的调解，双方当事人达成一致，即可了事；[①] 对于侵犯集体利益、有悖善良风俗等没有特定受害者、受损者的案件，“司法官”直接依据乡规民约的规定作出判决；[②] 对于涉及多方或者族际、村际纠纷的疑难复杂案件，“司法官”需要反复调解；在案件事实不清或证据不足时，可以采取神判的方式[③]解决。

其次，送官府裁断。在村寨这一特定地域范围内，族长、寨首、头人等对民事纠纷和轻微刑事案件虽有独立的“裁断权”，但对于屡教不改者，不遵守、不服从村寨内部裁决者，村寨权威只能请求国家司法的支持。例如，顺治年间广西防城县（现为防城港市防城区）永福村《封山育林保护资源禁规》规定，对于擅入封禁林区，开掘山岭者，“罚铜钱三千六百整

---

① 例如，对于户婚、田土、家养动物践踏田禾等民间细故，四川羌区的羌族“老民”通常以“吃转转酒”的方式予以“劝和”息争。详见俞荣根主编：《羌族习惯法》，重庆：重庆出版社2000年版，第418页。

② 比如前述《新寨苗族跳厂规约碑》《新仁里村乡约》所引条文。

③ 1949年以前，南方少数民族地区流行的神判方式有手入沸汤判罪法、手抓火肉判罪法、手入油锅判罪法以及蛇判、滚经宰鸡判、赌咒发誓判、吃血判等。详见高国藩：《中国巫术通史》（下），北京：凤凰出版社2015年版，第1144－1145页。

不恕”，确属不服者（原文“罚何人不咱”），则“送官究罚不恕”①。又如，光绪三十三年（1907 年）《汶川县雁门萝卜寨议话坪护林碑》亦规定，凡属林内割蒿、砍神林者，投明首人议论，“罚钱四千文”；对不服者，“捆送县”②。对于重大刑事案件、疑难复杂案件或族际、村际案件，则须送交官府审判。例如，光绪四年（1878 年）《汶川县雁门萝卜寨“去私”碑》记载了当地官府主持调解雁门小寨子、萝卜寨之间山林纠纷的经过和结果。该碑文规定：“当言立合同约据，恳请照验，两寨各执约据，息争竞（原文为‘競’）而相友助。如有不遵，再行侵占，录纸呈公认。”③

（三）执行

如果没有惩罚方式的保障，任何形式的法都如同“一堆没有点燃的火，一盏没有光亮的灯”④。惩罚的本质属性有二：一是惩罚性（或称报应性）；二是教育性（或称改善性）。惩

① 杨一凡、田涛主编，张冠梓点校：《中国珍稀法律典籍续编》（第十册）《少数民族法典法规与习惯法》（下），哈尔滨：黑龙江人民出版社 2002 年版，第 221 –222 页。

② 光绪三十三年（1907 年）《汶川雁门萝卜寨议话坪护林碑》。转引自何永斌：《西川羌族特殊载体档案史料研究》，成都：四川出版集团、巴蜀书社 2009 年版，第 309 页。

③ 光绪四年（1878 年）《汶川县雁门萝卜寨“去私”碑》。转引自何永斌：《西川羌族特殊载体档案史料研究》，成都：四川出版集团、巴蜀书社 2009 年版，第 314 页。

④ 鲁道夫·冯·耶林语。转引自［美］霍贝尔：《初民的法律——法的动态比较研究》，周勇译，北京：中国社会科学出版社 1993 年版，第 27 页。

罚和教育“两者不是相互排斥的观念，是出色的并存的思想。毋宁说只有两者并存，刑罚的真正价值才能发挥”[①]。因此，村寨权威依据乡规民约作出的裁断，须有惩罚方式加以保障，否则，乡规民约将成为一纸空文，无法得到有效实施。传统南方少数民族乡规民约的执行方式种类繁多，归纳起来主要有羞辱罚、资格罚、财产罚、身体罚、死刑、送官治罪等。

1. 羞辱罚

一是训诫谴责。道光年间四川茂县《水磨坪治安管理碑》对不孝、不悌、犯盗、犯奸等行为，“俱书于村口，以示惩戒，而□□羞恶之心”[②]，督促其改过自新。四川蒲溪一带的羌族对偷伐林木、偷盗抢劫等行为，在“还愿会”上用“枪打草人”的方式进行象征性的惩罚，以儆效尤。[③] 云南剑川的一些苗族村寨，对一个家庭中有两人以上屡做坏事，经多次教育仍不悔改者，施以在其家门口竖棕树的特殊惩罚方式。因为棕树无枝桠，象征被罚者“不合群”，如孤家寡人一般被村寨成员鄙视和孤立。[④] 二是喊寨、游寨。指被当场指证和捉获的盗窃、抢劫犯，将赃物挂其身，让其游寨，边走边陈述自己的

---

① ［日］植松正：《刑法概论》，载高铭暄、赵秉志主编：《刑法论丛》（第三卷），北京：法律出版社1999年版，第32页。

② 道光七年（1827年）茂县《水磨坪治安管理碑》。转引自何永斌：《四川羌族特殊载体档案史料研究》，成都：四川出版集团、巴蜀书社2009年版，第300页。

③ 俞荣根主编：《羌族习惯法》，重庆：重庆出版社2000年版，第363页。

④ 赵祖磊：《白族传统乡规民约中的道德思想及其现代价值》，大理：大理学院2014年硕士学位论文，第50页。

罪过，并告诉村民不要像他那样违犯乡规民约。侗族《六面阳规》对偷瓜、薯、菜、豆等行为，“罚四两四……叫他敲锣喊寨”[①]。游寨、喊寨的惩罚方式类似于汉族地区盛行的游街示众，梁启超称之为“游刑”，指对犯窃盗罪者“缚其人游行全乡，群儿共臊辱之”[②]。

2. 资格罚

一是孤立。贵州荔波瑶族对乱伦的行为惩治极严，一般将其革除[③]。被革除者虽可以继续在村寨内生活，但处于隔离、孤立状态，与其共同生活的家人也株连受罚。侗族村寨处置违反“款约法”的人时，由寨老、款首通知村民齐聚鼓楼，公布行为人罪状，先提出将其孤立的建议供村民讨论。多数同意后，大家喝血酒盟誓不与他往来，违反规定与其往来的，与被孤立者同罪。有的村寨对违犯者，用荆棘围住他的房屋，使之不能与外人交往。因为侗族喜欢聚族而居，团寨而住，平时有事相帮互助，对有罪而不知悔改的人，人们有意将其孤立，使之感到孤独和无助，以达到教育和惩戒的目的。《水磨坪治安管理碑》将一切作奸犯科、不安本分之徒，单独编入“偏牌”并附于册，以便于稽查，如一年内不再犯，可收入正牌，若“抗不入牌”，则送地方官惩处。二是出族、出寨、出村。出

---

① 吴大华等：《侗族习惯法研究》，北京：北京大学出版社2012年版，第165页。

② 梁漱溟：《儒家文化要义》，上海：学林出版社1987年版，第276页。

③ 革除指开除，撤销成员在家族、村寨、行会等共同体中继续生产生活的资格。

族本是对违反家法族规的家族成员的一种惩罚方式，即销除族籍，从家谱上销去名字。但在传统乡村社会，聚族而居较为普遍，有的血缘关系强大的家族即可单独构成一个自然行政村寨。此时，家法族规相当于乡规民约，族长相当于寨首、社老，出族即出村、出寨。驱逐出寨，是指将违犯乡规民约的人及其家庭成员甚至其他亲属，强制迁徙到外地，与其断绝一切联系。这种惩罚手段实际上割裂了违犯者既存的社会关系，将其放逐到一个陌生的环境中，其遭受的痛苦是显而易见的。立于广西金秀瑶族自治县忠良乡的《奉州主乡禁石牌》记载了一则嘉庆二十一年（1816 年）十月二十九日当地瑶族乡民禀示知州后获准颁行的乡规民约，其规定对窝留匪类、遗赃嫁害之人，“将窝家与匪人一同究治，立即赶逐出村”①。

3. 财产罚

一是罚钱。道光十五年（1835 年）云南大理《铁甲场村乡规碑记》规定，对于“盗砍枝叶”以及“放火烧山”者，均“罚银五两”②。咸丰五年（1855 年）《兴义绿荫布依族永垂不朽碑》规定，对于开山破石者，“罚钱一千二百文”，牧

① 黄钰辑点：《瑶族石刻录》，昆明：云南民族出版社 1993 年版，第 244 页。

② 杨一凡、田涛主编，张冠梓点校：《中国珍稀法律典籍续编》（第十册）《少数民族法典法规与习惯法》（下），哈尔滨：黑龙江人民出版社 2002 年版，第 256－257 页。

牛割柴者，“罚钱六百文”[①]。二是罚酒、罚肉、罚酉[②]、罚戏等。例如，道光八年（1828 年）浙江《颍川钟氏族谱》中记载的《明远公禁山季乡规条约》规定：“吾乡各户不得乱砍山林，违者每树按全村户计科罚猪肉以二两、豆腐两个，每竹科罚豆腐二个。”[③] 光绪十六年（1890 年）四川茂县《南新乡棉簇村民公议碑》规定，对于偷砍封禁林盘者，“罚钱四千八百文、羊一只、酒十斤”[④]。乾隆八年（1743 年）福建长泰县岩溪镇《甘寨村护林碑》规定，“不许放火焚山”“不许盗砍杂木”“不许盗卖杂木”，“如违者罚戏一台”[⑤]。三是抄家。即没收家产，通常是由受害者或村寨头人带头，持刀拿枪，到违犯者家里抄没家财，严重的还捣毁房屋。光绪九年（1883 年）

① 杨一凡、田涛主编，张冠梓点校：《中国珍稀法律典籍续编》（第十册）《少数民族法典法规与习惯法》（下），哈尔滨：黑龙江人民出版社 2002 年版，第 282 – 283 页。

② 罚酉与单纯的罚款、罚酒、罚肉不同，不仅带有经济处罚的性质，还有明显的羞辱劝诫之意。贵州荔波瑶族采取罚酉的手段处置违规乱伦者，处置时一般由每个油锅的头人召集全体成员齐聚违犯者家中，杀猪宰牛，喝酒吃肉，时间从卯时持续到酉时。如违犯者家中承担不起罚酉费用，即由其家族集体承担，实行连坐联保。

③ 道光八年（1828 年）《颍川钟氏族谱》。转引自徐志成：《畲族生态伦理研究》，杭州：浙江财经大学 2015 年硕士学位论文，第 59 页。

④ 光绪十六年（1890 年）四川茂县《南新乡棉簇村民公议碑》。转引自何永斌：《西川羌族特殊载体档案史料研究》，成都：四川出版集团、巴蜀书社 2009 年版，第 316 页。

⑤ 石建平、冯志农、马照南主编：《福建乡规民约》，福州：海峡文艺出版社 2016 年版，第 157 页。

茂县《黑虎河东十七寨议话坪碑》规定，“田地房产充公”①。对于偷粮、偷钱、偷鱼的惯犯，侗族《六面阴规》规定，“天上不留片瓦，地上不留块板”②。光绪三十三年（1907 年）云南武定《万德禁赌碑》规定，对聚众窝赌、开店渔利、隐匿窝留者，“定即抄家，逐出境外，决不稍容”③。

4. 身体罚

包括吊打、鞭笞、割鼻、砍手等各种形式。例如，光绪二十二年（1896 年）广西金秀《长滩、长二、昔地三村石牌》规定：“见到偷贼，拿到偷贼，捆打。”④ 又如，道光二十七年（1847 年）贵州册亨《马黑布依族永垂千古碑》规定，“寨上若有为非，及行强盗告失主者，人众必同力面差吊打”，倘在白日夜晚，拿到盗贼，“众人一律上前，砍手剜目，使成废人”⑤。南方少数民族村寨流行的民歌对当地执行身体罚的情形作了描绘，光绪年间广西龙胜龙脊村《革条永禁歌》唱道：“不觉食禄满，捆绑如畜猪。妇女都来打，血流似银珠。皮破

① 光绪九年（1883 年）茂县《黑虎河东十七寨议话坪碑》。转引自何永斌：《西川羌族特殊载体档案史料研究》，成都：四川出版集团、巴蜀书社 2009 年版，第 310 页。

② 吴大华等：《侗族习惯法研究》，北京：北京大学出版社 2012 年版，第 171 页。

③ 张冠梓编：《中国少数民族传统法律文献汇编》（第二册），北京：中国社会科学出版社 2014 年版，第 369 页。

④ 莫金山：《瑶族石牌制》，南宁：广西民族出版社 2000 年版，第 335 页。

⑤ 张冠梓编：《中国少数民族传统法律文献汇编》（第二册），北京：中国社会科学出版社 2014 年版，第 305 页。

骨肉碎，半死见阎君。”[1]

5. 死刑

对于严重侵犯生命、财产和集体利益的行为，许多南方少数民族的乡规民约规定处以死刑。光绪十九年（1893 年）贵州册亨《八达布依族三楞碑》规定，“轻者聚众行罚，重则约众诛戮”[2]。光绪三十四年（1908 年）广西金秀《罗香七村石牌》规定，对里通外诱，接济匪患的人，经过石牌大会，“铲草除根，决为死罪”[3]，对三次以上的惯偷，“民众大会决处死刑”[4]。死刑的方式多种多样，不同民族执行方式不一。羌族死刑分为勒令自杀与他人行刑，勒令自杀包括上吊、投河、坠崖、自焚等；他人行刑包括枪击、火烧、溺水、投崖、乱棍打死等。侗族死刑包括活埋、水淹、吞食乱棍、点艾[5]、吃枪尖

① 杨一凡、田涛主编，张冠梓点校：《中国珍稀法律典籍续编》（第十册）《少数民族法典法规与习惯法》（下），哈尔滨：黑龙江人民出版社 2002 年版，第 298 - 299 页。

② 杨一凡、田涛主编，张冠梓点校：《中国珍稀法律典籍续编》（第十册）《少数民族法典法规与习惯法》（下），哈尔滨：黑龙江人民出版社 2002 年版，第 309 页。

③ 杨一凡、田涛主编，张冠梓点校：《中国珍稀法律典籍续编》（第十册）《少数民族法典法规与习惯法》（下），哈尔滨：黑龙江人民出版社 2002 年版，第 319 页。

④ 杨一凡、田涛主编，张冠梓点校：《中国珍稀法律典籍续编》（第十册）《少数民族法典法规与习惯法》（下），哈尔滨：黑龙江人民出版社 2002 年版，第 320 页。

⑤ “点艾”是将罪犯捆绑在木栓上，然后由受害者及其亲族用点燃的艾草塞进罪犯的鼻、耳、眼、嘴里，慢慢将其折磨而死。

肉①等。

6. 送官治罪

通常这一处罚，是在村寨权威实施“裁断权”后，违犯者拒不悔改，或者不遵从村寨裁断时才使用的。此时乡规民约面临着无法执行或执行不到位的困境，唯有连接国家司法，寻求国家制定法的支持。村寨权威对送官权的行使，连通了乡规民约与国家法律，使乡规民约的实施与国家司法之间实现互动。例如，光绪二十二年（1896 年）《永远章程条规碑》规定，村中不孝之徒，“不思父母养，反与父母抗敌……若不依章程，集众绳缚送官惩”②。又如，光绪二十八年（1902 年）浙江文成县郑山底畲村《严禁山场约据》规定，对“恃蛮违禁”“放肆抄禁”者，“鸣官究惩”③。乡规民约中“送官权”的规定亦与国家法在该地区渗透的强弱密切相关，可以说乡规民约“送官权”规定的多寡与国家法的渗透成正相关。雍正朝大规模推行“改土归流”后，随着国家法的渗透加强，原来以村寨内部裁断为主的方式发生了新变化，“送官”“报官”等处理方式逐渐增多。送官时，村寨权威往往会采用“连名出首”的方式，表明对违犯者加以严惩是村寨成员的公意。

---

① “吃枪尖肉”是用枪尖或长柄尖刀挑上一块肉，强行刺进罪犯嘴里，将罪犯刺死。

② 光绪二十二年（1896 年）《永远章程条规碑》。转引自何永斌：《西川羌族特殊载体档案史料研究》，成都：四川出版集团、巴蜀书社 2009 年版，第 312 页。

③ 吕立汉主编：《浙江畲族民间文献资料总目提要》，北京：民族出版社 2012 年版，第 198 页。

国家法律接管后，违犯者便会受到笞、杖、徒、流、死等刑罚的惩处。

纵观传统南方少数民族乡规民约的实施过程，一方面，大多数民刑纠纷由村寨权威裁断或调解，在此过程中严格适用和执行乡规民约，乡规民约的尊严和权威得到维护，人们的行为有了参照、准绳和预期；另一方面，解决纠纷时充分考虑本民族、本地区的风俗习惯、民族性格、文化传统、内外部背景以及当事人的智识、诉讼成本、可执行程度、可接受程度等因素。从某种程度上看，传统南方少数民族乡规民约的实施实现了“法律效果”与社会效果的统一。

第三章 当代南方少数民族乡规民约的制定与实施

当代南方少数民族乡规民约是一种地方性知识，是南方少数民族在长期生产生活实践中的经验总结和智慧结晶，是人民群众进行自我管理、自我服务、自我教育、自我监督的行为规范。当代南方少数民族乡规民约一方面体现各民族丰富多彩的民族文化，承载着各民族共通共有共融的价值理念，另一方面在国家法律、法规和政策的指引下，发展基层民主，实现村民自治。当代南方少数民族乡规民约在制定与实施方面表现出与传统乡规民约的显著差异，却与国家制定法存在一些相似之处，应当是拟制国家法律的结果。因此，当代南方少数民族乡规民约的制定与实施过程，本身也是国家法律指导、规范和影响当代乡规民约的过程。

一、制定与实施主体

如同法官、检察官、律师、立法者、法学家等法律职业共同体之于法律运行的重要性一般，乡规民约的制定与实施主体对于乡规民约的运行具有十分重要的作用。当代南方少数民族乡规民约的主要表现形式是村规民约和村民自治章程，制定与实施主体通常是村民会议、村民代表会议、村民委员会和村民小组，三者同时也是当代南方少数民族乡规民约制定与实施的主要形式和途径。实际上，在乡规民约制定与实施过程中发挥主导作用的是村支“两委”成员、村民小组组长和“乡土法杰”①。

2018年12月29日修订的《村民委员会组织法》第27条规定：“村民会议可以制定和修改村民自治章程、村规民约，并报乡、民族乡、镇的人民政府备案。村民自治章程、村规民约以及村民会议或者村民代表会议的决定不得与宪法、法律、法规和国家的政策相抵触，不得有侵犯村民的人身权利、民主权利和合法财产权利的内容。村民自治章程、村规民约以及村民会议或者村民代表会议的决定违反前款规定的，由乡、民族乡、镇的人民政府责令改正。”该条赋予村民会议制定村规民约的合法性。但是，《村民委员会组织法》第21条规定“村

① 高其才教授在《桂瑶头人盘振武》一书开头讲述“乡土法杰”缘起时，对“乡土法杰”作了这样的描述：他们现在或生活在农村，或生活在城镇，正直、热心、善良、能干、自信是他们的共同特点。他们非常熟悉乡土规范，广泛参与民间活动，热心调解社会纠纷。他们是乡村社会规范的创制者、总结者、传承者，也是草根立法者、民众法学家。他们作风正派、办事公道、能力突出、影响深远、口碑良好；他们有着独特个性、富有担当、充满活力；他们给人以温暖，给社区带来温情，让弱者有安全感。参见高其才：《桂瑶头人盘振武》，北京：中国政法大学出版社2013年版，第3页。

民会议由本村十八周岁以上的村民组成”以及“村民会议由村民委员会召集”，第26条规定“村民代表会议由村民委员会召集”。如今在广大农村，外出务工的青壮年占很大比例，他们参加村民会议的机会并不多，村民委员会又拥有村民会议和村民代表会议（很多文本里写的是“村民代表大会”）的召集权。因此，在村（乡）规民约的制定过程中真正发挥作用的是村民委员会，其拥有很大的权力空间。一些村（乡）规民约直接规定村民代表会议可以制定或修订村（乡）规民约、自治章程，村（乡）规民约由村民代表会议通过生效等内容。例如，云南省腾冲县明光乡（现为腾冲市明光镇）《自治村村规民约》第57条规定：“以上规约由村民代表大会讨论通过生效，并报相关部门备案，正式实施，望广大群众大力宣传，自觉遵守，协助执行。”湖北长阳土家族自治县《郑家榜村人口与计划生育村民自治章程》第二章“职能划分”第4条规定，村民会议或村民代表会议有关人口与计划生育的职能包括制定、修改、完善计划生育村民自治章程、计划生育村规民约。① 贵州道真仡佬族苗族自治县大阡镇《三元村村规民约》、贵州务川仡佬族苗族自治县大坪镇《龙潭村村规民约》皆由村民代表大会制定通过，并在公共场所公示。②

村民委员会享有村民会议和村民代表会议的召集权，这意

① 陈晓丹：《当代土家族地区村规民约研究》，武汉：中南民族大学2011年硕士学位论文，第52页。

② 张新、李晓蓉：《试析遵义仡佬族习惯法的现实状态及其特点》，载《遵义师范学院学报》2012年第4期，第57页。

味着，如果没有基层政府及上级部门的指导和要求，村民委员会可以决定是否启动村（乡）规民约、自治章程的制定或修订程序。另外，村党组织是当代乡规民约制定过程中不可忽视的重要主体。2019 年 1 月中共中央印发的《中国共产党农村基层组织工作条例》（2018 年修订）第 20 条规定，“党的农村基层组织应当健全党组织领导的自治、法治、德治相结合的乡村治理体系。深化村民自治实践，制定完善村规民约，建立健全村务监督委员会，加强村级民主监督”。第 10 条规定村党组织的主要职责包括“需由村民委员会提请村民会议、村民代表会议决定的事情或者集体经济组织决定的重要事项，经村党组织研究讨论后，由村民会议、村民代表会议或者集体经济组织依照法律和有关规定作出决定”。该条例属于党内法规，一方面要求村党组织制定完善村规民约，成为村规民约的制定主体之一，而该项规定在 1999 年 2 月 13 日印发的《中国共产党农村基层组织工作条例》中并未出现，现属新增；另一方面基于坚持党的农村基层组织领导地位，村党组织对重要事项的“研究讨论”可以有效制约村民委员会对村民会议和村民代表会议的召集权。换言之，由于村党组织对村民委员会的领导权，村党组织实际上也成为乡规民约的制定与实施主体。

“乡土法杰”是当代南方少数民族乡规民约制定与实施的重要主体。他们是乡村传统权威与现代精英的结合体，有着传统道德与先进知识的复合型知识结构，在当代乡规民约制定与实施过程中发挥着举足轻重的作用。寨老至今仍然是很多南方少数民族村寨制定与实施乡规民约的主持者。例如，贵州畲族村寨的寨老都是德高望重的长者，负责主持制定维护村寨社会治安、公私财产和伦理道德的村规民约，主持召开村民大会制裁违反村规民约的人和事，调处村民内或房族间纠纷，代表本村寨调处与邻村寨之间的矛盾和纠纷。寨老一般由村寨中年老德高望重者担任，有公推和自然形成两种。公推的寨老一般是做人有担当、办事有能力、出来能服众的人，自然形成的寨老也是有能力、有担当、能服众的自然领袖。当村寨邻里或房族因财产等问题引起矛盾和纠纷时，寨老出面召开当事人双方会议进行调处，按村规民约进行裁决和处罚，并负责裁决的执行。①

概括起来，村支“两委”成员、村民小组组长和“乡土法杰”等在当代南方少数民族乡规民约的制定与实施过程中发挥主导作用。

二、制定程序

与传统乡规民约相比，当代乡规民约的制定形式较为单一，制定程序较为类似，流程化、模式化、规范化特征明显。当代乡规民约主要通过村民会议、村民代表会议和村民委员会会议制定或修订。在制定或修订的具体程序上，当代南方少数民族乡规民约与汉族聚居地区的乡规民约并无二致，都在《村民委员会组织法》规定的“三自我”（自我管理、自我教

① 参见曾祥慧、周真刚：《贵州畲族村落的类型与管理研究》，载《贵州民族研究》2017 年第 12 期，第 79 页。

育、自我服务)、“四民主”（民主选举、民主决策、民主管理、民主监督）原则的指导下，按部就班、规范有序地进行。2018年12月4日，民政部、中央组织部、全国妇联等七部委联合出台了《关于做好村规民约和居民公约工作的指导意见》，对村规民约的制定或修订程序作出详细规定。根据该文件的规定，结合笔者针对行政村和自然村乡规民约、村规民约和村民自治章程制定过程开展的实地调研，乡规民约、村规民约和村民自治章程的制定或修订一般包括征集民意、拟定草案、提请审核、审议表决、备案公布五个步骤：

（1）征集民意。村党组织、村民委员会广泛征求村民意见，提出需要规范的内容和解决的问题。在此阶段，制定主体须意识到广泛征求村民意见的重要性，这既是确保村规民约程序正当性的要求，也是确保村规民约务实管用的实体正当性的要求。

（2）拟定草案。村党组织、村民委员会就提出的问题和事项，组织村民群众广泛协商，根据群众意见拟定村规民约或自治章程草案，同时听取驻村党代表、人大代表、政协委员、机关干部、法律顾问、妇联执委等的意见建议。

（3）提请审核。村党组织、村民委员会根据有关意见修改完善后，报乡镇党委、政府审核把关。基层党委和政府在该环节首次介入村规民约的制定，开始对村规民约的内容进行合法性、合理性监督。

（4）审议表决。村党组织、村民委员会根据乡镇党委、政府的审核意见，进一步修改形成审议稿，提交村民会议审议讨论，根据讨论意见修订完善后提交会议表决通过。表决应遵循《村民委员会组织法》相关规定，并应有一定比例妇女参会。未根据审核意见改正的村规民约、自治章程不应提交村民会议审议表决。在此阶段，村民会议作为村民实行自治的权利机构开始介入村规民约的制定，其职责有两项：一是对村规民约的审议稿进行审议讨论，形成讨论意见；二是对修订完善后的村规民约进行表决通过。在召开村民会议履行上述两项职能时，须符合《村民委员会组织法》第21条、第22条关于村民会议的组成、召集、提议、通知、参加人数和表决的规定。根据《村民委员会组织法》第25条规定，人数较多或村民居住分散的村可以设立村民代表会议。作为特殊情况下村民会议的补充形式，村民代表会议在介入村规民约的制定程序时，履行的同样是上述原本属于村民会议的两项职能。此时，村民代表会议的召开应当符合《村民委员会组织法》第25条、第26条关于村民代表会议的组成、召集、提议、参加人数和表决的规定。

（5）备案公布。村党组织、村民委员会应于村民会议表决通过后十日内，将村规民约、自治章程报乡镇党委、政府备案，经乡镇党委、政府严格把关后予以公布，让群众广泛知晓。在此阶段，村党组织和村民委员会须在规定时间内完成村规民约的报备和公布。报备程序是《村民委员会组织法》第27条第1款的要求，也是该条第3款所规定的乡镇人民政府对违反法律强制性规定的村规民约行使“责令改正权”的前提。

一些自然村或村民小组会结合当地实际制定或议定组规民约、屯规民约、寨规民约、文明公约、卫生公约等。此时，村民小组会议成为组规民约等规约的制定主体，村民小组组长在组规民约制定过程中发挥主导作用。由于村民小组是村民委员会“根据村民居住状况、集体土地所有权关系等”① 设立的，体现村民的自然居住状况，涉及的地域范围小和人口数量较少。与行政村的村规民约、自治章程等相比，组规民约等规约的制定程序较为灵活，无须严格按照征集民意、拟定草案、提请审核、审议表决、备案公布的步骤进行。需要注意的是，村民小组在召开村民小组会议制定或修订组规民约等规约时，应当符合《村民委员会组织法》第28条关于村民小组会议的参加人数和表决的规定②，在组规民约等规约制定过程中发挥主导作用的村民小组组长的产生和任期也须符合该条的规定③。

乡规民约、村规民约和村民自治章程的修订程序一般参照制定程序执行，二者区别不大。《关于做好村规民约和居民公约工作的指导意见》提出“村规民约、居民公约在保持相对稳定的同时，可根据当地经济社会发展、群众需求变化以及社情民意等进行修订，修订程序参照制定程序执行”。从调研情况来看，村规民约的修订主要经由村民会议或村民代表会议讨

---

① 《村民委员会组织法》第3条第3款。

② 《村民委员会组织法》第28条第1款规定：召开村民小组会议，应当有本村民小组十八周岁以上的村民三分之二以上，或者本村民小组三分之二以上的户的代表参加，所作决定应当经到会人员的过半数同意。

③ 《村民委员会组织法》第28条第2款规定：村民小组组长由村民小组会议推选。村民小组组长任期与村民委员会的任期相同，可以连选连任。

论通过。例如，贵州从江县高增乡《占里村村规民约》在开头部分写到“结合我村实际，经全村村民大会讨论，修订了本村《村规民约》”，最后一条写到“本《村规民约》的修改须经村民大会讨论通过”。而云南省腾冲县明光乡（现为腾冲市明光镇）《自治村村规民约》第2条规定，“本村规民约广泛征求了多数村民意见，是经过召开村民代表会议通过的进一步规范村民行为准则的管理制度”。以下收录《关于修改补充自治村〈村规民约〉的决议》，以展现该村规民约的修订过程。《自治村村规民约》最新一次修订是在2013年5月26日，此次修订将2011年修改补充决议中的两条予以保留。该决议以及《自治村村规民约》《自治村村民自治章程》系笔者于2015年春节回乡时搜集。

关于修改补充《自治村村规民约》的决议

（2011年1月29日村民代表大会表决通过）

参会村民代表62人，一致举手表决通过，无弃权和反对。

第一条：婚姻嫁娶，男女双方家庭接待宾客不能超过一天，在接待宾客时，不能铺张浪费，大吃大喝，三天三夜不散客，违者处违约金100～500元。

第二条：每年春节正月初一至正月初五期间严禁上坟祭扫，正月初五后上坟时严禁烧火、燃放鞭炮及烧纸钱、点香烛，文明祭扫，违者处违约金200～500元。

自治村村委会

2011年1月29日

相较于传统乡规民约，当代乡规民约尤其是实行村民自治制度以来的乡规民约，自治性有所凸显，但民族性和地域性特征淡化。究其原因，主要是国家行政权和司法权的过度指导。当代乡规民约、村规民约和村民自治章程的制定动力不是源自村庄共同体内部的自生自觉，而是为了完成乡镇党委、政府以及上级法院、民政、计划生育、生态环境、农业农村等部门的任务指派，指派的形式是村规民约的范本或模板，指派的目标是实现村规民约的全覆盖。源于村庄共同体自生自觉的乡规民约体现出更多的民族性和地域性，多元化特征显著，以传统乡规民约为代表；在国家行政权、司法权强力指导下的乡规民约具有明显的法治化特征，程序化和模式化特征明显，以当代乡规民约为代表。当代乡规民约制定或修改的程序和步骤明显与《立法法》规定的立法机关须遵循的立法程序相似，说明乡规民约的制定程序受到国家立法程序的影响，或者说乡规民约的制定程序“拟制”、模仿了国家立法程序。

三、实施程序

法律的生命力在于实施，法律的权威也在于实施。当代南方少数民族乡规民约也是一种“法”，其实施必须经过从文本到实践、从应然到实然的过程。何为实践形态？国家制定法的实施涵盖了守法、执法、司法三个环节，换言之，包括法的适用、执行和遵守。由于当代南方少数民族乡规民约在实施程序上并未形成清晰的阶段划分，其适用、执行和遵守是不能完全分开的，执行乡规民约的过程实际上也是在适用或遵守乡规民约。因此，笔者对当代南方少数民族乡规民约实施程序的分析不严格依照适用、执行和遵守三个阶段展开，而是立足于实施过程及效果这个宏观层面作描述性的研究。下面摘取侗族、彝族、羌族乡规民约的4个条文为样本展开探讨。

（一）贵州黎平县岩洞镇《岩洞村乡规民约》（案例1）

《岩洞村乡规民约》规定："严禁在河道炸鱼、药鱼、电鱼，违者每人每次罚款200元人民币，跟随捞鱼者每人每次罚款50元人民币。"①

该规定生效后不久，4个从外地打工返乡的青年竟肆无忌惮地在河里炸鱼。事发后，当事人以"还不知道村里有这样的规定""鱼炮不是炸药，不能按规定处理"为由不接受罚款。岩洞村老人协会召集村民对当事人说理劝诫："《乡规民约》一户一册，而且多次通过村里的电视广播宣传，还公开树立了《乡规民约碑》，不会不知道。即便不知道，也要按照最低处罚标准处理——为首者罚款200元，其他3人每人罚款50元。"村民们一致认为："用鱼炮炸鱼也是炸鱼，不能以此为由免于处罚。"且此前已经有人因为药鱼受到了严厉处罚。在集体力量的监督和约束下，当事人终于承认错误，接受处罚。由于老人协会的严格"执法"，乡规民约得到较好的执行

① 吴大华等：《侗族习惯法研究》，北京：北京大学出版社2012年版，第217－218页。

和遵守，药鱼、炸鱼、电鱼以及乱砍滥伐、破坏水源等现象得到有效遏制，侗族村寨实现了人与自然的可持续发展。乡规民约作为一种民间“法律”，从其在侗族村寨得到严格遵守和执行的角度，可谓实现了良好的“法律效果”；从其有效遏制资源破坏现象的意义上，它又实现了良好的社会效果。

（二）贵州从江县高增乡《占里村寨规》（案例2）

《占里村寨规》规定：“全寨不能超过160户，人口总数亦不能超过700人；并且一对夫妇最多只能生育两个孩子，而且还明确有50担稻谷的夫妇可生育两个孩子，只有30担稻谷的夫妇只能生育一个孩子。如有违规者，轻者将其饲养的牲畜强行杀掉烹煮给全寨人吃，以谢罪；重者将其逐出寨门或由其亲属处以重罚。”①

该寨规制定出来后，执行极为严厉，对违反者的处罚往往由亲属亲自执行，所以人们不敢越雷池半步，社会效果非常显著。从高增乡提供的户口资料显示，1952年占里村共计156户，729人；至2003年全村156户，762人。50余年间该村人口自然增长率几乎为零，被誉为“中国计划生育第一村”。占里侗寨制定的专门性的人口控制规约得到严格的执行，表现在对违反者处罚极为严厉，且由违反者的亲属亲自执行。长此以

① 陈金全主编：《西南少数民族习惯法研究》，北京：法律出版社2008年版，第238页。

往，这种规约已经内化于心，形成一种传统，有效地解决了人地矛盾，实现了“法律效果”与社会效果的统一。

（三）云南宁蒗彝族自治县《金古忍所家支禁毒协议书》（案例 3）

云南“小凉山”地区临近“金三角”，长期以来饱受毒品侵蚀，社会秩序面临着严重威胁。为解决这一社会问题，1999 年 1 月，金古忍所嘉日支的头人选择“虎日”[①] 举行首次盟约戒毒仪式。2002 年 5 月，第二次戒毒仪式扩大到整个金古忍所家支，头人们用彝文庄重地写下云南省丽江地区宁蒗彝族自治县《金古忍所家支禁毒协议书》，作为戒毒活动的行动依据。协议书内容摘录如下：

第二条　关于对已经吸毒贩毒人员的管理

1. 已经吸毒的，其父母要将其扭送国家法律机关。因吸毒而欠下的债务，由其父母自行承担。没有父母的，由这个家内的头人承担。

2. 吸毒者毒发身亡时，家族人不得帮忙抬其尸体，由其家人土葬不得火葬，家支不筹份钱。

3. 一个月检查一次吸毒情况，主要查是否还在吸毒，检测费用由吸毒者自行承担。

4. 吸毒者一年内不得外出，上街必须有家人陪同。

---

① 彝族历法中“虎日”是举行战争或集体军事行动的日子，选择“虎日”，象征着彝民将禁毒视为一场维护家支生存的战争。

5. 适当时候，修一戒毒室，管理那些不自觉的吸毒者。

第三条　关于禁毒

1. 在家支内部进行毒品买卖者，要按彝区规矩处理。

2. 在外贩卖毒品而被人打死者，家族人不抬其尸体，土葬（而）不火葬。家支也不得因此对他的身亡提起诉讼。

3. 在外贩卖毒品而惹上官司的，家族人不得帮忙诉讼、调解。

4. 外人到我们内部来贩卖毒品的，我们要严厉打击；因之而发生官司的，家支所有人都要参与案件的调解和诉讼。

盟誓开始前，吸毒者整齐地排成一排，毕摩照例需要念经。盟誓和赌咒的誓言也由毕摩宣读，大概内容是，如果吸毒者从此戒除毒瘾，他无论走到哪里都将有好运相伴，财运亨通，岁岁平安，去彝家、去汉家，卖盐得银子，卖茶得金子；反之，如果违背誓约，再次吸毒，那么将会阳寿不长，该活十岁的只能活一岁。宣读完毕后，毕摩大声问吸毒者："从前吸毒的今后还吸不吸？"吸毒者整齐地答道："不吸了！"毕摩紧接着高举混合着猪血和鸡血的酒碗，高声颂道："喝了这碗血酒，愿你们的头比石头硬，眼睛比太阳更亮！"吸毒者虔诚地端起酒碗，纷纷将混合着猪血和鸡血的酒一饮而尽，又将酒碗摔破在石头上，以示与过去决裂，立志重新做人。此外，每个吸毒者在饮下血酒、摔破碗之后，都会蘸上鸡血，在《吸毒人员担保协议书》上签名并捺下鲜红的拇指印，而他们的担保人也会在下方相继捺下手印。①

时至2005年5月，参加第二次戒毒仪式的16人中仅有2人复吸，戒毒的成功率高达88%。举行“虎日”戒毒仪式的村寨绝少出现吸毒人员滞留、新增吸毒者、外来贩毒者渗入等现象，金古忍所家支所在的跑马坪乡被上级评为“创建无毒社区先进单位”，临近乡村也纷纷加入戒毒仪式。《金古忍所家支禁毒协议书》是一种由彝族家支成员议定达成的乡规民约。彝族利用自身特殊的社会组织形式（家支）对吸毒、贩毒者进行惩戒、改造和监督，还结合特殊的宣誓赌咒仪式予以强化，通过精神上和身体上的双重“治疗”，有效解决了困扰多年的毒品问题，可谓实现了“法律效果”与社会效果的统一。

（四）四川理县蒲溪乡《蒲溪村村规民约》（案例4）

《蒲溪村村规民约》规定：“从播种到收获季节，田间不许放牧牲畜，冬季牲畜方可放敞，违反者按实际损失赔偿，牛吃玉米一株赔玉米一斤，吃洋芋苗一窝赔洋芋五斤，其他杂粮破坏一窝赔半斤。”②

该条乡规民约于1994年由蒲溪村村干部以口头方式议定，

---

① 案例源自陈金全、巴且日火主编：《凉山彝族习惯法田野调查报告》，北京：人民出版社2008年版，第457－458页。

② 龙大轩：《乡土秩序与民间法律：羌族习惯法探析》，北京：中国政法大学出版社2010年版，第182页。

是羌族“继承了旧有口诵民约的合理内容”[①] 并加以适当改进的结果，可以追溯至中华人民共和国成立前已在当地广为盛行的田管制度。这一颇具特色的农业生产管理制度是如何运作的呢？首先由村寨群众选举一人担任田管，报所在地保甲长备案。田管的任务是看护田地里的青苗庄稼不受人畜破坏，若小偷行窃，田管可以自行扭送至保甲长处理，保甲长公布窃贼姓名以辱之，并处罚酒；若有耕牛、家禽践踏庄稼，由牛主人承担赔偿责任。具体办法是田管将牛尾割下，以此作为要求耕牛主人赔偿的证据，牛尾还要张挂于公共场所，牛尾越多表示田管的成绩越大。[②] 无论是中华人民共和国成立前的田管制度还是《蒲溪村村规民约》中的上述规定都对规范牲畜放养、保护庄稼生长、维护农业生产秩序产生了积极作用。

对于田管无法处理的农业生产矛盾纠纷，通常以“吃转转酒”的方式调解。这种羌族处理纠纷的特有方式一般适用于口角生非、争田边地界、醉酒闹事、斗殴伤人等引起的纠纷以及人畜破坏、践踏庄稼而田管处理不了的争斗案件。凡发生这些纠纷时，由老民责令过错方购置酒肉，召集乡邻村众前来调处，地点不限。届时众人集齐围坐，饮酒评理。所饮酒为咂酒，杂粮酿制陶罐盛装，用空心竹竿插入，由老民开坛先饮，然后依次循环逐一吸吮，大家一边饮酒一边议事，酒毕而理

---

① 龙大轩：《羌族民约的习惯法特征》，载《西南政法大学学报》1999 年第 1 期，第 43 页。

② 龙大轩：《乡土秩序与民间法律：羌族习惯法探析》，北京：中国政法大学出版社 2010 年版，第 182 页。

定，最后由过错方向被害方赔礼道歉并承担酒资，两家纷争至此化干戈为玉帛。[1] 这种纠纷解决方式从中华人民共和国成立前延续到现在。龙大轩在四川羌区作田野调查时，对羌族乡规民约发挥的实际作用深有体会。在他的调研中，茂县政协原主席何国成对乡规民约的作用总结道："羌族习惯法作用很大，乡规民约相当严，而且效果很好，尽管只有那么几条，有时却起到了现在法律起不到的作用。比如林木的保护，现在有《森林法》，过去是靠封山令。"茂县政协原副主席苏家国也讲道："如保护森林，带有一种宗教性质的是按习惯大家在树上吊一狗，一起把林子围一圈，或作面狗，然后用枪打死，意思是如果谁敢碰林子一下，就会像狗一样的下场，要求人们自觉遵守。尽管有宗教性，但用这种方法来制止乱砍乱伐，效果比《森林法》还好。"[2] 四川羌区利用乡规民约处理民间纠纷比起诉到法院寻求法律救济显现出明显的优越性，纠纷解决程序灵活、费用低廉、节省时间，且修复性强，有利于恢复当事人之间原有的社会关系。

以上分别从四个角度描述了当代南方少数民族乡规民约的实施过程及效果，从中我们可以概略地认识当代南方少数民族社会普遍的、存在共通性的法律运行机制和样态。诚然，要全面准确地考察当代南方少数民族乡规民约的实施过程及效果，

① 龙大轩：《乡土秩序与民间法律：羌族习惯法探析》，北京：中国政法大学出版社 2010 年版，第 199 页。

② 龙大轩：《乡土秩序与民间法律：羌族习惯法探析》，北京：中国政法大学出版社 2010 年版，第 128 页。

仅凭以上四个样本是不够的。综合来看，当代南方少数民族乡规民约规定的处罚方式包括批评教育、张榜公示、赔礼道歉、公开检讨、经济处罚、限制或剥夺权益、驱逐出寨（族）等。

1. 批评教育。主要适用于违反乡规民约程度较轻的行为。针对家庭成员不履行抚养、扶养、赡养义务的行为，通常以批评教育为主。云南贡山县丙中洛乡《双拉村村规民约》第17条规定："不准打骂、虐待、遗弃老人，违者由村民小组或村委会批评教育，并限期改正。"① 贵州锦屏河口乡《文斗村规民约》第4条规定："树立尊敬长者、孝顺老人之风。有不赡养老人、虐待老人者，作公开批评，责令改正，并交违约金50～200元。"②《自治村村规民约》第32条规定："自觉遵守《义务教育法》，父母必须送适龄子女入学，在义务教育期间保证不辍学，辍学务农经商的，村委会及村民小组有权配合学校对其批评教育，督促其完成学业。"批评教育常常与其他处罚方式并用。贵州雷山县郎德镇《也利村村规民约》第35条规定："（触犯村规民约）第二次以上的，由其家长或监护人拿出肉100斤、米100斤、酒100斤，请村干部和全村寨老共同进行教育，并由寨老带其巡回全村喊寨一次。"③

2. 张榜公示。通过将违约者的行为公之于众，利用群体

① 郭凤鸣：《云南贡山丙中洛乡少数民族习惯法的育人功能研究》，重庆：西南大学2008年博士学位论文，第78－79页。

② 陈寒非、高其才：《乡规民约在乡村治理中的积极作用实证研究》，载《清华法学》2018年第1期，第73页。

③ 徐晓光：《从苗族"罚3个100"等看习惯法在村寨社会的功能》，载《山东大学学报》（哲学社会科学版）2005年第3期，第10页。

舆论加以监督、谴责，类似于羌族传统乡规民约中的“书于村口”“书于板榜”。四川汶川县雁门乡《萝卜寨村规民约》第4条规定：“旅游品摊点严禁销售假虫草、假玉石、假药材等；如有违反者，全部没收假冒产品，经教育无悔改者，将张榜公示。”第11条规定：“尊老爱幼，尊重妇女儿童权益，关注留守及病残儿童健康成长。一经发现，不赡养父母、家庭暴力，我们将张榜公示。”第12条规定：“在村两委组织下，通过村民代表评选‘十佳文明户’‘五好家庭户’‘遵纪守法户’，每个村民小组各3户，‘好儿媳’‘好婆婆’每个村民小组各2名；根据平时检查、巡查情况，评出‘最不清洁户’黄牌一户，召开村民大会予以表彰，对黄牌户通报批评。”①

3. 赔礼道歉、公开检讨。违约者承认错误，表示悔过，愿意改正并接受处罚的一种方式，往往成为乡规民约实施主体调处双方纠纷或酌情考虑减轻处罚的一项前提条件。湖北长阳土家族自治县龙舟坪镇《厚丰溪村村规民约》第15条规定：“违反村规民约的，轻者由村民委员会或公民道德理事会给予批评教育，责令作出书面检讨。并向他人赔礼道歉，赔偿有关损失；经教育仍不改正的，记入公民道德档案；情节严重触犯刑律的，由司法机关依法处理。”② 1985年12月1日制定的广

① 宋玉霞：《羌族乡规民约在其基层治理中的应用研究——基于“中国羌族第一寨”萝卜寨的调查》，成都：四川省社会科学院2017年硕士学位论文，第53－54页。

② 陈晓丹：《当代土家族地区村规民约研究》，武汉：中南民族大学2011年硕士学位论文，第51页。

西龙胜各族自治县和平乡《龙脊村治安管理村规民约》第8条规定："本村楼房密集，必须安全用火用电，凡属乱玩火偷电、玩电者，发现一次，罚款二十元，并且写检讨书三百份，发至各户。"①

4. 经济处罚。主要有违约金和罚款两种形式。与违约金类似的还有赔偿金、补偿金等。《自治村村规民约》第13条规定："不准侵占他人土地，谋田移埂，占沟、占路，违者按每平方米处违约金50～150元，情节严重的报相关部门处理。"贵州锦屏钟灵乡《阳艾村村规民约》第27条规定："本村内妇检对象不按规定进行妇检的，每发生一次，承担违约金50元，并在村内通报批评。"② 云南贡山县丙中洛乡《双拉村村规民约》第15条规定："管理好自己饲养的家畜。若自己的家畜给他人造成损害的，饲养人要负责并赔偿经济损失。"③ 广西罗城仫佬族自治县东门镇《凤梧村村规》第14条规定："违犯上述规定的给予批评教育，写出检讨，情节严重的责令其酌情缴纳补偿费。"④ 罚款是当代乡规民约中最基本、最常见、适用范围最广的处罚方式，几乎任何一部乡规民约都将罚

① 罗波：《壮族当代乡规民约与乡村整合：以龙脊村为例》，南宁：广西民族大学2010年硕士学位论文，第48页。

② 王海银：《国家法在少数民族地区村规民约中的体现——以黔东南锦屏县村规民约为例》，贵阳：贵州大学2009年硕士学位论文，第22页。

③ 郭凤鸣：《云南贡山丙中洛乡少数民族习惯法的育人功能研究》，重庆：西南大学2008年博士学位论文，第78－79页。

④ 岳雪莲：《仫佬族流动人口与流出地社会变迁研究——基于广西罗城凤梧村的调查》，武汉：中南民族大学2011年博士学位论文，第105页。

款作为一种必备的处罚手段。与罚款类似的还有罚请酒席、罚请看戏、罚放电影等。贵州三都水族自治县周覃镇《甲约村民议公约》第6条规定："不准进入别人的田地边和山林里割草，违者按手续每挑10元罚款。"[①] 诸如此类事无巨细的规定不计其数。广西金秀瑶族自治县金秀镇《六段村石碑条约》第4条规定："嫖人妻女或诱他人夫奸者，罚款壹仟圆办酒席拾桌，每桌壹佰圆供全村人进餐，由犯者登门为对方赔礼道歉。"[②] 贵州黔东南苗族"罚3个100"（或"3个120"）是罚请酒席的典型体现。有的乡规民约规定罚请看戏或放电影，广东连南瑶族自治县三排镇《南岗村村规民约》中就有规定："肇火者还要负责参加扑火人员的伙食费，加罚电影两场。"[③]

5. 限制或剥夺权益。对不执行计划生育政策、乱占耕地、乱开荒地、滥伐林木等行为，羌族乡规民约规定不批宅基地，不安排耕地或收回承包地，不给困难补助，剥夺享受国家和村里的一切福利待遇等。四川汶川县龙溪乡《垮坡村村规民约》（1991年制定）第2条规定："提倡晚婚晚育，少生优生，自觉履行计划生育义务，凡强行超生第一胎者，除按政策规定处罚外，另给予下列处理：1. 不批宅基地；2. 不批自用木材指标；3. 不给困难补贴；4. 不安排土地。凡强行超生第二胎者，

① 吴云：《水族生态环境保护的法律问题思考——以三都水族自治县为例》，载《云南行政学院学报》2008年第5期，第118页。

② 黄荣幸：《基层治理法治化视野下民族地区法治村屯建设研究》，桂林：广西师范大学2017年硕士学位论文，第36页。

③ 高其才：《瑶族习惯法》，北京：清华大学出版社2008年版，第485页。

除按以上处理外，再给予下列处理：1. 收回上等承包地 1 ~ 2 亩；2. 不能享受国家和村上的一切福利待遇。”① 汶川县龙溪乡《俄布村村规民约》（1991 年制定）第 8 条也有类似规定：“提倡晚婚晚育，少生优生，按照《宪法》规定，夫妻双方都有实行计划生育的义务，违者除给予规定罚款外，还要收回夫妇双方的上等承包地一亩至二亩，同时不审批宅基地，不批自用木材指标，不准随意开荒，不享受困难补助，不招工、招干，不享受一切待遇，如有调整土地时一律不安排。”② 有的乡规民约为达到剥夺违约者权益的目的，直接限制其他相关人的合法权益，这种做法值得商榷。例如，贵州平塘卡蒲毛南族乡《诚信计划生育村规民约》第 6 条规定：“外来人员应遵守流动人口的有关规定，村民不准租（借）房屋给违反计生的外来人员和未办理流动人口婚育证的外来人员。对出租（借）房屋给违反计划生育的人员居住、招用无计生流动人口婚育证的外来人员的房主、雇主按《流动人口计划生育工作条例》处罚。”③ 有的乡规民约还禁止违约者使用村寨的水碓、水磨、水渠、洗衣亭、晒场等公共设施。乡规民约对村民权益的限制、剥夺现象，已成为其与国家法律冲突的一个重要表现，在黔东南州雷山县某村发生的一起村民与村委会纠纷中可以得到

---

① 龙大轩：《乡土秩序与民间法律：羌族习惯法探析》，北京：中国政法大学出版社 2010 年版，第 339 – 340 页。

② 龙大轩：《乡土秩序与民间法律：羌族习惯法探析》，北京：中国政法大学出版社 2010 年版，第 342 页。

③ 王娜：《贵州省毛南族生育文化研究——以平塘县卡蒲毛南族乡为例》，贵阳：贵州师范大学 2016 年硕士学位论文，第 47 页。

很好的印证。村民杨某因搭建灶棚侵占了村委会芦笙场部分土地，并改移原来的排水沟，从而引发与村委会的纠纷，后将村委会诉至法院。但在法院民事判决书下达前，2010 年 5 月 20 日，杨某所在的村委会针对杨某向法院起诉村委会一事出台了《××村鼓藏民约》，其中明确规定："五、发现杨××家、杨××家[①]在本村的芦苇场晒谷子、晒肥的，全村村民强行把他家的物资东西迁、抛、甩出；六、本村跳芦笙、集会、过节日、一切娱乐活动、不准他两家的人参加观看；七、杨××家、杨××家的人在本村门市部、经销点购买东西，发现一回/次罚款伍拾元（50 元）；八、本村村民的车拉运杨××家、杨××家的人或东西，发现一回/次罚款人民币壹佰元（100 元）。"[②]

6. 驱逐出寨（族）。作为一种剥夺成员居住权的有一定限制人身自由性质的处罚，由于与国家法律明显冲突，在当代乡规民约中已经十分少见，但并未绝迹。四川蒲溪羌民对不孝之徒"红事不发请帖、白事不扎孝帕"，家族不承认其在族内应有的血缘身份，将其撵出家门，又称"放生"，意思是对这种人本该处死，将其撵出家门保全其性命。驱逐出寨，是指将违反乡规民约的人及其家庭成员甚至其他亲属，强制迁徙到外

① 由于之前鼓藏已对杨某处理过，此处杨××两家为杨某的兄弟及近亲家族成员。

② 李向玉：《民族习惯法转型期的法治现代化——以黔东南少数民族地区一起"鼓藏民约"司法个案为例》，载《甘肃政法学院学报》2011 年第 2 期，第 35 页。

地，与其断绝一切联系。2008 年 7 月，吴大华于湖南通道侗族自治县独坡乡木瓜村搜集的《木瓜村村规民约》中尚有“驱逐出寨”规定，“对行凶杀人、放火、放毒等恶劣犯罪行为，按照村规民约驱逐其全家出村，并世代不得进村，断绝宗族关系，禁止死后迁入家族坟山”①。类似规定具有历史局限性，不合于法治精神，理应摒弃和禁绝。

围绕法的实施效果问题，学界一直争论不休。归纳起来，主要有法律效果和社会效果两个范畴。喻中从司法的角度予以界定，“司法的法律效果是指司法机关严格按照正式法律的要求，展开司法过程，寻求判决结果；司法的社会效果则是指司法机关的司法活动，尤其是最后的司法裁判，要让当事人满意，尤其是让社会公众满意”②。基于这种界定，笔者认为，当代南方少数民族乡规民约这种非正式制度的实施效果有着国家法律无法企及之处。与国家法律很难在偏远少数民族地区实现良好的社会效果形成鲜明的对比，当代南方少数民族乡规民约生发于生活实践和经验，在解决社会纠纷、维持社会秩序方面发挥着十分重要的作用，或者说它就是一种能实现良好社会效果的“法律”。那么，它为什么可以产生这样的效果？

1. 神灵观念的运用

神灵观念是宗教的基础所在，虽然宗教绝不是人类精神发

① 吴大华等：《侗族习惯法研究》，北京：北京大学出版社 2012 年版，第 243 页。

② 喻中：《法律效果与社会效果的思量》，载《法制日报》2008 年 4 月 20 日，第 10 版。

展的最好方向，甚至是人类理性的失误，但它却是当时人类的必然选择。尽管是在失误的方向上，人类的精力和智慧也得到了集中的发挥和发展，并因此得到积累、保存和传承，最终结出了各种各样的文化果实，推动了人类文明的发展。[①] 宗教在南方少数民族乡规民约的制定、形成过程中扮演着关键的角色，在实施过程中也不例外。美国学者伯尔曼曾说："法律必须被信仰，否则它将形同虚设。"[②] "没有信仰的法律将退化为僵死的教条。"[③] 南方少数民族乡规民约之所以具有顽强的生命力和悠久的传承性，在于它是常驻于南方少数民族观念和心灵深处的"圣经"，是被严格、自愿地遵守和信仰着的。即使是当代南方少数民族乡规民约，在其制定与实施过程中仍保留着一些特殊的仪式和程序。案例 3 中，彝族金古忍所家支利用庄严的盟誓仪式对吸毒、贩毒者进行劝诫，整个过程都由毕摩主持，带有浓厚的宗教色彩。这种独特的戒毒方式取得了良好的社会效果，这是强制戒毒所不能达到的。可见，神灵观念仍是一些当代南方少数民族乡规民约实施的重要保障。正如强世功所言，"法律的仪式化和戏剧化是法律权力必不可少的一部分……没有这种仪式化或戏剧化的策略，法律要么变成赤裸裸

① 杜孝义：《谈神灵观念》，载《科学与无神论》2016 年第 6 期，第 41 页。

② ［美］伯尔曼：《法律与宗教》，梁治平译，北京：生活·读书·新知三联书店 1991 年版，第 14 页。

③ ［美］伯尔曼：《法律与宗教》，梁治平译，北京：生活·读书·新知三联书店 1991 年版，第 47 页。

的暴力而受到抵制，要么失去神秘性而被弱化”①。

2. 集体力量的凭依

南方许多少数民族村寨在惩罚违反乡规民约的村寨成员时，集体参与执行是一种较为常见的方式，尤其是针对那些严重侵害集体利益的行为。如罚酒、罚肉、喊寨等惩罚方式，基本都是全体家族、村寨成员参与执行。集体的力量有效保证了南方少数民族乡规民约的权威性。正如霍贝尔所指出的，任何一个民族在其极早的时代（初民社会），任何一起民事或刑事伤害案件的受害人，都自然地成为“自诉人”，他寻求救济的途径、尝试和勇气都得到所在群体的鼓励，他“不仅也不可能仅代表自己、他的家族或其民族而作为，他享有该社会与此案件无利害关系的其他社会成员明示或默示的支持……自诉人扮演了既为整个社会利益的代表，也是自己特定利益的代表这一角色”②。集体力量的另一表现形式是舆论监督。如羌族对偷盗行为进行“枪打草人”的模拟演示，瑶族的赔酉，侗族的喊寨、游寨，云南剑川苗族在犯事者家门口栽棕树等，都会使行为人受到极大的心理钳制。从地理分布上看，南方少数民族社会是由一个个村寨组成的，每个村寨都是一个熟人圈子。任何村寨成员的“不适当”行为都会迅速传播，人尽皆知，行为人很快陷入舆论非议的“漩涡”。不仅本人颜面扫地，遭

① 强世功编：《调解、法制与现代性：中国调解制度研究》，北京：中国法制出版社 2001 年版，第 437 页。

② ［美］霍贝尔：《初民的法律——法的动态比较研究》，周勇译，北京：中国社会科学出版社 1993 年版，第 29 页。

到邻里乡亲的耻笑，成为孤立无援的异类，他的家庭、家族也将不可避免地受到影响。因此，舆论监督是社会控制的一种主要手段，“非议成为强有力的制约”①，如果一个人的行为遭到大多数村民的反对和厌恶，他就很难在这个圈子立足，这种可预见的后果使其打消了实施“不适当”行为的念头。

3. 紧贴民心的普法宣教

卢梭所讲的“第四种法”即风俗、习惯等社会控制规范，它们已经完全融入人们的日常生活，直接约束人们的行为，而当代南方少数民族乡规民约尤其是成文形式的那一类，最初只掌握在少数人（制定主体）手中，还需经过一个“普法”的过程。南方各少数民族通过各种形式宣传和普及乡规民约，使之内化于心，代代相沿。下面仅举两例予以说明。其一，羌族的“法谚”。四川蒲溪乡规民约大都是口头传诵，每个村民都能熟记于心，其规范、准确的特点并未因口诵而失真。如对违背孝道的人施以“白事不扎孝帕，红事不发请帖”的处理，山地田土的分界遵循“山分梁子河分界”“蒲溪人不能到阴山，休溪人不能到阳山”的原则，以及强调保护耕牛的“父母养身、耕牛养命”等。这类口语化的乡规民约读起来朗朗上口，便于记忆，易于普及。其二，侗族的“讲款”和“侗歌”。“讲款”这一侗族宣讲乡规民约的活动一直延续至今。以前一般由族长、寨老，现在更多由村主任或书记主持召开全

① 梁治平：《清代习惯法：社会与国家》，北京：中国政法大学出版社 1996 年版，第 157 页。

村动员大会，制定或重申保护庄稼的条款。讲款的大致内容是：农历三月初，春耕开始，各种农作物次第下种，各家各户要管好、圈好家禽家畜，以免春耕生产遭受损害。九月，庄稼即将成熟，等待收割，禁止各家各户放敞牲畜，禽畜损害庄稼要照价赔偿。有的地方，在秋冬干旱季节还召开防火款约大会，每户都要出席，有的地方甚至还要签到。经年累月，侗族村寨的男女老少对乡规民约烂熟于心，“依照约法行事”已成为一种普遍的观念。“款约法”是侗族传统乡规民约的主要形式，最初没有文字记载，后来通过“侗歌”的形式实现了普及和世代相传，当代侗族乡规民约中仍有很多款约法的影子。“汉人有书传书本，侗家无字传歌声；祖辈传唱到父辈，父辈传唱到儿孙。”[①]“侗歌”的歌词都源自“款约法”，这种独特的普及形式，远比“法律文本”更加形象，更能深入人心。侗族村寨的“以歌调解”是一种极具特色的民间智慧。这种以“唱歌”来劝和的调解形式，主要用于解决婚姻、继承、家庭、邻里方面的矛盾纠纷，调解人或是熟稔古理、德高望重的寨老，或是善于唱侗歌的歌师。儿女不孝父母，就由调解人去唱《父母歌》[②]；婆媳之间闹矛盾，就唱《婆媳歌》；夫妻之间闹别扭，就唱《夫妻恩爱歌》。著名文化学者余秋雨在考察

① 吴大华等：《侗族习惯法研究》，北京：北京大学出版社2012年版，第184页。

② 《父母歌》的歌词有：崽女从小在娘怀长大，嚼饭口哺喂均匀。踢烂母亲衣裳多少件，扯断爹娘头发多少根。为采山泡野果荆棘刺蓬都找遍，留送儿女自己半颗也不吞。

贵州黎平肇兴侗寨时，对这种“以歌调解”的文化现象作了高度评价，“剑拔弩张的社会矛盾能够在这里被歌声解决，这是一个理想的社会。原来以为这些只能是美学家的一种期盼，其实在侗寨肇兴就得到了体现。这是侗寨人的精神自足传统”①。

① 贵州人民出版社编：《解读贵州：余秋雨黔东南纪行》，贵阳：贵州人民出版社2008年版，第47－48页。

第四章 当代南方少数民族乡规民约的主要内容

根据历史发展阶段，南方少数民族乡规民约可以分为传统乡规民约与当代乡规民约；根据内容的完整程度，可以分为综合性乡规民约和专门性乡规民约；根据规则的强制性程度，可以分为指导性（倡导性）乡规民约和强行性（惩戒性）乡规民约；根据族别或地域也可作出相应分类。综合来看，传统乡规民约由于制定主体和公示载体的局限性，条文的体系性不强，数量上综合性乡规民约较少，专门性乡规民约较多，有“复业碑”“禁盗碑”“封山碑”“护林碑”“水利碑”“禁开煤窑碑”“婚规碑”等。与之不同，当代乡规民约条文的体系性较强，数量上综合性乡规民约较多，专门性乡规民约较少，通常有“计划生育公约”“环境卫生公约”“封山育林公约”“村风民俗公约”“治安公约”“禁毒公约”“团结公约”“文明公约”等。

对当代南方少数民族乡规民约主要内容的阐述首先需要设

定一个科学的分类标准，无论是根据族别、地域或内容的完整程度还是规则的强制性程度都会有所偏失，因此，笔者尝试从功能的角度，包括乡村事务管理、婚姻家庭关系调整、生态环境与资源保护、社会治安维护、纠纷解决五个方面来介绍当代南方少数民族乡规民约的主要内容。以下首先摘录一则综合性乡规民约，以呈现其结构体系和内容原貌。

《自治村村规民约》

第一章　总则

第一条　为促进农村社会稳定，群众安居乐业，发展地方经济，创建和谐的生产、生活环境，促进农村“三个文明”的协调发展，保障村民财产安全，维护村民的合法权益，进一步提高村民物质文化生活水平，根据宪法和相关法律法规及“村民自治章程”，按照自我管理、自我教育、自我服务、自我约束的原则，结合我村实际，制定本村规民约。

第二条　本村规民约广泛征求了多数村民意见，是经过召开村民代表会议通过的进一步规范村民行为准则的管理制度。

第二章　社会治安

………

第三章　生产生活

………

第四章　环卫、交通

………

第五章　相邻关系

………

第六章　婚姻家庭关系

………

第七章　土地山林

………

第八章　村民义务

………

第九章　计划生育

………

第十章　用电安全管理

………

第十一章　产业管理

………

第十二章　附则

第五十七条　以上规约由村民代表大会讨论通过生效，并报相关部门备案，正式实施，望广大群众大力宣传，自觉遵守，协助执行。

第五十八条　违者按本约处违约金，有不服的，可在征收违约金之日起，15 天内向上申诉。

第五十九条　本约适用于本村村民，村委会负责解释。

自治村第五届村民委员会

二○一三年五月二十六日

一、乡村事务管理

当代南方少数民族乡规民约是发展基层民主，推进村民自治的重要手段，有关乡村事务管理的内容十分丰富，主要包括计划生育、公益事业建设、乡村建设规划、乡风文明建设、消防安全、普法宣教等方面。

（一）计划生育

“人满而患其贫，毋宁土满而患其寡。土满可待人以开之，人满而无有以资其生，则欺诈、攘窃种种触刑犯禁之事，相缘以起，而大乱随作。故自古治日少而乱日多，而极盛之时即伏衰乱之机，良以此也。”① 人口、资源与环境三者的关系问题古往今来都是事关人类生存与发展的重要社会问题。坐落于黔东南苗族侗族自治州从江县高增乡的一个侗族自然村，很早就形成了朴素的“计生”意识，通过制定世代不辍的寨规或乡规民约，有效地控制人口增长，实现了人口、资源与环境的平衡，收获了“中国计划生育第一村”的美誉。在计划生育政策尚未出台时，占里侗寨的村民们就总结、制定出“计生”方面的传统规约，不但内容生动形象，而且“罚则”严厉。例如，“占里是一条船，人多了就要翻船，人口要有节制”“人口可有增加，土地可有限定。多生一男，没有田产，

① 袁翔珠：《石缝中的生态法文明：中国西南亚热带岩溶地区少数民族生态保护习惯研究》，北京：中国法制出版社2010年版，第497页。

讨不到媳妇；多育一女，没有嫁妆，找不到丈夫”“一对夫妇只准生两个孩子。谁家多生孩子，就拉他家的猪、牛来杀吃，同时全村对其进行羞辱。还要多生多养的，就逐出寨门”①。1982 年 9 月，我国将计划生育确立为一项基本国策，同年 12 月写入宪法。自此，当代南方少数民族乡规民约逐步吸纳、贯彻了这项基本国策。占里侗寨根据法律、法规和国家政策规定，结合社会形势的变化修改了原来寨规：

> “全寨不能超过 160 户，人口总数亦不能超过 700 人；并且一对夫妇最多只能生育两个孩子，而且还明确有 50 担稻谷的夫妇可生育两个孩子，只有 30 担稻谷的夫妇只能生育一个孩子。如有违规者，轻者将其饲养的牲畜强行杀掉烹煮给全寨人吃，以谢罪；重者将其逐出寨门或由其亲属处以重罚。”②

南方各少数民族纷纷将计划生育政策写进乡规民约，在宣传普及《婚姻法》(现已失效，以下不再作说明)、《人口与计划生育法》以及相关法规、政策时，结合本民族、本村寨的实际，制定了详细的处罚措施。例如，贵州雷山县郎德镇《报德村村规民约》第 1 条规定：“维护妇女和儿童的合法权益，认真执行《婚姻法》和国家的计划生育政策，决不允许重婚或超生破坏。违法者，按照国家《婚姻法》和计划生育

---

① 杨军昌：《侗寨占里长期实行计划生育的绩效与启示》，载《中国人口科学》2001 年第 4 期，第 64 页。

② 陈金全主编：《西南少数民族习惯法研究》，北京：法律出版社 2008 年版，第 238 页。

政策处罚。”[①] 贵州雷山县方祥乡《格头村村规民约》“计划生育”部分第1条规定：“凡是超生和无《准生证》生育的夫妇，除按《贵州省计生条例》规定处罚外，村委会另以超生的胎次分别进行罚款，每超生一孩罚款100元。”[②] 2008年1月20日通过的锦屏县三江镇《菜园村村规民约》第11条规定：“严格遵守计划生育条例的规定。违者作以下处罚：每超生一胎，罚款100元并报镇人民政府处罚。每超怀一胎，罚款50元并报镇人民政府处理。”[③] 广西恭城瑶族自治县龙虎乡《实乐村村规民约》第6条规定：“提倡优生优育，凡居住在本村的居民遵守人口与计划生育法律，如有违反报上级计生部门处理。”[④] 贵州黔东南州台江县排羊乡《排羊村村规民约》第6项规定：“凡是违反计划生育相关政策的行为罚款50~500元。”又如，贵州黔东南州从江县贯洞镇《腊全村村规民约》第4项第2条规定：“男女双方不按政策规定，无证生育的，头胎罚款500元，第二胎罚款800元，两孩生育间隔不到4年罚款400元。女方不能按时参加检查的，罚款100元，不送小孩接受预防疫苗接种的罚款50元，无故不送适龄儿童入

① 丁成成、李向玉：《黔东南少数民族村寨村规民约研究》，载《凯里学院学报》2009年第5期，第62页。

② 丁成成、李向玉：《黔东南少数民族村寨村规民约研究》，载《凯里学院学报》2009年第5期，第62页。

③ 丁成成、李向玉：《黔东南少数民族村寨村规民约研究》，载《凯里学院学报》2009年第5期，第62页。

④ 薛新新：《论广西瑶族村规民约——以金秀、恭城瑶族自治县为例》，桂林：广西师范大学2014年硕士学位论文，第36页。

学的，罚款300元。”①

为了将计划生育政策执行到位，有的村规民约在设定罚则时，将计划生育落实情况与小孩落户、土地山林划分、救济款发放等捆绑起来，且对两胎间隔时间、绝育措施、不育夫妇的收养限制等作出详细规定。云南沧源佤族自治县勐董镇《帕良村村规民约》规定：“一对夫妇只准生育两胎，两胎以上为超生，不交清超生罚款的，小孩不得落户。通过教育不及时交罚款的要加倍处罚，超生的小孩不得享受土地山林和救济款等，并扣回其父母的土地证明。未拿到准生证明，不得强行生育；已生育一胎间隔达不到四年的，不发第二胎生育指标；不允许抢生，如抢生，罚款800元，并支付处理人员的费用；生育两胎后必须绝育，不绝育进行严格处罚。不育夫妻需领养小孩，只能收养1人，被收养者的父母不允许生育第三胎，否则按超生处理。”②

法律、法规和国家政策的修订、调整也会引致当代南方少数民族乡规民约的变革调适。随着2015年、2021年《人口与计划生育法》的修正以及计划生育政策的改变，一些少数民族村寨的乡规民约也作出了相应的调整。贵州锦屏《文斗村村规民约》将以前违反村规民约的“罚金”改为“违约金”，以法律为基准作出变革调适，修改、废除与法律冲突的内容，

① 吴纪树：《当代苗族村规民约的罚款研究——以黔东南台江县两乡村规民约为中心的分析》，贵阳：贵州民族大学2014年硕士学位论文，第12页。

② 李兵主编：《佤族——沧源县勐董镇帕良村》，昆明：云南大学出版社2001年版，第28页。

使乡规民约符合法律、法规和政策规定。

（二）公益事业建设

公益事业建设主要包括教育、救灾、投工投劳等。“科教兴国”自1995年正式提出以来，一直是我国经济、社会发展的一项重要战略。公民受教育的权利首先受到宪法的确认和保障。1986年《义务教育法》施行以来，南方少数民族地区在制定、修订乡规民约时纷纷将有关义务教育的法律、法规和政策规定予以吸收、贯彻。湖北长阳土家族自治县龙舟坪镇《刘家冲村规民约》“村民风俗部分”第3条规定：“春耕不好害一年，育儿不严害一生。抓好青少年教育，教育他们加强自身修养、学习好科学文化知识，提倡见义勇为、伸张正义，向英雄模范人物学习，抵制不正之风，做新时代的榜样。积极申请加入党团组织。”① 云南墨江哈尼族自治县龙坝镇《石头村措乐自然村村规民约》第14条规定：“每个村民必须接受义务教育，不准中小学生辍学。”《勐里村墨埔自然村村规民约》第10条规定：“须在国家规定年龄给予小孩子入学接受教育。”②

本着“奖罚分明”的原则，有的村规民约在罚则中设立违约金、罚款，以降低辍学率，督促监护人履行子女受教育的

---

① 陈晓丹：《当代土家族地区村规民约研究——以湖北省长阳土家族自治县为个案》，武汉：中南民族大学2011年硕士学位论文，第48页。

② 王代芬、罗永春：《村规民约：践行乡村振兴战略的民间制度保障——以云南省墨江哈尼族自治县龙坝镇为例》，载《农业农村部管理干部学院学报》2018年第4期，第60页。

义务，同时对各级升学考试名列前茅的学生给予奖励。例如，贵州锦屏县钟灵乡《寨稿村村规民约》第6条规定："父母要关心子女教育，凡到入学年龄子女，必须保证上学，直至初中毕业。不送子女入学或未读完初中辍学的，每人承担违约金1000元。"① 西双版纳景洪市勐龙镇《勐宋村村规民约》规定："在教育方面：必须把子女送入学校完成九年义务教育。村寨中小学生在上课期遇到节日活动、农忙季节家长不得让子女请假回家（除学校正常放假以外），不得无故缺课，生病必须持有证明，违者每节课处罚10元（由父母或者监护人承担）；村民从小学升初中的考试中，成绩在本村委会范围内前3名的学生，村集体分别奖励学生200元、150元、100元；中考时成绩在本村委会范围内前3名的学生，村集体分别奖励学生300元、200元、150元，第一名村委会奖励500元；高考成绩上一本线的学生，村集体奖励500元，村委会奖励500元；高考成绩上二本线的学生，村集体奖励400元，村委会奖励400元；高考成绩上专科线的学生，村集体奖励300元，村委会奖励300元；考取硕士研究生的学生，村集体奖励1000元，村委会奖励2000元。"②

《孟子·滕文公上》记载："死徙无出乡，乡田同井，出

① 王海银：《国家法在少数民族地区村规民约中的体现——以黔东南锦屏县村规民约为例》，贵阳：贵州大学2009年硕士学位论文，第25页。

② 尹若曦：《勐宋哈尼族村规民约演变及其乡村治理功能》，载《智库时代》2019第8期，第141－142页。

入相友，守望相助，疾病相扶持，则百姓亲睦。”① 守望相助历来是中华各族人民的优良传统。湖北长阳土家族自治县龙舟坪镇《郑家榜村村规民约》第22条规定：“如遇灾情，应及时向村委会报告，树立舍小家顾大家的全局意识，积极投身抗灾第一线，帮助灾民生产自救，重建家园，使其充分体现社会主义大家庭的温暖。”② 投工投劳也是每个成年村民的应尽义务。贵州黔东南州台江县排羊乡《排羊村村规民约》第8项规定：“凡是不参加村里公益事业投工投劳的农户误每个工交纳款50元给村里，拒绝不参加投工投劳和不愿意交纳款的农户以后需办理的相关证件村委一律不给予办理。”③

（三）乡村建设规划

1986年以来相继施行的《土地管理法》《城乡规划法》《村庄和集镇规划建设管理条例》《土地管理法实施条例》等法律法规成为南方少数民族土地资源开发、房屋建设应遵循的主要依据。符合村庄规划、不损害村寨整体利益和四邻利益、按程序申请批准等村民开展建设活动的基本要求在各民族乡规民约中得到强调。例如，2000年10月1日制定的广西罗城仫佬族自治县东门镇《凤梧村村规》第16条规定：“依法使用

① 《孟子注疏》卷五上《滕文公章句上》，〔清〕阮元校刻：《十三经注疏》，北京：中华书局1980年版，第2702－2703页。

② 陈晓丹：《当代土家族地区村规民约研究——以湖北省长阳土家族自治县为个案》，武汉：中南民族大学2011年硕士学位论文，第46页。

③ 吴纪树：《当代苗族村规民约的罚款研究——以黔东南台江县两乡村规民约为中心的分析》，贵阳：贵州民族大学2014年硕士学位论文，第12－13页。

宅基地，老宅基地要严格尊重历史状况，新宅基地按村镇规划执行，不得损害整体规划和四邻利益。”①贵州锦屏县平秋镇《魁胆村村规民约》第2条规定：“村民建房必须服从本村规划，并按照规定程序申报，在领取《建房许可证》后，按批准的面积和施工建房。”② 广西金秀桐木镇古池村《公朗屯村规民约》规定，“共同遵守村庄整体规划，生产生活设施建设要先报批，严禁未批先建、少批多建”，以及“制定村庄规划，村民建房应服从村屯建设规划，经村委会和上级有关部门批准，统一安排，不得擅自动工，不得违反规划或损害四邻利益”③。

农村集体土地所有权、经营权、承包权“三权分置”政策在各民族乡规民约中也得到了体现。贵州黔南州三都水族自治县九阡镇《水各村村规民约》第10条规定：“凡是集体承包给农户的土地，农户只有使用权，所有权属于集体，自留地、宅基地、责任田地不准买卖。”④ 贵州黔东南州锦屏县大同乡《秀洞村村规民约》第41条规定：“基本农田和其他公共土地属集体国家所有，未经发包和村民承包，不得占为己

---

① 岳雪莲：《仫佬族流动人口与流出地社会变迁研究——基于广西罗城凤梧村的调查》，武汉：中南民族大学2011年博士学位论文，第105页。

② 王海银：《国家法在少数民族地区村规民约中的体现——以黔东南锦屏县村规民约为例》，贵阳：贵州大学2009年硕士学位论文，第19页。

③ 陈寒非、高其才：《乡规民约在乡村治理中的积极作用实证研究》，载《清华法学》2018年第1期，第71页。

④ 饶文斌：《贵州三都水族村规民约探析》，桂林：广西师范大学2016年硕士学位论文，第42页。

有，违者除恢复原状外，必须缴纳违约金50元。”①

村民建房既关系到集体土地的使用，又影响到村庄规划和村容村貌，因而成为乡村建设规划管理的重点。因此，当代南方少数民族乡规民约通过设立罚款、违约金等形式规范村民的建设行为。例如，贵州开阳县禾丰乡《水头寨文明公约》（布依族）第3部分“村庄建设”规定：“交通要道不得堵塞，房屋周围保持清洁。”② 1999年6月30日制定的云南西双版纳勐海县布朗山乡《勐昂村公所村规民约（三）》第11条规定：“村民在自己家周围打围墙，要服从村建规则。不得影响公共道路。如不顾公共道路，影响交通秩序者，责令本人限期拆除，经多次动员劝说，本人置之不理，无动于衷或者有寻找歪理、辱骂、威胁村委会干部和执行公务人员的，村里发动群众拆除，并由本人承担支付工时费，同时处以50元~100元罚款。”③ 贵州黔南州三都水族自治县九阡镇《水各村村规民约》第10条规定：“农户建设必须由本人申请，交上级各有关部批准后方可建造，如出现乱建、少批多建、乱占耕地、打围墙、建房超占道路、水沟等，视情节轻重给予罚款50~500元，并

---

① 王海银：《国家法在少数民族地区村规民约中的体现——以黔东南锦屏县村规民约为例》，贵阳：贵州大学2009年硕士学位论文，第20页。

② 朱文运：《水头寨布依族的乡规民约》，载《贵州民族研究》1988年第3期，第153页。

③ 周真刚：《习惯法对少数民族传统文化的保护》，载《西南民族大学学报》（人文社会科学版）2011年第3期，第49页。

按《土地管理法》有关规定拆除。”[①] 贵州锦屏县大同乡《秀洞村村规民约》第 18 条规定：“不得在村内主要通道、学校球场、村头街尾、凉亭等公共场所私自搭建和堆放建筑材料。因建房起屋须临时借用公地存放砂石、木料等建筑材料的，应事先告知村民委员会。经村民委员会批准同意后方可使用。建房人应在规定的期限内撤出，并清扫干净，违者每次必须承担违约金 100 元。长期占用不撤的，由执约小组清除并予以没收。”[②]

（四）乡风文明建设

“乡风文明”既是社会主义新农村建设的“二十字方针”之一，也是乡村振兴战略的“二十字方针”之一。乡风文明建设的具体内容包括移风易俗、尊老爱幼、邻里和睦、勤俭节约、反对铺张浪费、抵制封建迷信和邪教活动、打击黄赌毒等。例如，广西百色市隆林各族自治县德峨乡《保上村村规民约》“村风民俗公约”部分第 1 条规定：“提倡社会主义精神文明，移风易俗，反对封建迷信及其他不文明行为，树立良好的民风、村风。”[③] 贵州开阳县禾丰乡 1985 年制定的《水头寨文明公约》（布依族）第一部分题为“树良好寨规，立文明

① 饶文斌：《贵州三都水族村规民约探析》，桂林：广西师范大学 2016 年硕士学位论文，第 38 页。

② 王海银：《国家法在少数民族地区村规民约中的体现——以黔东南锦屏县村规民约为例》，贵阳：贵州大学 2009 年硕士学位论文，第 20 页。

③ 张利利：《民族地区民族习惯与国家法的互动研究——以德峨镇纠纷调解案件为例》，南宁：广西民族大学 2017 年硕士学位论文，第 76 页。

新风”，其规定：“（一）赡养双亲乃子媳之责，虐待老人则天理不容，人神怨恕俱不得善终；（二）哺育幼小唯父母之任，虐待子女则国法难容，若昧天良白骨现天；（三）和睦乡邻人之美德，宽厚仁慈人人敬重，无理耍蛮众人谴责；（四）偷摸扒窃严禁入寨，嫖赌淫乱寨规不容，违者重罚不怠。”① 贵州锦屏县钟灵乡《阳艾村村规民约》第14条规定：“讲文明、讲礼貌，尊老爱幼，邻里和睦相处。家庭内和公共场所不说脏话、户与户之间不东家长西家短传小话，违者自愿交纳违约金每次10元。”②

勤俭节约是中华民族的优良传统，而红白喜事大操大办不但增加了村民的经济负担，而且容易形成攀比心理，最终蔓延成为不正之风，各族乡规民约对此予以劝导、规制。例如，贵州云南墨江哈尼族自治县龙坝镇《萨车村村规民约》第15条规定：“村内的丧事、喜事简办，提倡节约，反对铺张浪费。”③ 广西环江毛南族自治县下南乡《仪凤村村规民约》“村风民俗”部分第2条规定：“红白喜事由红白喜事理事会管理，喜事新办，丧事从俭，破除陈规旧俗，反对铺张浪费、反

---

① 朱文运：《水头寨布依族的乡规民约》，载《贵州民族研究》1988年第3期，第153页。

② 王海银：《国家法在少数民族地区村规民约中的体现——以黔东南锦屏县村规民约为例》，贵阳：贵州大学2009年硕士学位论文，第25页。

③ 王代芬、罗永春：《村规民约：践行乡村振兴战略的民间制度保障——以云南省墨江哈尼族自治县龙坝镇为例》，载《农业农村部管理干部学院学报》2018年第4期，第62页。

对大操大办。"①

改革开放以来，经济建设突飞猛进的同时，在一些民族地区封建迷信回潮、黄赌毒等现象滋生蔓延。在法律、法规和国家政策的指引下，当代南方少数民族乡规民约在破除封建迷信、打击邪教活动和黄赌毒、提倡文明健康的生活方式等方面均有详细的规定。例如，贵州黔南州三都水族自治县九阡镇《水各村村规民约》第2条规定："红白喜事，要破旧立新，大力提倡艰苦奋斗、勤俭节约的原则，反对婚、丧、嫁、娶大操大办，反对封建迷信活动。"②湖北长阳土家族自治县龙舟坪镇《刘家冲村规民约》"村风民俗"部分第1条规定："倡导健康文明的新风尚，提倡婚事新办，反对铺张浪费；推行丧事从简，实行殡葬改革；移风易俗，破除陈规陋习；不请神弄鬼，不算卦相面，不看风水；远离黄、毒、赌，不听、不看、不传迷信和淫秽的书刊及音像制品。"③广西金秀六巷乡1982年《六巷村村规民约》第21条规定："积极开展两个文明建设活动，不准唱风流山歌，不准搞怪发，男人穿花衣、喇叭裤等。"④贵州黔东南州雷山县大塘乡1996年《掌枇村村规民约》（苗族）规定："严禁放映三级片以上黄色录像，违者罚

① 包其剑：《毛南族习惯法研究——以环江县下南乡毛南族为例》，桂林：广西师范大学2011年硕士学位论文，第40页。

② 饶文斌：《贵州三都水族村规民约探析》，桂林：广西师范大学2016年学位论文，第41页。

③ 陈晓丹：《当代土家族地区村规民约研究——以湖北省长阳土家族自治县为个案》，武汉：中南民族大学2011年硕士学位论文，第48页。

④ 高其才：《瑶族习惯法》，北京：清华大学出版社2008年版，第482页。

款150元，没收带子，机子上交上级处理。”① 另外，《锦屏县创建契约式村民管理平安村寨村规民约指导范本》第31条规定：“热爱劳动，崇尚科学，反对迷信，反对邪教。参与邪教组织的村民，除承担国家法律政策责任外，另承担违约金100元。”② 第32条规定：“不得参与‘法轮功’‘门徒会’等邪教组织和危害国家安全的非法组织活动，违者自愿承担违约金100元，并接受村内通报批评。”③

我国西南边疆地区靠近“金三角”，往往成为毒品入境的必经区域，生活在这里的少数民族更容易遭受毒品的侵害。面对吸毒人员增多的严峻形势，边疆少数民族地区加快了制定乡规民约，惩治和打击吸毒、贩毒违法犯罪行为的步伐。例如，云南德宏傣族景颇族自治州瑞丽市弄岛镇《畔弄村村规民约》第6条规定：“凡是新增吸毒者和贩毒者（含漏统人员），每人每户收回承包田一亩，所收回的承包田划归本村民兵和团员组织种植，收入归经营者。对经三次强制戒毒或劳教后，仍然复吸的吸毒者，由村民小组对其家庭征收100元的监管费。吸毒者彻底戒断毒瘾后，村民小组再归还其收回的承包田。”④

---

① 曾代伟主编：《巴楚民族文化圈研究——以法律文化的视角》，北京：法律出版社2008年版，第307页。

② 徐晓光：《原生的法——黔东南苗族侗族地区的法人类学调查》，北京：中国政法大学出版社2010年版，第257页。

③ 徐晓光：《原生的法——黔东南苗族侗族地区的法人类学调查》，北京：中国政法大学出版社2010年版，第257页。

④ 余翠娥：《公共事务的合作共治——德宏傣族景颇族自治州艾滋问题治理模式研究》，昆明：云南大学2011年博士学位学位论文，第71页。

第8条规定："对新增的吸毒者家庭遇到红、白喜事，全村村民不给予提供任何帮助。"[①] 据统计，从2004年到2006年，德宏州各级政府机关及企事业单位纷纷派出禁毒防艾工作队，协助各村制定、完善以禁毒防艾为主要内容的村规民约，共计2355份。[②]《锦屏县创建契约式村民管理平安村寨村规民约指导范本》第33条规定："严禁家庭成员吸毒，被公安机关查处的，每人每次承担违约金100元；未被公安机关查处，但群众举报属实的，每人每次承担违约金50元。"[③]

（五）消防安全

湖南湘西的苗族、土家族，贵州的苗族、侗族、布依族，云南的傣族、景颇族聚居村寨的建筑以竹楼、木楼为主，且房屋密集，抵御火灾的能力较弱，因此人们十分注意预防火灾，乡规民约中出现了许多消防安全的内容。其一，增强防火安全意识，防患于未然。例如，2007年1月1日制定的贵州黔东南州雷山县西江镇《营上村村规民约》规定："搞好防火安全，是保障全村人民生命财产的头等大事；各户应时刻警惕，

① 余翠娥：《公共事务的合作共治——德宏傣族景颇族自治州艾滋问题治理模式研究》，昆明：云南大学2011年博士学位学位论文，第71页。

② 余翠娥：《公共事务的合作共治——德宏傣族景颇族自治州艾滋问题治理模式研究》，昆明：云南大学2011年博士学位学位论文，第71页。

③ 徐晓光：《原生的法——黔东南苗族侗族地区的法人类学调查》，北京：中国政法大学出版社2010年版，第257页。

对柴草堆放、生活用火，都要注意是否安全等。”① 湖南怀化市会同县蒲稳侗族苗族乡《岩寨村安全防火管理制度》规定：“1. 严禁将柴草搬进寨中堆放，严禁在房前屋后堆柴草，柴草统一堆放寨外；2. 严禁在家中存放汽油和柴油；3. 经常做到缸满水，灶前清；4. 防火池的水任何人不得抽和抬出作他用；5. 要教育小孩不要玩火；6. 节日燃放炮竹注意不要引发火灾……9. 50 户以上自然寨必须加强火警巡逻，发现隐患要及时纠正或整改；10. 有重大火灾隐患的单位和村民，经村委会通知，逾期不改的，村委会强制执行，并对违约者处以 50 ~ 300 元罚款。”② 贵州三都水族自治县周覃镇《板光村生态环境保护公约》第 3 条规定：“严禁野外用火，确需野外用火的，必须划出隔火带，用火全程必须有人监视，最后还要把火子浇灭或用细土盖上方可离开，确保野外用火安全，严防森林火灾。”③

其二，处罚引发火灾的行为。“鸣锣喊寨”是贵州苗族村寨对引发火灾者常见的处罚方式。贵州黔东南州雷山县西江镇 2011 年 3 月 30 日制定的《西江村村规民约》规定，在本辖区内发生火灾的，按“四个一百二”（即一百二十斤米酒、一百二十斤糯米、一百二十斤猪肉、一百二十斤蔬菜）处罚并罚

---

① 董迎轩、周真刚：《黔东南少数民族村规民约对其传统建筑的保护》，载《贵州社会科学》2013 年第 3 期，第 161 页。

② 吴纪树：《当代苗族村规民约的罚款研究——以黔东南台江县两乡村规民约为中心的分析》，贵阳：贵州民族大学 2014 年硕士学位论文，第 11 页。

③ 饶文斌：《贵州三都水族村规民约探析》，桂林：广西师范大学 2016 年硕士学位论文，第 45 页。

鸣锣喊寨一年，所造成损失报上级部门处理。[①] 贵州黔东南州雷山县西江镇《羊排村村规民约》规定："如果任何家、任何人发生火灾、火警，每次罚款 40 元，造成火灾的户罚款 100 元以上，并罚敲锣打鼓喊寨一个月。"[②] 有的乡规民约规定了火灾险情的违约金，烧毁山林的根据损失面积罚款并补种。贵州锦屏县钟灵乡《寨稿村村规民约》第 28 条规定："加强儿童教育，严禁小孩玩火，因小孩玩火发生一次险情的由监护人承担违约金 50～200 元，并接受村内通报批评。"[③] 贵州锦屏县铜鼓镇《高柳村村规民约》第 1 条规定："失火烧毁山林 50 亩以下的，每亩罚款 50 元，并负责营造成林；失火烧毁山林 50 亩以上或损失折款 500 元以上，或造成人员重伤死亡的，移交司法机关处理。"[④]

其三，督促村民以村寨利益为重，积极救火。贵州黔东南州雷山县郎德镇《上郎德村村规民约》规定："寨子发生火灾势头时，大家要集中精力到火源地点赶扑火源，不准农户或个人以任何借口私自搬运自己的东西。"[⑤] 贵州锦屏县三江镇

---

① 董迎轩、周真刚：《黔东南少数民族村规民约对其传统建筑的保护》，载《贵州社会科学》2013 年第 3 期，第 161 页。

② 徐晓光：《从苗族"罚 3 个 100"等看习惯法在村寨社会的功能》，载《山东大学学报》（哲学社会科学版）2005 年第 3 期，第 12 页。

③ 王海银：《国家法在少数民族地区村规民约中的体现——以黔东南锦屏县村规民约为例》，贵阳：贵州大学 2009 年硕士学位论文，第 22 页。

④ 王海银：《国家法在少数民族地区村规民约中的体现——以黔东南锦屏县村规民约为例》，贵阳：贵州大学 2009 年硕士学位论文，第 25 页。

⑤ 董迎轩、周真刚：《黔东南少数民族村规民约对其传统建筑的保护》，载《贵州社会科学》2013 年第 3 期，第 160 页。

《坪地村村规民约》第 1 条第 4 款规定："一旦发生寨火、森林火情，知情者应立即汇报，青壮年应积极投入灭火救援，若知情不报或视而不见、不管者，上级拨的救济款、粮，村里一律不给安排，并拒绝办理一切证明和其他手续。"① 贵州锦屏县大同乡《秀洞村村规民约》第 39 条规定："发生火警、火灾时，村民除老、弱、病、残外，要积极参加扑救，违者缴纳违约金 50 元。"②

（六）普法宣教

"法律的权威源自人民内心拥护和真诚信仰。"守法的前提是要学法、知法，因此，普法宣教不仅是国家制定法在南方少数民族地区得以有效实施的重要途径，也是法律、法规和国家政策规定与当代南方少数民族乡规民约得以沟通、互动的有效手段。不论在内容上还是在形式上，当代南方少数民族乡规民约都在贯彻、拟制国家制定法，诸多乡规民约的起首部分直接规定村民应当遵守宪法和法律。例如，湖北长阳土家族自治县龙舟坪镇《刘家冲村规民约》开头部分规定："形成一种良好的村风，坚定正义永远战胜邪恶的信心。使每一个村民从灵魂深处明理是非，懂得法律存在的严肃性，为此制定本村规民

① 王海银：《国家法在少数民族地区村规民约中的体现——以黔东南锦屏县村规民约为例》，贵阳：贵州大学 2009 年硕士学位论文，第 19 页。

② 王海银：《国家法在少数民族地区村规民约中的体现——以黔东南锦屏县村规民约为例》，贵阳：贵州大学 2009 年硕士学位论文，第 25 页。

约。”① “社会治安”部分第1条规定：“每个村民都要学法、知法、守法，遵守国家的法律法规以及本村的规章制度，同一切违法犯罪行为、邪教组织作斗争，主动维护改革发展稳定的大局，创造和谐有序的发展环境。”② 云南沧源佤族自治县勐董镇《帕良村村规民约》规定：“每一个村民要学法、知法、守法，自觉维护法律的权威与尊严。”③ 诸如此类的规定不计其数。

二、婚姻家庭关系调整

“婚姻家庭问题，与每个人息息相关，与社会组织、政治、经济、文化、伦理道德、法律、种的繁衍、民族素质等等密切联系在一起，因而自古迄今一直成为最引人注目、思考和探讨的重大社会问题之一。”④ 长期以来，南方少数民族的婚姻家庭关系主要由习惯法调整，内容十分丰富，对婚姻的成立条件、缔结程序、夫妻关系、离婚、继承、收养等形成了详细的规定。然而，这些习惯法不是一成不变的，随着民族内部和外部环境的变化，也必须作出新的调适，南方少数民族乡规民

① 陈晓丹：《当代土家族地区村规民约研究——以湖北省长阳土家族自治县为个案》，武汉：中南民族大学2011年硕士学位论文，第47页。

② 陈晓丹：《当代土家族地区村规民约研究——以湖北省长阳土家族自治县为个案》，武汉：中南民族大学2011年硕士学位论文，第47页。

③ 李兵主编：《佤族——沧源勐董镇帕良村》，昆明：云南大学出版社2001年版，第91页。

④ 陈克进主编：《婚姻家庭词典》，北京：中国国际广播出版社1989年版，“序”，第1页。

约往往成为推动婚姻家庭习惯法调整变迁的重要手段。尤其是当代南方少数民族乡规民约对婚姻家庭关系的调整，严格遵循、贯彻了《婚姻法》《继承法》《收养法》[①] 等法律的原则和规则，主要内容包括保障婚姻自由、男女平等、处罚不正常男女关系、保障未成年人和老年人权利等。

（一）保障婚姻自由、男女平等

婚姻自由、男女平等是我国婚姻法律制度的基本原则。湖北长阳土家族自治县龙舟坪镇《刘家冲村规民约》“婚姻家庭部分”第 2 条规定：“婚姻大事由本人作主，反对他人包办干涉，不借婚姻索取财物。”[②] 1984 年制定的贵州从江县往洞镇信地村《守法新规》规定：“男女自愿结婚的，如有一方无理丢情离婚，出钱五十五元。”《守法新规》在处理离婚时，要追溯婚姻成立时是父母包办还是自主婚姻，从而采取不同的处理方式。其规定：“凡有父母包办结婚的，子女不同意，（而）与外村人相拐结婚，就（由）包办的父母出一百五十元为基本，退盘碟钱在外。”[③]

作为夫妻关系中相对弱势的一方，妻子的权利得到了当代南方少数民族乡规民约的保护。贵州黔东南州锦屏县平秋镇

---

① 2021 年 1 月 1 日起，《民法典》正式实施，由其统一调整婚姻、继承、收养等法律关系。

② 陈晓丹：《当代土家族地区村规民约研究——以湖北省长阳土家族自治县为个案》，武汉：中南民族大学 2011 年硕士学位论文，第 48 页。

③ 向零：《洞款乡规及其演变——对侗族社会组织形式、功能及其演变的探讨》，载《贵州民族研究》1989 年第 3 期，第 12 页。

《圭叶村村规民约》第5条“婚姻家庭”部分第1款规定：“遵循婚姻自由、男女平等、一夫一妻、尊老爱幼的原则，建立团结和睦的家庭关系。”第2款规定：“婚姻大事由本人作主，反对包办干涉，男女青年结婚必须符合法定结婚年龄要求，提倡晚婚晚育。”第4款规定：“夫妻地位平等，共同承担家务劳动，共同管理家庭财产，反对家庭暴力。”[①] 云南墨江哈尼族自治县龙坝镇《那号村村规民约》第5条规定：“实行男女平等，保护妇女在社会和家庭生活中的合法权益。丈夫不得以妻子无现金收入、只生女孩等种种理由打骂和虐待妻子。任何人不得剥夺已婚子女的合法继承权。”[②]

（二）处罚不正常男女关系

男女交往关乎伦理道德、社会风尚，继而影响社会秩序。南方各少数民族习俗各异，对男女交往的限制或严格或宽松。但总体上，凡是触犯伦理道德底线的行为都会受到乡规民约的处罚。通奸在任何社会都为人所不齿，虽然我国现行刑法未规定通奸罪（只有重婚罪），但当代南方少数民族乡规民约往往以罚款、曝光、谴责等方式加以惩罚，体现了群众对这种违反伦理道德行为的负面评价和自觉抵制。贵州锦屏县三江镇

---

① 王海银：《国家法在少数民族地区村规民约中的体现——以黔东南锦屏县村规民约为例》，贵阳：贵州大学2009年硕士学位论文，第21页。

② 王代芬、罗永春：《村规民约：践行乡村振兴战略的民间制度保障——以云南省墨江哈尼族自治县龙坝镇为例》，载《农业农村部管理干部学院学报》2018年第4期，第62页。

《菜园村村规民约》（苗族）第 13 条规定：“严禁非法同居、乱搞男女关系等破坏社会风尚的行为，违者双方各罚 2000 元。”[①] 贵州黔东南州雷山县大塘乡 1996 年制定的《掌枇村村规民约》规定：“第三十四条，发生男女关系而导致侵犯双方或一方爱人人身权利的，要按责任情节处以 300 元至 500 元的罚款。第三十五条，在他人家做性行为，要由行为人负责买扫邪母猪一头，并罚款 120 元。”[②] 广西金秀瑶族自治县长垌乡长垌村 1990 年 3 月制定的《瓦窑屯村规民约》第 7 条规定：“乱搞男女关系的罚双方四个三十：30 斤米，30 斤酒，30 斤肉，30 块钱，办给全村人吃。”[③] 广西金秀瑶族自治县金秀镇《六段村石碑条约》第 4 条规定：“嫖人妻女或诱他人夫奸者，罚款壹仟圆办酒席拾桌，每桌壹佰圆供全村人进餐，由犯者登门为对方赔礼道歉。”[④] 贵州黎平县永从乡《九龙村村规民约》（侗族）规定：“凡是对非法发生两性关系的和破坏人家家庭和睦关系的、强奸的，先罚款 100 元，并补女方营养费 50 元，再送司法机关处理。通奸的男女各罚款 50 元并双方打锣

① 徐晓光：《原生的法——黔东南苗族侗族地区的法人类学调查》，北京：中国政法大学出版社 2010 年版，第 271 页。

② 曾代伟主编：《巴楚民族文化圈研究——以法律文化的视角》，北京：法律出版社 2008 年版，第 308 页。

③ 高其才：《中国习惯法论》（第三版），北京：社会科学文献出版社 2018 年版，第 525 页。

④ 黄荣幸：《基层治理法治化视野下民族地区法治村屯建设研究》，桂林：广西师范大学 2017 年硕士学位论文，第 36 页。

游街。”①

（三）保障未成年人和老年人权利

保护未成年人合法权益既是法律②的规定，也是伦理道德的要求，成为乡规民约中不可或缺的内容。当代南方少数民族乡规民约规定的未成年人权利包括受教育权、继承权、生命权、健康权等。例如，云南墨江哈尼族自治县龙坝镇曼婆村《大只乜村村规民约》第4条规定：“爱护未成年人，重视未成年人的教育。父母、继父母、养父母等法定监护人对未成年子女、继子女、养子女必须履行抚养义务，并保证他们接受国家规定的义务教育。”③ 贵州锦屏县平秋镇《圭叶村村规民约》第5条第5款规定：“父母应尽抚养、教育未成年子女的义务，禁止歧视、虐待、遗弃女婴，破坏生男才能传宗接代的陋习。子女应尽赡养老人的义务，不得歧视、虐待老人。”④ 贵州锦屏县平秋镇《魁胆村村规民约》第7条规定：“要尊老爱幼，保护老人、妇女、儿童在社会和家庭生活中的合法权益，禁止虐待、遗弃、行害行为。任何人不得剥夺已婚子女的合法继承

---

① 刘锋、龙耀宏主编：《侗族——贵州黎平县九龙村调查》，昆明：云南大学出版社2004年版，第314页。

② 《未成年人保护法》（1991年制定，2006年、2012年、2020年三次修订）是我国第一部保护未成年人合法权利的专门法律。

③ 王代芬、罗永春：《村规民约：践行乡村振兴战略的民间制度保障——以云南省墨江哈尼族自治县龙坝镇为例》，载《农业农村部管理干部学院学报》2018年第4期，第62页。

④ 王海银：《国家法在少数民族地区村规民约中的体现——以黔东南锦屏县村规民约为例》，贵阳：贵州大学2009年硕士学位论文，第21页。

权。丧偶子女有继承遗产和带户再婚的权利。”① 广西环江毛南族自治县下南乡《仪凤村村规民约》“财产继承”部分第1条规定：“保护村民私人财产继承权，女子享有同男子平等的权利，不得歧视。”第2条规定：“继父、继母、养父、养母、继子女或养子女与生父、生母、生子女享有同等继承财产权利。”第3条规定：“禁止继承人侵犯其他继承人继承的遗产权利。”②

在苗族社会，尊敬长辈和老人被认为是基本的道德，对不孝顺父母、虐待父母情节严重的子女，苗族传统乡规民约（榔规榔约）规定族长或寨老可以对其实行吊打。贵州黔西南苗族村寨一直保留这样的习惯——老人过世以后，在守灵的当晚，儿子、儿媳要面对亲戚房族陈述自己如何对待老人，那些不尽孝道的年轻人会在这时候遭到众人谴责而威信扫地。③ 当代南方少数民族乡规民约将有独立生活能力的成年子女对父母的赡养扶助义务设定为一种“义务性规则”。《锦屏县创建契约式村民管理平安村寨村规民约指导范本》第16条就提到：“孝敬老人、与老人同吃同住、照顾好老人日常生活；老人自己要求独住，子女应给予其日常生活所需粮食和衣物，并每月看望一次以上。遗弃生活不能自理的老人，违约者承担违约金

① 王海银：《国家法在少数民族地区村规民约中的体现——以黔东南锦屏县村规民约为例》，贵阳：贵州大学2009年硕士学位论文，第21页。

② 包其剑：《毛南族习惯法研究——以环江县下南乡毛南族为例》，桂林：广西师范大学2011年硕士学位论文，第41页。

③ 参见何积全主编：《苗族文化研究》，贵阳：贵州人民出版社1999年版，第293页。

每年5000元（该违约金用于赡养老人费用支出，专户存蓄）。”[①] 云南盈江县苏典傈僳族乡《苏典村村规民约》规定：“全村村民……遵守家庭美德、建立团结和睦的婚姻家庭关系，必须无偿赡养老人，抚养孩子。”[②]

（四）改革婚丧习俗

南方少数民族地区长期沿袭的“女还舅门”“舅爷钱”等婚俗，以及彩礼、礼金越来越重等现象，增加了婚姻当事人家庭的经济负担，成为制约当地经济社会发展的因素。为改良婚丧习俗中的积弊，治理滥办酒席、天价彩礼、薄养厚葬、攀比炫富、铺张浪费等问题，许多村寨在乡规民约中制定了相应条款，有的村寨还制定了专门的乡规民约。云南省腾冲县明光乡（现为腾冲市明光镇）《自治村村规民约》第31条规定：“婚姻嫁娶，男女双方家庭接待宾客不能超过一天，在接待宾客时，不能铺张浪费，大吃大喝，三天三夜不散客，违者处违约金100~500元。”贵州锦屏县彦洞乡瑶白村针对当地的积弊陋习，于2012年正月初一专门制定了《关于改革陈规陋习的规定》，其中对红白喜事设宴办酒作了规定，“结婚时男方向女方家献猪肉统一规定208斤，其中不包括母舅家、回娘头以及房族条肉部分……结婚时，男方献给母舅的财礼统一规定为

① 徐晓光：《原生的法——黔东南苗族侗族地区的法人类学调查》，北京：中国政法大学出版社2010年版，第255页。

② 段玥婷、周芸芸：《浅谈德宏地区少数民族村规民约》，载《东南大学学报》（哲学社会科学版）2013年6月，第十五卷增刊，第68页。

800元，不准舅家回礼”①。

三、生态环境与资源保护

原始宗教中的神灵观念是南方少数民族乡规民约的精神基础，而源于“万物有灵”观念的自然崇拜实质上调节了人与自然的关系，使人类朴素的生态意识得以生发。正所谓，“官府用禁令不一定能完全杜绝乱砍乱伐林木的行为，他们用鬼神观念作外壳，却保护了树木”②。翻开任何一部当代南方少数民族乡规民约，都可以轻易找到生态保护的条文。当代南方少数民族乡规民约关于生态环境与资源保护的内容，具体来说，包括森林资源保护、水资源保护与利用、野生动物资源保护、环境卫生治理③和风景名胜区保护等方面。当代南方少数民族乡规民约规定的具体保护措施包括两个层面：一是利用各种形式、手段唤起人们对生态环境与自然资源的爱护，培育环境保护意识；二是对破坏生态环境的行为加以惩处。在南方少数民族朴素的生态意识的浸润下，由各种义务性规则（包括命令性规则和禁止性规则）构成的罚则，连同执行这些罚则的具体实践一道型构一种民间环境保护秩序。

---

① 陈寒非、高其才：《乡规民约在乡村治理中的积极作用实证研究》，载《清华法学》2018年第1期，第72页。

② 张冠梓：《论法的成长——来自中国南方山地法律民族志的诠释》，北京：社会科学文献出版社2000年版，第262页。

③ 在中国古代，生态环境很少受到污染，但近现代以来，工业化浪潮席卷全球，环境污染问题大量产生，因此，环境卫生治理的内容在当代乡规民约中大量出现。

（一）森林资源保护

南方少数民族先民认为，保护森林是保护其他生态环境要素的关键。森林茂密，随之而来的就是土壤肥沃，水源丰沛，野生动物栖息繁衍；反之，森林被破坏，随之而来的就是水土流失，水源枯竭，野生动物灭绝。当代南方少数民族乡规民约关于森林资源保护的内容十分丰富，是生态环境与资源保护的主体性内容。

湘西、鄂西土家族爱林如宝，他们意识到森林的茂盛与否关系地方兴衰，俗有“山清水秀，地方兴旺；山穷水尽，地方衰败”之说。因此，土家族人十分重视森林资源保护，封山育林的条款制定得详细备至。湖北恩施来凤县土家族《封山育林公约》规定：“在封山区，一、禁止放牧牛羊。二、禁止收拾柴草；禁止落叶烧灰；禁止铲土积肥。三、禁止砍伐一竹一木；禁止把经济林，如油桐树、油茶树、木油树、倍子树、漆树当柴用。”① 即使枯死，也不准山主随意砍伐作柴烧，要求只能按统一规定的放款日，即古历七月十四、十五、十六日这三天才能去拾捡枯死的树木，谁若不遵守规定的办法和时间，与砍生树一样处罚。

广西大瑶山的瑶族长期沿袭刀耕火种的耕种方式，对森林资源的破坏十分严重。中华人民共和国成立后，随着生产方式

① 曾代伟主编：《巴楚民族文化圈研究——以法律文化的视角》，北京：法律出版社2008年版，第373页。

的改进，瑶民开始意识到生态环境的重要性，森林资源保护方面的乡规民约逐渐增多。广西金秀六巷乡1982年《六巷村村规民约》第7条规定："总之，凡是老山、水源山、柴山、牛场地以及其他林地一律都不准毁林开荒做地，违者砍了的不准烧，每亩罚款30元，不听制止烧了的不准种作物，每亩罚款50元，还要责成其砍什么林要造什么林，还要他除草护理3年保种包活恢复原状。"① 森林火灾对森林资源的破坏是近乎毁灭性的，许多乡规民约中都有护林防火的内容，规定对失火者加以处罚。贵州锦屏县铜鼓镇《高柳村村规民约》第1条规定："严禁野外用火，凡需野外用火的必须由林业部门批准。一旦发生森林火灾村民必须积极参与扑救，村民救火的误工费由失火者承担；失火烧毁山林50亩以下的，每亩罚款50元，并负责营造成林；失火烧毁山林50亩以上或损失折款500元以上，或造成人员重伤死亡的，移交司法机关处理。"②

（二）水资源保护与利用

"水是生物不可或缺的东西，水的威力使原始人相信它必有精灵。"③ 水祭是南方诸多少数民族水崇拜的具象的外在表现。唐代柳宗元的诗《柳州峒氓》中有"鸡骨占年拜水神"④

① 高其才：《瑶族习惯法》，北京：清华大学出版社2008年版，第481页。

② 王海银：《国家法在少数民族地区村规民约中的体现——以黔东南锦屏县村规民约为例》，贵阳：贵州大学2009年硕士学位论文，第25页。

③ 林耀华主编：《原始社会史》，北京：中华书局1984年版，第407页。

④ 〔清〕汪森编辑，桂苑书林编辑委员会校注：《粤西诗载校注》（四），南宁：广西人民出版社1988年版，第8页。

之句，说明唐代广西少数民族有崇拜水神的习俗。南方少数民族对保护水资源有着深刻的认识，逐渐形成、制定了内容丰富的乡规民约，内容主要包括保护水源林、禁止污染水源、规范水资源利用等。

第一，保护水源林。壮族、瑶族、侗族、傈僳族、布依族村寨都制定了严禁砍伐、破坏水源林的乡规民约。1985 年 12 月 1 日制定的广西龙胜各族自治县和平乡《龙脊村治安管理村规民约》第 1 条规定："龙脊屋背右凭平安山场、上凭水库倒水；左凭盘古倒水为界作本村水源林保护区，在此范围内的村民的自留山，要积极予以保护，在水源林内不得成片乱砍生柴、林木、开辟新地。成片砍柴、开辟新地教育不听，每分地罚款十五元，其他村民在水源保护区偷砍柴火、林木一次，每次罚款十元，并责令补种幼林。"① 广西恭城瑶族自治县龙虎乡《龙岭村村规民约》第 4 条规定："树立长远利益观念，爱护管理好水源林、风景林、公益林，禁止盗伐行为，违者除责令补种外，并处以五倍的赔偿。"② 广西三江县林溪乡平岩村 1986 年订立的《乡规民约》（侗族）规定："水源林区内砍一担生柴罚款 2 元，原物退回。"③ 云南腾冲《自治村村民自治章程》（傈僳族）第 32 条规定："严禁毁林开荒，被列入退耕

① 罗波：《壮族当代乡规民约与乡村整合：以龙脊村为例》，南宁：广西民族大学 2010 年硕士学位论文，第 48 页。

② 薛新新：《论广西瑶族村规民约——以金秀、恭城瑶族自治县为例》，桂林：广西师范大学 2014 年硕士学位论文，第 36 页。

③ 邓敏文、吴浩：《没有国王的王国——侗款研究》，北京：中国社会科学出版社 1995 年版，第 208 页。

还林、农田保护、水土保持、公益林、水源林区域内的土地禁止破坏性开发。”贵州镇宁县扁担山区石头寨 1980 年制定的《石头寨护寨委员会通告》(布依族)规定:“砍伐沿河两岸的果木和私人果木、竹子罚款 15 元,报口 5 元。”①

第二,禁止污染水源。生活于云南丽江一带的纳西族信奉东巴教,《东巴经》载有禁止污染水源的戒律,如不得在水源地杀牲宰兽以免污血秽水污染水源,不得丢弃污物于水中,不得在水源旁大小便,不得在水流中洗涤污物等。在宗教信仰的支配下,纳西族形成、制定了许多保护水源的乡规民约。陈金全一行在云南丽江坝区的束河古镇实地调研时,记录下纳西族群众口述的用水和保护水资源的乡规民约。

(1)在居民吃早饭之前不能在河水里洗衣服、菜等东西,必须让取水者先取饮用水。(2)小孩的尿片、妇女的衣裤等不洁并会触犯水“署”神的物品不能直接放河里洗涤,只能用盆子接水在岸边洗,并且洗过的水必须泼在离河较远的地方,以免污染河水。(3)对于违反上述规定洗涤者,众人可以把他的物品和盆子一起扔掉,以示警示。(4)不能向河中倒垃圾、扔杂物和死苗狗等家禽。②

为将饮用水与生活用水分开,丽江城区的大研古镇创造性

① 袁翔珠:《石缝中的生态法文明:中国西南亚热带岩溶地区少数民族生态保护习惯研究》,北京:中国法制出版社 2010 年版,第 406 页。

② 陈金全主编:《西南少数民族习惯法研究》,北京:法律出版社 2008 年版,第 165 页。

地修建成“三眼井”，既保护了水源，又方便了群众生产生活。由于大研古镇城区地下水位高，地势北高南低，小坡大坎之处，常有地下水渗透。纳西族先民在小巷的开阔地带按地势依次修建了三级水井。第一眼为饮水井，供居民提水挑水。旁边常有几个小碗，行人渴了，可以自己拿碗舀水饮用。第二眼为洗菜井，供居民洗菜、洗刷炊具。第三眼为洗衣井，供居民洗涤衣服等。这样，充分利用地势，洗菜水不会污染饮水井，洗衣水不会污染洗菜井和饮水井，即使在夜深人静之时，也无人图一两步之方便而违反顺序使用。类似的规定在贵州正安县安场镇仡佬族的乡规民约中也有体现。中华人民共和国成立后当地仡佬族百姓在对头道箍井进行修整后修订了《护井公约》，规定：“保护水井设施，不得在墙上乱写乱画；保持饮用水卫生，不得乱丢、乱扔垃圾污染水源；保持水井周围地面卫生，不得在井口冲洗车辆和放养畜禽；必须在水井挑水饮用，一池洗菜，二池洗衣，三池淘杂，不得将杂物投弃在池中。”①

第三，规范水资源利用。云南红河县甲寅乡《甲寅村村规民约》对私自接水、偷水的行为设定了明确的罚则，“全村村民用水以一户一表为准，不准私自接水，违者罚款360元；按原有水槽、木刻、水口制等合理用水，偷、抢放一次水、收

① 刘雁翎：《正安仡佬族环境习惯法的调查》，载《贵州民族学院学报》（哲学社会科学版）2012年第4期，第26页。

取水资源维护费 60 ~ 360 元”①。另有，贵州台江县台拱镇《大红寨村规民约》第 22 条规定：“偷引他人田水的，罚其停灌一次，另罚 30 ~ 50 元，大小沟必罚 150 元。”②

（三）野生动物资源保护

拉法格在《思想起源论》中说：“拿物种不断发展的理论来说罢。它已为原始人不自觉地承认了，他们认为植物和动物是自己的祖先并赋予它们以人的特性。”③ 源自先民们的图腾崇拜，加之在物质匮乏时代动物资源对于维系生存的重要性，南方少数民族很早就形成各种食物禁忌和行为禁忌，两者客观上构成对动物资源的一种保护。当代南方少数民族乡规民约保护动物资源的内容大多是从这些禁忌演化而来，抑或说吸纳了禁忌的成分。羌族、彝族、瑶族在捕猎方面形成的禁忌和习惯客观上起到了保护野生动物的作用。在渝湘鄂黔毗邻地区的土家族、苗族、侗族以“草标禁约”保护珍稀鸟类和栖息在村寨周围的鸟类，规定不许伤害白鹤、啄木鸟、布谷鸟等。纳西族禁止族人捕猎飞入村寨或栖息在村寨周围的鸟类，若有人去

---

① 邢雪娥：《论哈尼族传统村规民约对梯田保护的作用》，载《红河学院学报》2016 年第 1 期，第 9 页。

② 丁成成、李向玉：《黔东南少数民族村寨村规民约研究》，载《凯里学院学报》2009 年第 5 期，第 62 页。

③ ［法］拉法格：《思想起源论》，王子野译，北京：生活·读书·新知三联书店 1963 年版，第 39 页。

偷猎落脚在他人院落、谷堆上的鸟，要对其罚款以示惩戒。[①]

国家重点保护的野生动物是当代南方少数民族乡规民约特殊保护的对象，其中以兽类、鸟类为重点。贵州三都水族自治县周覃镇《板光村生态环境保护公约》第5条规定："严禁捕杀国家保护的野生动物，如有发现应及时举报，查证核实后，根据情节和后果给予警告、没收和罚款处理，情节严重的将移送公安机关处理。"[②] 云南澜沧拉祜族自治县惠民镇2010年5月15日制定的《景迈村村规民约》（布朗族）第9条规定："为保护古茶园的树种和自然植被不受污染和破坏，在我村地界内，一律实行特级保护。在此范围内严禁乱倒垃圾，严禁向古茶园里倒下生活用水，严禁猎杀野生动物，严禁乱砍乱伐，违者罚款50元至500元。"[③] 贵州荔波县玉屏镇水葩村《水葩寨规》第5条规定："要保护生态环境。严禁乱砍树木、严禁电鱼毒鱼，严禁捕杀野生动物。"[④]

南方少数民族大都有爱护鱼类的传统，许多乡规民约都规定禁止滥捕滥捞等行为。云南腾冲县明光乡自治村（现为腾冲市明光镇自治社区）的傈僳族十分重视保护河流和鱼类，

① 参见柳诗丹：《马克思主义生态视角下云南少数民族生态文化研究》，哈尔滨：东北林业大学2015年硕士学位论文，第45页。

② 饶文斌：《贵州三都水族村规民约探析》，桂林：广西师范大学2016年硕士学位论文，第45页。

③ 陈谌：《传统与生态——少数民族习惯法对澜沧千年万亩古茶园的保护作用研究》，昆明：昆明理工大学2013年硕士学位论文，第25页。

④ 滕晓梅：《水族村寨乡规民约在培育社会主义核心价值观中的功能与作用——以荔波县玉屏镇水葩村为例》，载《品牌研究》2018年第6期，第54页。

《自治村村规民约》第15条规定："每个公民都应爱护水产资源，保护河流、河堤，严禁炸、毒、电鱼，损害河堤和私挖、围河滩，如有违反处300～500元违约金，构成犯罪的报司法机关处理。"毒鱼炸鱼是一种竭泽而渔的捕捞手段，南方少数民族对这种行为深恶痛绝，乡规民约对毒鱼、炸鱼行为均加以严惩。贵州荔波县黎明关水族乡《西竹村村规民约》第14条规定："严禁电鱼、毒鱼、炸鱼，违者将按相关法律法规处罚，并责令其购买200～500元的鱼苗投放到违法地点。"① 贵州三都水族自治县九阡镇《水各村村规民约》第13条规定："严禁在河道炸鱼，违者每次处200元罚款。"② 为实现鱼类资源的可持续发展和永续利用，有的乡规民约禁止在休渔期捕捞，并对渔具作出限定。云南大理下关镇《洱滨自然村村规民约》规定："不得在封湖休渔期间进入洱海进行捕捞作业，不得使用违禁渔具进行捕鱼。"③

（四）环境卫生治理

在漫长的古代社会，偏僻辽远的南方少数民族地区绝少甚至未曾出现环境污染问题，直到19世纪六七十年代工业化浪潮席卷全球，环境问题开始影响南方少数民族地区的人们。在

① 赵月、冉景丞：《茂兰国家级自然保护区水族现代村规民约中的生态保护因素分析》，载《中国林副特产》2010年第3期，第96页。

② 饶文斌：《贵州三都水族村规民约探析》，桂林：广西师范大学2016年硕士学位论文，第38页。

③ 牛坤：《洱海周边白族居民的传统生态观及其现代价值》，载《大理学院学报》2015年第9期，第8页。

当代南方少数民族乡规民约中，环境卫生治理的规定大量涌现。这里的“环境卫生治理”指的是以预防和治理环境污染现象为目的作出的各种努力，一方面是将国家环境保护法律、法规和政策规定贯彻、移植到乡村生活实践的过程中，另一方面是南方少数民族面对新的环境问题作出的应对和调适。

2014 年 10 月 24 日，云南大理市大理镇龙龛村龙下登自然村在村民理事会的主持下，召开村民代表会议表决通过了《龙下登白族自然村村规民约》，明确规定，村民以及外来投资、居住、务工、休闲度假人员应当遵守村规民约、爱护自然环境、尊重民风民俗以及宗教信仰；不得向洱海倾倒垃圾废水；客栈、饭店、居民均一律实行卫生保洁门前三包。[①] 四川汶川县龙溪乡 1991 年制定的《俄布村村规民约》第 7 条规定：“保护个人、村寨、家户内外的环境卫生，不乱倒垃圾粪便，保持村寨通道公共卫生，消灭犬只，防止黑热病，提倡文明、健康、科学的生活方式。”[②] 为了便于乡规民约的执行，很多村寨针对破坏环境卫生的行为制定了详细的处罚细则。2013 年 5 月，云南省腾冲县明光乡自治村（现为腾冲市明光镇自治社区）制定的《自治村村规民约》有如下规定：

第十八条　对违反下列规定的予以批评教育，态度恶劣

---

① 参见高霖：《影视剧中“古镇形象”对古镇社区的影响——对丽江古城和大理龙下登村的案例研究》，载《中国民族博览》2016 年第 1 期，第 193 页。

② 龙大轩：《乡土秩序与民间法律：羌族习惯法探析》，北京：中国政法大学出版社 2010 年版，第 342 页。

的，处20~50元的违约金。

（一）不按规定随地倒垃圾、秽物和修房盖屋余下的垃圾碎片，堆放柴草粪土的，随地大小便的。

（二）村寨内的清洁卫生实行户内清洁，门前三包，有推诿或乱扔污染物的。

第十九条　严禁在饮水或灌溉沟塘内泡木料、倒垃圾、扔死禽畜或其他脏物，有效预防疾病传染。违者处罚款40~100元，并责令自行清除。

第二十条　禁止在村寨道路上或窄路边长期堆放物品，影响交通，处违约金100~200元。

贵州、广西地区的水族、瑶族乡规民约中不但设定了具体的罚则，而且统一了垃圾收集方式。贵州三都水族自治县九阡镇《水各村村规民约》第14条规定："人人都必须爱护村庄道路，讲究卫生，对破坏公路、村庄道路、河堤的，必须限期恢复，除恢复外根据影响程度，给予罚款50~150元，对死亡的猪、狗、鸡必须深埋，严禁乱扔乱放，群众检举，如发现一次罚款20元。"[①] 广西金秀瑶族自治县长垌乡《青山屯村规民约》第12条规定："保持良好卫生习惯，不乱丢乱摆乱倒垃圾。垃圾一律用袋（桶）装，并及时送到垃圾池，做到定期

① 饶文斌：《贵州三都水族村规民约探析》，桂林：广西师范大学2016年硕士学位论文，第41页。

清理。病死家禽远离村庄深埋。”[①] 贵州三都水族自治县中和镇下辖的几个村设立了卫生基金，用作环境卫生治理的奖励和补助。例如，《水根村卫生公约》第 3 条规定：“本村设立卫生基金，主要用于本村卫生工作的奖励、值班人员的误（务）工补助等，卫生基金的资金主要是本村籍领财政工作的国家各级各部门工作人员、常年外出务工人员及社会各界爱心人士的捐款。”[②]

（五）风景名胜区保护

南方少数民族地区因其独特的地理风貌和民族文化往往被开发为旅游景区，旅游业的兴起在带动当地经济发展的同时，不可避免地给生态环境带来不利影响。为有效防治环境污染，20 世纪 90 年代开始，云南丽江泸沽湖周边村寨先后制定了内容详尽的环境保护乡规民约。云南丽江市宁蒗县永宁乡《泸沽湖村村规民约》有如下规定：

第 8 条规定：划船人员和游客禁止向泸沽湖内乱扔垃圾和废弃物；严禁在泸沽湖一带洗车，违者处以罚款 10 元至 50 元。

第 9 条规定：门前实行三包，每天早上接待户必须打扫和

① 黄荣幸：《基层治理法治化视野下民族地区法治村屯建设研究》，桂林：广西师范大学 2017 年硕士学位论文，第 37 页。

② 饶文斌：《贵州三都水族村规民约探析》，桂林：广西师范大学 2016 年硕士学位论文，第 44 页。

清理门前的垃圾和湖面的漂浮物，并集中堆放，在规定的时间、地点内清运与处理；公共场所由划船组负责，违者处以罚款10元至50元。

第10条规定：为保护泸沽湖的水质和自然植被不受污染和破坏，在我村地界内（从司那至红岩子），我村一律实行特级保护。在此范围内严禁乱倒垃圾，严禁向湖中直接排放污水，严禁炸鱼、打野鸭，捕杀野生动物，并协助有关部门搞好护林防火工作，严禁乱砍滥伐，违者处以罚款50元至500元。①

位于云南澜沧县城东南惠民乡景迈村、芒景村的澜沧千年万亩古茶园，是世界上保存最完好、年代最久远、面积最大的人工栽培型古茶园，被国内外专家学者誉为“茶树自然博物馆”，是茶叶生产规模化、产业化的发祥地，是世界茶文化的根和源，还被联合国教科文国际民间艺术组织、中国民间文艺家协会组成的中国民间文化遗产旅游示范区评审委员会评为“中国民间文化旅游遗产示范区”。当地布朗族村民为了保护这一珍贵的文化遗产，制定了内容详细完备的乡规民约。例如，2010年5月15日制定的《景迈村村规民约》中有四条涉及古茶园的保护：

第七条规定：本村村民和游客禁止向古茶园里乱扔垃圾和

① 陈金全主编：《西南少数民族习惯法研究》，北京：法律出版社2008年版，第181页。

废弃物；严禁在附近点火烧木，违者罚款20元至100元。

第八条规定：未经允许严禁私自攀爬古茶树（本村的茶农除外），严禁在古茶树上面打闹、嬉戏，违者罚款20元。

第九条规定：为保护古茶园的树种和自然植被不受污染和破坏，在我村地界内，一律实行特级保护。在此范围内严禁乱倒垃圾，严禁向古茶园里倒生活用水，严禁猎杀野生动物，严禁乱砍乱伐，违者罚款50元至500元。

第十条规定：在我村古茶园里，禁止砍伐古茶树，打草积肥，开采石头等，违者罚款200元至500元。[①]

另外，少数民族村寨是民族建筑、风俗、文化的集合体和标志物，少数民族村寨是文化遗产保护的一部分。有的乡规民约规定了民族村寨物质文化遗产保护的内容。例如，贵州三都水族自治县都江镇《怎雷村村规民约》第5条规定："在自己的山林内砍伐林木，造成民族村（寨）文物范围内影响的，按县人大常委会通过的怎雷水族民族村文物管理条例处理。"[②]《怎雷村村规民约》第13条规定："损坏民族村寨的各种花草、树木的，责令补栽补造外，另罚100~300元。小孩造成损失的，由家长或监护人补栽补造和承担罚款责任。"[③]

① 陈谌：《传统与生态——少数民族习惯法对澜沧千年万亩古茶园的保护作用研究》，昆明：昆明理工大学2013年硕士学位论文，第25页。

② 吴云：《水族生态环境保护的法律问题思考——以三都水族自治县为例》，载《云南行政学院学报》2008年第5期，第118页。

③ 吴云：《水族生态环境保护的法律问题思考——以三都水族自治县为例》，载《云南行政学院学报》2008年第5期，第118页。

南方少数民族在长期的生产生活实践中，孕育了朴素的生态保护意识，通过制定内容丰富、涵盖面广的乡规民约，加强了生态环境与自然资源保护，营造了南方少数民族地区生态平衡、环境优美、人与自然和谐发展的良好格局。

四、社会治安维护

当代南方少数民族乡规民约是维护社会治安的一项重要措施，是一种重要的民间治安规范。根据权利客体所体现的利益性质，可以将当代南方少数民族乡规民约中社会治安维护的内容分为公共利益保护和个人利益保护，后者又分为人身权保护和财产权保护。

（一）公共利益保护

公共利益不仅是法律调整的重要内容，而且是乡规民约调整的主要对象。公共利益保护主要包括公共秩序维护和公共财产保护。

公共秩序维护主要指对村民生产秩序、生活秩序、公共场所秩序的维护。当代南方少数民族乡规民约对之有详细的规定，有的设定了义务性规则，针对违反义务性规则的行为设置了明确的罚则。例如，贵州雷山县西江镇《黄里村村规民约》第30条规定："逢年过节，在村内发生打架的，调戏妇女的，罚款贰佰元，在芦笙场内打架、故意闹事的，罚一百二十斤大米，一百二十斤肉，一百二十斤酒。”[①] 贵州雷山县西江镇《羊吾村村规民约》规定：“农村在办红白喜事和集体举行娱乐活动等社会事宜中，借酒而闹事、吵架、打架等的人，抓到罚款120元，还要用120斤肉以上的猪一头，120斤酒来赔理(礼)。”[②] 广西环江毛南族自治县下南乡《中南村村规民约》第1条规定：“有下列扰乱社会秩序行为之一，尚不构成刑事处罚的，处二十元以上两百元以下罚款：1. 扰乱机关、学校、企事业单位和从事合法经营的个体工商户、专业户、市场秩序，致使工作、教学、营业、生产、科研不能正常进行的；2. 扰乱车站、圩场、村寨娱乐场所，偷接闭路电视、偷电等造成不良影响的；3. 结伙斗殴，寻衅滋事，侮辱妇女或者进行其他流氓活动，造成不良影响的。”[③] 用水用电秩序是生产生活秩序的重要方面，也是当代南方少数民族乡规民约调整的重点。例如，广西三江侗族自治县林溪乡《平岩村规民约》第4条第3款规定：“两个月不交电费者，停止供电；偷电者，罚款放一次电影。”[④] 贵州三都水族自治县都江镇《怎雷村村规民约》第24条规定：“为了全村自来水和用电正常，如发现

---

① 董迎轩、周真刚：《黔东南少数民族村规民约对其传统建筑的保护》，载《贵州社会科学》2013年第3期，第161页。

② 徐晓光：《从苗族“罚3个100”等看习惯法在村寨社会的功能》，载《山东大学学报》(哲学社会科版) 2005年第3期，第10页。

③ 包其剑：《毛南族习惯法研究——以环江县下南乡毛南族为例》，桂林：广西师范大学2011年硕士学位论文，第43页。

④ 粟丹：《从款约的发展看侗族法文化的变迁》，载《甘肃政法学院学报》2008年第6期，第76页。

破坏自来水设备的，除赔偿损失外，罚款 100 ~ 200 元。发现用自来水放田和用水不关龙头放水下坡的，罚款 50 ~ 100 元。”① 广西罗城仫佬族自治县东门镇凤梧村上凤立屯《社会事务村规民约》第 1 条规定：“未经批准，不私自安装用水用电设施，严禁偷水偷电，发现违规的，村民有义务制止并及时向屯委报告；对违规者，第一次警告；第二次罚款 100 ~ 300 元，并向本屯群众作公开检讨；经处罚后仍再犯的，罚款每次增加 100 元。”②

公共财产保护主要指对学校、道路、桥梁、水渠、风景树、娱乐场地等的保护。例如，贵州台江县排羊乡《排羊村村规民约》第 5 项第 1 条规定：“严禁破坏学校以及其他基础设施，违反者罚款 30 ~ 120 元。”③ 第 2 条规定：“严禁破坏和砍伐风景树（包括全寨景点风景树），违反者罚款 30 ~ 120 元。”④ 再如，贵州从江县贯洞镇《腊全村村规民约》第 2 项第 2 条规定：“破坏公共财物，如学校、鼓楼、戏台及村委会、自来水等设施除照价赔偿好后，另罚款 50 元。”⑤ 贵州雷山县

① 吴云：《水族生态环境保护的法律问题思考——以三都水族自治县为例》，载《云南行政学院学报》2008 年第 5 期，第 118 页。

② 黄荣幸：《基层治理法治化视野下民族地区法治村屯建设研究》，桂林：广西师范大学 2017 年硕士学位论文，第 39 页。

③ 吴纪树：《当代苗族村规民约的罚款研究——以黔东南台江县两乡村规民约为中心的分析》，贵阳：贵州民族大学 2014 年硕士学位论文，第 10 页。

④ 吴纪树：《当代苗族村规民约的罚款研究——以黔东南台江县两乡村规民约为中心的分析》，贵阳：贵州民族大学 2014 年硕士学位论文，第 10 页。

⑤ 吴纪树：《当代苗族村规民约的罚款研究——以黔东南台江县两乡村规民约为中心的分析》，贵阳：贵州民族大学 2014 年硕士学位论文，第 10 页。

郎德镇《报德村村规民约》第 50 条规定："各自然寨的娱乐场地，不允许任何人破坏或侵占，违者按每平方米罚款 30 元，并责令其将地退还集体，罚款由寨上使用。"① 广西龙胜各族自治县和平乡龙脊村《廖家屯屯规民约》第 19 条的规定更为详细："如故意破坏凉亭、桥梁、风景树，每次罚款壹佰元。"②《报德村村规民约》第 34 条规定："原划定的自留山和保管山中有水沟或生产路，应留上五尺下三尺为界（在田边地角适当缩小），山主不得干涉，任何人也不允许任意扩大，违者，罚款 80 元，百分之五十奖给举报者，百分之五十交村委会。"③ 2008 年 3 月 18 日，由贵州雷山县西江镇控拜村村民代表大会通过的《控拜村村规民约》第 28 条规定："破坏桥的罚款：砍 1 刀 10 元；损坏板子每张 100 元；砍断、撬下或偷 1 根树子的罚 240 元，加罚猪肉、大米和酒各 120 斤，成年公鸭 1 只并恢复桥的原状。"④

（二）人身权保护

当代南方少数民族乡规民约对人身权保护主要体现为对强

---

① 董迎轩、周真刚：《黔东南少数民族村规民约对其传统建筑的保护》，载《贵州社会科学》2013 年第 3 期，第 160 页。

② 罗波：《壮族当代乡规民约与乡村整合：以龙脊村为例》，南宁：广西民族大学 2010 年硕士学位论文，第 50 页。

③ 胡卫东：《论民事习惯的行政司法适用——以黔东南苗族"田边地角"管理习惯为研究视角》，载《宁夏社会科学》2016 年第 5 期，第 43－44 页。

④ 董迎轩、周真刚：《黔东南少数民族村规民约对其传统建筑的保护》，载《贵州社会科学》2013 年第 3 期，第 162 页。

奸、拐卖妇女儿童、诬告陷害、侮辱、诽谤等侵犯身体权、健康权、名誉权行为的预防和处罚。湖北长阳县大堰乡《大堰村村民自治章程》第21条规定：“村民有人身自由、人格尊严、住宅不受侵犯的权利。禁止任何人非法拘禁、搜查村民身体和住宅，或对村民进行侮辱、诽谤。”①

强奸是严重侵犯妇女人身权利的犯罪行为，同时损害受害人配偶、家庭、家族的尊严，南方少数民族村寨都对强奸行为予以打击和惩罚，当代乡规民约通常从协助司法机关的角度加以规定。云南勐海县勐遮乡《曼刚寨村规民约》（傣族）规定：“强奸的交派出所处理。”② 贵州雷山县郎德镇《报德村村规民约》第41条规定：“对强奸和通奸行为，一经发觉，除供全村人吃一餐（数量另定）作消邪外，对强奸者押送司法部门依法惩处。”③

拐卖妇女儿童的犯罪行为既是刑法打击的重点，也是当代南方少数民族乡规民约惩治的重点。贵州雷山县郎德镇《也利村村规民约》第20条规定：“严禁拐卖妇女儿童，发现一次，罚款贰仟元（1000元归户主，500元归处理人员，500元

---

① 陈晓丹：《当代土家族地区村规民约研究——以湖北省长阳土家族自治县为个案》，武汉：中南民族大学2011年硕士学位论文，第44页。

② 张晓辉、王启梁：《民间法的变迁与作用——云南25个少数民族村寨的民间法分析》，载《现代法学》2001年第5期，第32页。

③ 徐晓光：《从苗族“罚3个100”等看习惯法在村寨社会的功能》，载《山东大学学报》（哲学社会科学版）2005年第3期，第12页。

留村积累)。”① 贵州雷山县郎德镇《报德村村规民约》第2条规定:“凡在我村进行拐卖人口的人贩子,除政府依法严惩外,每拐卖一次罚款2000元;为人贩子牵线联络或提供方便的罚款3000元,罚款百分之五十奖给捉拿者(含举报人),百分之三十交村委会,百分之二十给受害者。”② 贵州锦屏县固本乡《控俄村村规民约》第14条规定:“贩卖人口,经查实由全村户数每户一人吃一餐,还要支付当事人误工费,同时追究刑事责任。”③

当代南方少数民族乡规民约还对侵犯人格尊严的行为加以处罚。苗族乡规民约规定,人身攻击和诬陷(造成精神损害的)要赔礼道歉,并赔恢复名誉钱;若诬陷他人造成损害后果的,除赔偿损失外,还要向寨老及受损害的人赔礼道歉,并向寨老和村里老年人“请酒赔礼”。④ 例如,1994年11月1日订立的贵州雷山县郎德镇《报德村村规民约》第44条规定:“故意造谣诽谤他人,如某家有老虎鬼或某人有蛊(泛指神秘毒药)等,致使其声誉狼藉或人格受辱的,除罚款200元外,还要诬陷者供全村每个人口5两肉、半斤米和3两酒集体吃一

① 李向玉:《黔东南苗族婚姻习惯法与国家法的冲突与调适》,贵阳:贵州大学2009年硕士学位论文,第19页。

② 李向玉:《黔东南苗族婚姻习惯法与国家法的冲突与调适》,贵阳:贵州大学2009年硕士学位论文,第19页。

③ 李向玉:《黔东南苗族婚姻习惯法与国家法的冲突与调适》,贵阳:贵州大学2009年硕士学位论文,第19页。

④ 参见曾代伟主编:《巴楚民族文化圈研究——以法律文化的视角》,北京:法律出版社2008年版,第310页。

餐（含柴火），一次避（辟）谣和消除隔阂；罚款50%归受害者，50%交村委会。”①

（三）财产权保护

“王者之政，莫急于盗贼。”当代南方少数民族乡规民约对财产权的保护主要体现为对偷盗、放浪牲畜损害农作物等行为的处罚。牲畜、田鱼、农作物、自留地林木等私有财产是南方少数民族最基本的生产生活资料，在生产力水平低下、物资匮乏的时代，财产对于人类生存的重要性愈发凸显。当代南方少数民族乡规民约对这些生产生活资料的保护详细具体，罚则也十分精细。

瑶族乡规民约对偷窃牲畜、田鱼和农作物的行为规定了十分详细的处罚措施。广西金秀六巷乡1982年制定的《六巷村村规民约》第14条规定：“不准搞小偷小摸，小孩和老人违犯本规由家长负责兑现，偷禾把1双罚2双，偷玉米1个罚5个，偷柴火1捆罚2捆，偷鸡、鸭1只罚3只（重两斤以上）；偷甜茶1斤罚3斤，偷瓜菜都以偷的数量罚3倍；不准下他人的田捡田螺和捉鱼，违者不论多少罚款5元。”② 广西金秀六巷乡《下古陈村村规民约》第3条规定：“山上野蜜蜂、地龙蜂、干柴、号地等，谁先插有草标，归谁所有，他人要，以盗

① 徐晓光：《原生的法——黔东南苗族侗族地区的法人类学调查》，北京：中国政法大学出版社2010年版，第196页。

② 高其才：《瑶族习惯法》，北京：清华大学出版社2008年版，第481页。

窃和强抢论处。”①

苗族乡规民约要求村寨成员协同防盗，对消极怠慢者予以处罚。云南金平苗族乡规民约规定：“不准偷瓜菜，罚违反者米、鸡等物；偷牛盗马者，罚款100元，召开‘丛会’的全部吃喝费用由他支付。以酒饭酬谢帮助寻回牛马者；偷盗粮谷者，罚款若干；不参加本寨共同防盗活动者，罚米1至2升，鸡1至2只，酒1壶。”② 在贵州雷山县丹江镇一带，由于盗窃魔芋的行为猖獗，苗族群众的财产权受到侵害，1996年干皎村对原来的村规民约进行修订，增加了“严罚盗窃魔芋行为”的“补充规定”：“盗窃魔芋的，除赔偿损失外，盗窃者应向被盗窃（魔）芋村民赔礼，请吃一餐。合伙作案的，应向全体村民赔礼，请吃一餐。多村人合伙作案的，应向该多村民赔礼，请吃一餐。”③

有的村规民约为了鼓励捉拿小偷，规定全村寨共同承担责任。云南德宏傣族景颇族自治州潞西市（现为芒市）遮放镇遮冒村拉寨（自然村）于1995年7月11日制定的《拉寨村规民约》规定：“如果抓到外来的小偷，当场敲死，全寨人承担

① 陈寒非、高其才：《乡规民约在乡村治理中的积极作用实证研究》，载《清华法学》2018年第1期，第74页。

② 《民族问题五种丛书》云南省编辑委员会编：《中国少数民族社会历史调查资料丛刊：云南苗族瑶族社会历史调查》，昆明：云南民族出版社1982年版，第33－34页。

③ 徐晓光：《从苗族“罚3个100”等看习惯法在村寨社会的功能》，载《山东大学学报》（哲学社会科学版）2005第3期，第10－11页。

责任。”[①] 有的乡规民约设置了捉拿作证的奖励办法。贵州从江县往洞镇信地村《守法新规》规定：“偷牛、马、猪、羊、狗，罚一百五元，退赃在外；捉拿作证奖五十元，（偷）鹅（罚）十五元，鸡鸭罚十二元，捉拿作证者奖半……偷谷子、禾卡、田鱼不管多少，罚五十五元，瓜、菜、豆、叶烟等罚二十四元。”[②]

在乡村生产生活中，除了偷盗行为外，放浪牲畜、家禽也会对农作物造成不小的损害。因此，在农作物生长期督促村民管理好家畜家禽也是当代南方少数民族乡规民约不可或缺的内容。贵州锦屏县隆里乡《华寨村村规民约》第 2 条第 4 款规定：“严禁浪牛、浪马、浪猪。因违反造成损失者，除按损坏程度赔偿业主之外，另自愿承担违规违约金 50 元。”[③] 广西环江毛南族自治县下南乡《中南村村规民约》第 5 条规定：“放任耕牛毁坏他人农作物的，农作物主可把耕，还要（将）牛关养起来，限其十日内领牛并每天付五元营业费给关养者。凡超期不来领牛的，关养者有权将牛使用一个月的劳役（即耕、犁田一个月），还要罚放牛者每头每次十元，关死不负一切责

① 李向玉、徐晓光：《“敲死小偷”：黔东南村寨“私力处死”现象的根源及司法影响》，载《湖北民族学院学报》（哲学社会科学版）2016 年第 6 期，第 79 页。

② 向零：《洞款乡规及其演变——对侗族社会组织形式、功能及其演变的探讨》，载《贵州民族研究》1989 年第 3 期，第 13 页。

③ 王海银：《国家法在少数民族地区村规民约中的体现——以黔东南锦屏县村规民约为例》，贵阳：贵州大学 2009 年硕士学位论文，第 18 页。

任。”[①] 贵州锦屏县大同乡《秀洞村村规民约》第15条规定：“放浪牛、浪马、浪猪损害他人稻田、菜园、幼林，造成损失的，浪牛、浪马、浪猪主人除按损坏程度赔偿受害者损失外，每次另承担违约金50元。”[②]

五、纠纷解决

荀子曰：“人生而有欲，欲而不得，则不能无求；求而无度量分界，则不能不争。”[③] 纠纷作为人类社会的一种普遍现象一直存在，南方少数民族社会亦不例外。为了促进矛盾化解，维护村寨生产生活秩序，当代南方少数民族乡规民约在纠纷解决方面有着详细的规定。具体内容包括纠纷解决的基本目标、基本原则和基本程序。

（一）纠纷解决的基本目标

“无讼”是中国古代社会解决纠纷的目标和价值追求。这种观念影响至今，当代南方少数民族乡规民约在规定纠纷解决方式时，往往提倡调解息诉，互相谅解，实现大事化小，小事化了。1999年11月，云南沧源县勐董镇帕良村佤族群众民主表决通过的《村规民约》中规定，“邻里间发生纠纷，能自行

① 包其剑：《毛南族习惯法研究——以环江县下南乡毛南族为例》，桂林：广西师范大学2011年硕士学位论文，第44页。

② 王海银：《国家法在少数民族地区村规民约中的体现——以黔东南锦屏县村规民约为例》，贵阳：贵州大学2009年硕士学位论文，第18页。

③ 王天海校释：《荀子校释》（下册），上海：上海古籍出版社2005年版，第751页。

调解的自行调解”①。湖北长阳土家族自治县龙舟坪镇《刘家冲村规民约》“邻里关系”部分第2条规定：“在经营、生活、借贷、社会交往过程中，应遵循平等、自愿、互利的原则，自觉履行诺言。在生产过程中，自觉服从村两委会安排，不随意更换、移动地界标志，发扬共产主义风格，小事不斤斤计较，退一步自然幽雅，让三分何等清闲。”② 贵州锦屏县河口乡《文斗村村规民约》第2条规定：“以礼相待和谐共处。村民之间及村民与来客之间以礼相待，与人为善，与人为伴，凡家庭内部及邻里之间因生产生活产生矛盾处理不当，引发谩骂、争吵、打架行为，同时由此引发矛盾纠纷的家庭承担相关的费用，写悔过书10份张贴。”③ 南方少数民族地区在解决纠纷时很大程度上仍在寻求“息诉”“劝和”的基本目标，以维护村寨集体秩序和利益为最高追求，这一点在乡规民约的实施过程中表现得更为突出。

（二）纠纷解决的基本原则

南方少数民族地区在解决纠纷时秉承实事求是、公平公正、平等协商、互谅互让的原则。例如，贵州锦屏县钟灵乡《寨稿村村规民约》第21条规定：“村内发生山林、土地、婚

---

① 李兵主编：《佤族——沧源勐董镇帕良村》，昆明：云南大学出版社2001年版，第92页。

② 陈晓丹：《当代土家族地区村规民约研究——以湖北省长阳土家族自治县为个案》，武汉：中南民族大学2011年硕士学位论文，第48页。

③ 陈寒非、高其才：《乡规民约在乡村治理中的积极作用实证研究》，载《清华法学》2018年第1期，第73页。

姻、邻里纠纷等民间纠纷，应先向村、组申请调解，双方本着实事求是、互敬互让的原则和平解决。”① 广西环江毛南族自治县下南乡《仪凤村村规民约》“邻里关系”部分第 3 条规定：“邻里纠纷，应本着团结友爱的原则平等协商解决，协商不成的可申请村或乡政府调解委调解，也可依法向人民法院起诉，树立依法维权意识，不得以牙还牙，以暴制暴。”②《仪凤村村规民约》“纠纷调处”部分规定：“1. 家人之间或他人之间发生纠纷，双方本着互谅互让的原则协商解决或通过正常渠道向政府有关部门申请依法解决。禁止采取过激行为自行解决。2. 与个人或集体间发生的土地、山林、水利纠纷，双方本着互谅互让的原则协商解决，或通过正常渠道向有关人民政府申请解决，在纠纷解决之前，任何一方不得改变争议地的现状。”③

（三）纠纷解决的基本程序

目前，我国的调解主要包括人民调解、行政调解和司法调解。当代南方少数民族乡规民约所规定的调解一般指人民调解，具体内容包括调解主体、调解费用、调解程序和对调解不服的救济等。有的乡规民约规定人民调解为全村纠纷解决的制

① 董迎轩、周真刚：《黔东南少数民族村规民约对其传统建筑的保护》，载《贵州社会科学》2013 年第 3 期，第 160 页。

② 包其剑：《毛南族习惯法研究——以环江县下南乡毛南族为例》，桂林：广西师范大学 2011 年硕士学位论文，第 41 页。

③ 包其剑：《毛南族习惯法研究——以环江县下南乡毛南族为例》，桂林：广西师范大学 2011 年硕士学位论文，第 41－42 页。

度，规定调解委员会主任的产生和职责。贵州锦屏县河口乡《文斗村村规民约》规定："全村推行人民调解、治保处理纠纷制度，由村民委推选调解主任，负责组织协调处理村内纠纷，协助村、组治理地方。"① 当代黔东南苗族乡规民约将寨老调解与村民委员会调解结合起来，调解主体具有多元性，如贵州锦屏县茅坪镇《上寨村村规民约》第12条规定："对于村寨重大的民事纠纷，有（由）寨老、文书、调解委员会主任、村支书、村委会主任五人小组调解处理。"② 有的乡规民约将调解主体和调解费用一并规定。贵州台江县台盘乡《阳芳村村规民约》（2005年）第3条规定："对村民之间的民事纠纷，双方不能协商解决的，需向村委会交纳30元调解费，由村民调解小组进行调处。"③ 贵州荔波永康水族乡《尧古村村规民约》（2005年7月7日由村民代表会议通过）第25条规定："以上各条所发生的罚款，凡经村委会处理的，即从罚款的总金额中提取30%作调节（解）费。对打架纠纷，原告方必须先交50元调节（解）费，其他的民事纠纷交30元的调节（解）费，经调解后，谁错谁负责。"④ 有的乡规民约将调

---

① 陈寒非、高其才：《乡规民约在乡村治理中的积极作用实证研究》，载《清华法学》2018年第1期，第75页。

② 徐晓光：《原生的法——黔东南苗族侗族地区的法人类学调查》，北京：中国政法大学出版社2010年版，第267页。

③ 胡兴东：《西南民族地区多元纠纷解决机制研究》，载《中国法学》2012年第1期，第145页。

④ 赵月、冉景丞：《茂兰国家级自然保护区水族现代村规民约中的生态保护因素分析》，载《中国林副特产》2010年第3期，第96页。

解主体、调解费用、调解程序和对调解不服的救济一并规定。例如，贵州三都水族自治县九阡镇《水各村村规民约》第5条规定："凡在公共场所打架斗殴、搞流氓活动者，按《治安管理处罚法》的有关规定处理，应当拘留的送公安派出所处理，因口舌是非或生产、生活琐事引起纠纷，由所在村小组调解，村小组调解无效，转村委会调解委员会调解，发生纠纷的双方都应该交调解费30～50元。"① 云南腾冲县明光乡（现为腾冲市明光镇）《自治村村民自治章程》第58条规定："就执行本章程以及依据本章程制定的村规民约过程中发生的村民与村民、村民与集体的纠纷，由村人民调解委员会依据法律、法规和本章程、村规民约的规定先行调解。对于调解达成的协议，当事人双方自觉履行。不愿调解、调解不成或对调解达成的协议事后持有异议、以及拒不执行达成的协议的，当事人一方可依法向人民法院起诉。"

当代南方少数民族乡规民约充分吸纳了《民事诉讼法》《人民调解法》等关于纠纷解决法律制度的规定，在纠纷解决的基本程序上更加注重规范化和法治化。例如，云南施甸县木老元乡《布朗族村规民约》第2条规定："村民与村民之间发生纠纷，应采取法律程序，请示基层调解组织或司法机关调处，双方不能互相吵闹和辱骂、殴打，防止矛盾激化，影响村

① 饶文斌：《贵州三都水族村规民约探析》，桂林：广西师范大学2016年硕士学位论文，第41页。

民安宁。”① 贵州施秉县双井镇《双井村村规民约》第12条规定：“凡是为房屋、宅基、山林、土地纠纷的，一律按证据调解，尽量避免小事不出组，大事不出村，若经小组调解未果时，当事人要求村委调解的必须交调解费60元。”② 有的乡规民约禁止越级申请调解。例如，2007年10月16日，《锦屏县创建契约式村民管理平安村寨村规民约指导范本》第34条规定：“村内发生山林、田土承包地、婚姻、宅基地、邻里纠纷等民间纠纷，应先向村、组申请调解，双方本着实事求是、互敬互让的原则和平解决。未向村、组申请调解，而直接越级向上级申请调解，由上级部门退回由村委会先行调解的，越级申请人应向村委会书面申请，除承担调处误工费外，另每次承担违约金50元。”③ 据此，贵州锦屏县各乡镇所辖行政村制定的村规民约中都有相同规定，例如贵州锦屏县钟灵乡《寨稿村村规民约》第21条规定：“未向村、组申请调解，而直接越级向上级申请调解，由上级部门退回由村委会先行调解的，越级申请人应向村委会书面申请，除缴纳调处误工费外，另每次承担违约金50元。”④

---

① 郗春媛：《人口较少民族社会文化变迁研究——以云南布朗族为例》，北京：中央民族大学2011年博士学位论文，第73－74页。

② 娄义鹏：《贵州少数民族地区纠纷解决机制研究——以苗族、侗族、布依族为例》，北京：中央民族大学2016年博士学位论文，第192页。

③ 王海银：《国家法在少数民族地区村规民约中的体现——以黔东南锦屏县村规民约为例》，贵阳：贵州大学2009年硕士学位论文，第43页。

④ 董迎轩、周真刚：《黔东南少数民族村规民约对其传统建筑的保护》，载《贵州社会科学》2013年第3期，第160页。

第五章 当代南方少数民族乡规民约的特点评述

当代南方少数民族乡规民约究竟有何特征？需要结合前述制定与实施过程、主要内容加以归纳和概括。为了兼顾实体与程序、静态与动态、文本与实践的层面，笔者从自治性、民族性、地域性、恢复性、重惩罚轻教化五个维度对当代南方少数民族乡规民约的特点进行评述。

一、自治性

张冠梓在《论法的成长——来自中国南方山地法律民族志的诠释》一书中指出：“自治性是指存在一套独立的法律规范体系、司法系统，具有与科学解释和道德、政治、经济的讨论不同的法律推理技术和特别的正当化方式，具有经过特别训练的法律学专家。”① 本书论及的当代南方少数民族乡规民约的几个维度都能与这个概念一一对应，乡规民约的主要内容类似于“法律规范体系”，乡规民约的制定与实施主体类似于“法律学专家”，乡规民约的罚则条款中具有假定条件、行为模式和法律后果三个要素，乡规民约的实施主体根据乡规民约条文（大前提）和违反者的行为（小前提）作出裁决结果（结论）的过程类似于一种“法律推理技术”。从这个意义上说，当代南方少数民族乡规民约具有自治性。这种自治性的产生，在历史上有特殊的政治因素。南方少数民族地区很早就置于中央政府管辖之下，但由于长期实行“因俗而治”和“修其教不易其俗，齐其政不易其宜”② 的民族政策，少数民族自治传统得到默许和延续，拥有很高的自由度，在某种意义上可以被视为“无国家的社会”。由于这种外部背景的长期存在，各民族都形成了自身独特的社会组织形式，如苗族议榔制、彝族家支制、侗族款会制、瑶族石牌制、羌族议话坪制等，乡规民约以社会组织为实施主体，各民族内部自治秩序始得形成。

以彝族家支制为例。家支是凉山彝族的社会组织形式，千百年过去了，家支观念仍根深蒂固，现今彝族村寨制定的乡规民约仍不可避免地受到家支观念的影响。具体表现为两方面：其一，寻求德古调解纠纷成为村民的首选，甚至一些司法机关

---

① 张冠梓：《论法的成长——来自中国南方山地法律民族志的诠释》，北京：社会科学文献出版社2000年版，第35页。

② 《礼记正义》卷十二《王制》，〔清〕阮元校刻：《十三经注疏》，北京：中华书局1980年版，第1338页。

已经处理过的案件，又由德古以传统方式重新处理，这被当地法官戏谑为“坎上法庭和坎下法庭”[①]。1983 年，彝族村民甲某与妻子乙某由于等级不同，婚姻关系破裂，起诉到法院。法院裁定由甲某支付给乙某 700 元子女抚养费作为经济补偿，甲某不履行。在家支头人的建议下，双方请来德高望重的德古主持调解，结果“判决”甲某赔偿乙某 1000 斤谷子、30 元钱了事，双方以传统方式“打羊”，保证永不反悔。[②] 其二，针对有些纠纷，德古的“判决”结果或调处方式明显与国家法相抵牾，但纠纷双方均能接受。如彝族乡规民约规定，案发后因特殊情况未能及时调解的案件、反复调解仍悬而未决的案件以及翻案等，都可以在条件具备时召集当事人重新调解，但这类案件往往已经超过国家法的诉讼时效。某些杀伤类刑事案件以“赔命价”“赔血价”的方式处理更是不符合国家法律规定。这就反映出彝族乡规民约顽强的自治性，这种自治性确保了乡规民约实施的社会效果，也映射出国家法的“尴尬”。1978 年以后，另一种自治形式开始形成，村民委员会这一农村村民自治组织的普及，意味着以当代乡规民约为核心的自治秩序开始在广大农村地区形成，而这一新型的自治形式是不能与原有自治传统完全割离的。

---

① 陈金全主编：《西南少数民族习惯法研究》，北京：法律出版社 2008 年版，第 82 页。

② 高其才：《中国习惯法论》（第三版），北京：社会科学文献出版社 2018 年版，第 423 页。

二、民族性

“民族是人们在历史上形成的一个有共同语言、共同经济生活以及表现在共同文化上的共同心理素质的稳定的共同体。”① 当代南方少数民族乡规民约是各族群众特有的心理、意识和情感的反映，深深地打上了本民族文化的印记，一般只在本民族内有效。即使是处于相同的经济文化背景下的不同民族也可能存在不同的法律形态及其起源方式。“最足以证明这一点的是这样一个千真万确、显而易见、根本不容辩驳的事实，就是：每一个民族在它的每一个历史时期里都有着许多关于所有制的不同法律；人类既然包括有千百个民族，也就存在过千百种关于所有制的立法；同时，由于每个民族都经历了千百年的历史，因而每个民族关于所有制的立法也有千百万种。”② 依据法律文化理论，当代南方少数民族乡规民约是南方少数民族法律文化的载体。每个民族的法律文化都有独特性，因而每个民族的乡规民约也有独特性，这种独特性集中体现为民族性。当代南方少数民族乡规民约的民族性体现在三个方面：

其一，适用范围仅限于本民族。“要设法牢记，法律是民

① 中共中央马克思、恩格斯、列宁、斯大林著作编译局编：《斯大林选集》（上卷），北京：人民出版社 1979 年版，第 64 页。

② ［法］埃蒂耶纳·卡贝：《伊加利亚旅行记》（第二、三卷），李雄飞译，北京：商务印书馆 1978 年版，第 125 页。

族的历史、文化、社会价值观念和一般意识与认识的集中表现。”① 当代南方少数民族乡规民约代表和维护本族群众的利益，是本民族特有的心理意识的反映。从产生基础看，它根植于每个民族的历史记忆和文化传统，凡属本民族的成员都受其熏陶和感染，对之产生内心拥护和信仰。在适用范围上，当代南方少数民族乡规民约表现出“属人管辖”和“属地管辖”相结合的特征。“属人管辖”体现在民族共同体层面，某一民族的乡规民约一般情况下对其他民族不适用；“属地管辖”则体现在民族共同体内部的地缘共同体，某一民族内部分布于不同地理区域的村寨，其乡规民约一般不能相互适用。民族边界和地域范围是当代南方少数民族乡规民约生效范围的重要考量依据。例如，湘西、鄂西土家族乡规民约是以村寨为单位单独或联合制定的，超过它的地理范围和民族范围就失去了效力。如果两村相邻，一个是土家族单一姓氏村寨，另一个是汉族村寨，就可以发现这两种类型的村寨制定的乡规民约就带有浓厚的不同的民族色彩。②

其二，内容上的民族性。每个民族都在特殊的民族文化信仰的指引下产生和制定出体现本民族宗教观念、禁忌和习惯的乡规民约。有的乡规民约直接规定要保持本民族传统，按照民族传统开展生产生活。云南澜沧县糯福乡《南段老寨寨规》

---

① ［美］M. A. 格伦顿等：《比较法律传统序论——比较法的范围、目的、法律传统和方法论》，潘汉典译，载《法学译丛》1987 年第 2 期，第 56 页。

② 冉春桃、蓝寿荣：《土家族习惯法研究》，北京：民族出版社 2003 年版，第 14 页。

（1995 年制定）规定："要永远保持自己民族的礼……不准砍水源林、神山林，不准割水源林、神山上的草。"① 广西金秀六巷乡《六巷村石牌公约》第 22 条规定："按本民族传统，不得安放坟在村背，违者按本村石牌处理。"② 贵州苗族、侗族乡规民约中处处可见保护寨林、风水林的规定。贵州锦屏隆里乡华寨《村民自治合约》第 6 条规定："后龙山已于 2008 年收归为华寨一二组集体山林，为培植地方风水，佑我华寨万古常青，此山永为公山，子孙万代不能分到户头，世代培护，保持茂盛，严禁砍伐山上树木，违者自愿承担违约金 300 ~ 500 元。"③ 地处滇东地区的富源县古敢水族乡都章村水族村寨，近年来制定的乡规民约规定对砍伐集体林木的村民，处以在全村公所 13 个自然村放电影一次，放一次电影大约需花费 800 元，一方面对违规者进行惩罚，一方面对村民进行护林育林的宣传教育。④

其三，运行程序上的民族性。中华人民共和国成立初期，广西金秀地区《大瑶山团结公约》的制定和公布，参照了瑶族传统石牌的形式，体现了鲜明的民族特色。1951 年 8 月 25

① 张晓辉、王启梁：《民间法的变迁与作用——云南 25 个少数民族村寨的民间法分析》，载《现代法学》2001 年第 5 期，第 32 页。

② 陈寒非、高其才：《乡规民约在乡村治理中的积极作用实证研究》，载《清华法学》2018 年第 1 期，第 73 页。

③ 陈寒非、高其才：《乡规民约在乡村治理中的积极作用实证研究》，载《清华法学》2018 年第 1 期，第 73 页。

④ 张巨成主编：《水族——富源古敢乡都章村》，昆明：云南大学出版社 2001 年版，第 142 页。

日至29日，大瑶山各族代表会议在金秀召开，参加会议的各族及瑶族五个支系的代表出席了会议，会议于28日通过了《大瑶山团结公约》，并于29日以瑶族传统的石牌形式把《大瑶山团结公约》镌刻在石碑上。各族代表在石碑前喝鸡血酒，表示永远遵守《大瑶山团结公约》。在《大瑶山团结公约》制定过程中，瑶族传统乡规民约（石牌律）的基本原则、议订程序、公布方式得到了全面的体现。

贵州黔东南地区的苗族村寨流行"罚三个100"（或"三个120"），它是一种程度较重、颇具特色的经济处罚，在苗族当代乡规民约中大量出现。现摘录几则规约如下：

如果无故殴打他人，造成伤害的，由伤害人请酒赔理（礼），负担医药费用；情节严重的，要罚十斤酒和一只羊作"羊酒服理"，斗殴双方均对事件起因有责任或无正当理由的，"羊酒服理"的费用由双方分担。①

贵州雷山县郎德镇《也利村村规民约》第35条规定：（触犯村规民约）第二次以上的，由其家长或监护人拿出肉100斤、米100斤、酒100斤，请村干部和全村寨老共同进行教育，并由寨老带其巡回全村喊寨一次。②

贵州雷山县郎德镇《报德村村规民约》第44条规定：故

---

① 《民族问题五种丛书》贵州省编辑组、《中国少数民族社会历史调查资料丛刊》修订编辑委员会编：《苗族社会历史调查》（三），北京：民族出版社2009年版，第22页。

② 徐晓光：《原生的法——黔东南苗族侗族地区的法人类学调查》，北京：中国政法大学出版社2010年版，第140页。

意造谣诽谤他人，如某家有老虎鬼或某人有蛊（泛指神秘毒药）等，致使其声誉狼藉或人格受辱的，除罚款200元外，还要诬陷者供全村每个人口5两肉、半斤米和3两酒集体吃一餐（含柴火），以此避（辟）谣和消除隔阂；罚款50%归受害者，50%交村委会。①

贵州雷山县方祥乡《格头村村规民约》第14条规定：寨内一旦发生重大火灾，村民必须全力以赴，不准擅自搬迁自家财产。等火灾全部灭后，不论灾情大小，由火灾发生户承担扫寨等责任。救火洗手猪一头，扫寨猪一头（100斤以上），大米120斤，酒120斤，肉120斤。②

贵州锦屏县三江镇《潘寨村村规民约》第4条规定：引起火灾事故的，罚大米120斤，米酒120斤，肉120斤，后果严重的，送交司法部门处理。③

“罚三个100”主要适用于故意伤害、诽谤、侮辱妇女、放火、失火等侵犯村民人身权、严重损害村寨秩序的行为。“罚三个100”的标准只是大致的，可以视情节轻重和村寨人口数量作相应调整。贵州黔东南苗族地区流行“罚三个100”与当地生产方式相对落后有关。苗族喜欢种植水稻，但黔东南

---

① 徐晓光：《原生的法——黔东南苗族侗族地区的法人类学调查》，北京：中国政法大学出版社2010年版，第143页。

② 周相卿：《黔东南雷山县三村苗族习惯法研究》，昆明：云南大学2004年博士学位论文，第38页。

③ 徐晓光：《原生的法——黔东南苗族侗族地区的法人类学调查》，北京：中国政法大学出版社2010年版，第141页。

地区山地多，可耕地少，且苗族喜居山区，受耕地的限制更为明显，寨前村后狭小的空隙地都要种上水稻，以解决相对紧张的粮食问题。由于受地形条件限制，无法开展规模种植和机械化耕种，新的农业生产技术无法推广，仍以传统的耕作方式为主，水稻的产量较低。受制于落后的生产方式，许多苗族家庭经济困难，可支配的现金有限，因此，传统苗族乡规民约以罚物为主，罚款较为少见，当代苗族乡规民约中罚款比较多见。“罚三个100”直接剥夺违反者的生产生活资料，不但执行起来相对容易，而且可以发挥多重功能。酒、米、肉等实物并不是赔付给受害人，而是供全村聚餐一次。聚餐的过程既直接惩罚了违反乡规民约的行为，又教育了村寨全体成员，让其目睹处罚之惨痛，迫使其提高“守法”意识。与此同时，受害人的不满情绪在聚餐的“其乐融融”氛围中得到宣泄，社会关系得到修复，村寨秩序得到维持。“罚三个100”发挥了惩罚、教育、警诫、宣泄、修复等多重功能，体现了当代苗族乡规民约以及苗族法律文化的民族性。

三、地域性

表二：苗族、彝族、侗族、瑶族、羌族主要地域分布情况

民族 省份	苗族 （942.6万）	彝族 （871.4万）	侗族 （288万）	瑶族 （279.6万）	羌族 （31万）
贵州	黔东南苗族侗族自治州、黔南布依族苗族自治州、黔西南布依族苗族自治州、道真仡佬族苗族自治县、务川仡佬族苗族自治县、镇宁布依族苗族自治县、关岭布依族苗族自治县、紫云苗族布依族自治县、威宁彝族回族苗族自治县、印江土家族苗族自治县、松桃苗族自治县	威宁彝族回族苗族自治县	黔东南苗族侗族自治州、玉屏侗族自治县		

续表

民族 省份	苗族 （942.6万）	彝族 （871.4万）	侗族 （288万）	瑶族 （279.6万）	羌族 （31万）
云南	文山壮族苗族自治州、禄劝彝族苗族自治县、金平苗族瑶族傣族自治县、屏边苗族自治县	楚雄彝族自治州、红河哈尼族彝族自治州、石林彝族自治县、禄劝彝族苗族自治县、寻甸回族彝族自治县、峨山彝族自治县、新平彝族傣族自治县、元江哈尼族彝族傣族自治县、宁蒗彝族自治县、宁洱哈尼族彝族自治县、景东彝族自治县、景谷傣族彝族自治县、镇沅彝族哈尼族拉祜族自治县、江城哈尼族彝族自治县、漾濞彝族自治县、南涧彝族自治县、巍山彝族回族自治县		河口瑶族自治县、金平瑶族傣族自治县	

续表

民族 省份	苗族 (942.6万)	彝族 (871.4万)	侗族 (288万)	瑶族 (279.6万)	羌族 (31万)
广西	融水苗族自治县		三江侗族自治县	巴马瑶族自治县、大化瑶族自治县、都安瑶族自治县、富川瑶族自治县、恭城瑶族自治县、金秀瑶族自治县	
四川		凉山彝族自治州、峨边彝族自治县、马边彝族自治县			阿坝藏族羌族自治州、北川羌族自治县

续表

民族 省份	苗族 （942.6万）	彝族 （871.4万）	侗族 （288万）	瑶族 （279.6万）	羌族 （31万）
重庆	彭水苗族土家族自治县、酉阳土家族苗族自治县、秀山土家族苗族自治县				
湖北	恩施土家族苗族自治州				
湖南	湘西土家族苗族自治州、城步苗族自治县、靖州苗族侗族自治县、麻阳苗族自治县		通道侗族自治县、新晃侗族自治县、芷江侗族自治县、靖州苗族侗族自治县	江华瑶族自治县	
广东				乳源瑶族自治县、连南瑶族自治县、连山壮族瑶族自治县	

续表

民族 省份	苗族 (942.6万)	彝族 (871.4万)	侗族 (288万)	瑶族 (279.6万)	羌族 (31万)
海南	保亭黎族苗族自治县、琼中黎族苗族自治县				

法律是情境性的，其形成与发展、内容与形式都有一定的地域特征。正所谓“百里不同风，千里不同俗。”《礼记·王制》记载：“广谷大川异制，民生其间者异俗。”① 美国文化人类学家克利福德·吉尔兹也讲道：“法律与民族志，如同驾船、园艺、政治及作诗一样，都是跟所在地方性知识相关联的工作。”②“法律，与英国上院议长修辞中那种密码式的矫饰有所歧异，乃是一种地方性知识；这种地方性不仅指地方、时间、阶级与各种问题而言，并且指情调而言——事情发生经过自有地方特性并与当地人对事物之想象能力相联系。”③ 任何法律的形成、发展过程都受到地域条件的形塑，因而表现出明显的地域性，南方少数民族乡规民约也是如此。

其一，适用范围一般只及于村寨内部。当代南方少数民族

① 《礼记正义》卷十二《王制》，〔清〕阮元校刻：《十三经注疏》，北京：中华书局1980年版，第1338页。

② ［美］克利福德·吉尔兹：《地方性知识——阐释人类学论文集》，王海龙、张家瑄译，北京：中央编译出版社2000年版，第222页。

③ ［美］克利福德·吉尔兹：《地方性知识——阐释人类学论文集》，王海龙、张家瑄译，北京：中央编译出版社2000年版，第273页。

乡规民约只有在特定的地域才能发挥作用，这个特定的区域就是一个相对封闭的“熟人社会”或“半熟人社会”[①]。其间，人口流动率低，大家“生于斯，长于斯，死于斯”，彼此非常熟悉，容易形成共同的价值观念和生活逻辑，自觉接受乡规民约的指引和约束。一旦超出一定的边界，乡规民约的效力就会逐渐消失，其效力范围是以特定区域为中心向四周扩散的，离特定区域越近，效力越强；反之越弱。于是，这样的情况就出现了：某村寨单独制定或几个村寨联合订立的乡规民约，只在该村寨或某几个村寨适用。例如，中华人民共和国成立以前，广西金秀瑶族地区以石牌为基本单位，有时一个村寨即为一个石牌，有时几个村寨组成一个石牌，该石牌制定的石牌律不但对其成员有约束力，进入本村寨的外来人员也要受到石牌律的约束。石牌律具有很强的地域性，在适用范围上遵循“属地管辖”原则。1951 年金秀瑶族自治地方各族人民共同制定和公布的《大瑶山团结公约》明显地受到瑶族传统石牌律的影响，适用范围已经扩大到整个县，从性质上看，已经“具有民族自治地方单行条例的性质”[②]，体现了鲜明的地域性。

其二，相邻地域村寨的乡规民约呈现一定的趋同性。同一地域或区域的不同民族生存于相同或相似的自然环境中，由于紧密的地缘关系以及日益增多的民族间通婚，形成了频繁的族际法律文化互动。在某一特定地域内，乡规民约的民族性逐渐

① 贺雪峰：《论半熟人社会》，载《政治学研究》2000 年第 3 期，第 61 页。

② 何文钜、何忠志：《〈大瑶山团结公约〉与民族自治地方立法》，载《广西政法管理干部学院学报》2008 年第 3 期，第 11 页。

淡化，民族边界模糊，趋同性凸显，甚至出现跨民族的乡规民约。如原本系某一土著民族的乡规民约，后来因毗邻而居，民族间联系和交流的加强，逐渐发展成某一地域内多个民族或所有土著民族共同遵守的乡规民约。以武陵山脉为中心的渝湘鄂黔四省毗邻地区的土家族、苗族村寨，对违反者的处罚，普遍实行“以罚代刑”或“换刑”的方法。这种打破民族界限的法律实践的出现，是相同地域环境下族际法律文化互动的结果。生活于黔、湘、桂毗邻地带各民族的乡规民约也体现出某些共通性特征。比如，侗族、苗族、水族、布依族、毛南族、仫佬族等民族的社会组织大致相似，均称为款、议款、议榔、合榔等，因而可概称这些民族为款型民族。在社会组织的结构特征上，以上各民族“都是以家庭为细胞、以宗族为基本社会单元、以村落为整体、以村落联盟为共同体的结构模式”[①]。处于相邻或同一个地理空间是这种趋同性产生的基础。从历史渊源上来看，侗族、苗族、水族、布依族等民族并不是同一个祖先的后裔，但由于各民族长期以来共同居住在黔、湘、桂一带毗邻地区，在生产、生活和互相交往中相互影响，逐渐形成了具有相同或相似特征的社会组织形式和与之相适应的法律文化。

---

① 张冠梓：《论法的成长——来自中国南方山地法律民族志的诠释》，北京：社会科学文献出版社2000年版，第354页。

四、恢复性

关于“恢复性司法”的内涵，学界有不尽相同的表述，归纳起来主要有三种：司法模式、司法理念、反应过程。其一，司法模式。如美国学者丹尼尔·W. 凡奈思认为：“恢复性司法就是通过被害人与犯罪行为人之间和解、协商、多方参与的会谈，通过给被害人补偿、使加害人参加社区劳动等，以恢复被破坏的社会关系与秩序的司法。”[①] 其二，司法理念。澳大利亚学者约翰·布雷斯韦特认为：“恢复性司法要恢复的对象是被害人、加害人和社区，其内容包括财产损失、人身伤害、安全意识、尊严、权利意识、民主、和谐和社会支持。”[②] 其三，反应过程。英国犯罪学家托尼·马歇尔则认为：“恢复性司法是与某一特定的犯罪行为有利害关系的各方会聚一起，共同解决如何处理犯罪后果及其对未来的影响问题的过程。”[③] 此外，张庆方认为，恢复性司法的特征表现为以下几点：（1）广泛参与；（2）促进愈合；（3）直接责任；（4）修补裂痕；（5）保卫社区。[④] 由此可见，“恢复性”是“恢复性司法”最

---

① 狄小华、李志刚编著：《刑事司法前沿问题：恢复性司法研究》，北京：群众出版社 2005 年版，第 67 页。

② 吴立志：《论刑事和解与恢复性司法的关系》，载《学术论坛》2012 年第 2 期，第 108 页。

③ 刘方权：《恢复性司法：一个概念性框架》，载《山东警察学院学报》2005 年第 1 期，第 32 页。

④ 张庆方：《恢复性司法研究》，载王平主编：《恢复性司法论坛》，北京：群众出版社 2005 年版，第 274－275 页。

重要的特征。

以上的论述都是基于司法的视角，即从正式制度的角度而言的。从非正式制度的视角看，当代南方少数民族乡规民约的实施过程，无论是惩罚方式的运用还是纠纷解决方式的选择，都表现出“恢复性”的特征。武陵山区的土家族、苗族、侗族盛行“以罚代刑”或“换刑”，有效避免了执法过程中侵犯公民人身权等违反法律强制性规定的行为，而代之以经济处罚的方式，最终有利于社会关系的修补和愈合。这种“修复性”并非出于各民族的自觉设计，而是在他们原生的习俗观念支配下产生的客观社会效果。“罚三个100”、罚看戏、罚放电影等独特的处罚方式因其成本低廉、执行方便、贴近生活，获得了村寨成员的普遍认同。例如，湖南湘西凤凰县腊尔山区的苗族乡规民约规定：凡牛吃苞谷造成重大损失的，罚牛的主人租一场电影给村里人看。构成犯罪、性质严重的，依法交司法机关惩处。[①] 广西三江侗族自治县林溪乡1986年制定的《平岩村规民约》第4条第3款规定：“两个月不交电费者，停止供电；偷电者，罚款放一次电影。”[②] 南方少数民族在处理伤害、诽谤、通奸、放火等案件时，注重对受害方的经济赔偿和精神慰藉，调解人会想方设法促成当事人双方达成协议和谅解，这正好弥补国家法重“压制”、不重“恢复”的缺陷，与“恢复

① 曾代伟主编：《巴楚民族文化圈研究——以法律文化的视角》，北京：法律出版社2008年版，第212页。

② 粟丹：《从款约的发展看侗族法文化的变迁》，载《甘肃政法学院学报》2008年第6期，第76页。

性司法”理念似有暗合之处。例如，贵州黔东南苗族的“罚三个100”，是一种较重的经济惩罚，使行为人得到相应的“报应”，受害人得到相应的赔偿。更重要的是，在集体性聚餐的公共场合，行为人的公开道歉使受害者及其亲属、家族的名誉（“面子”）得以恢复，在这其乐融融的氛围中，业已断裂的社会关系得到修补和愈合，正所谓“把那些不和谐的东西重制成一种新的和谐”①。

这种“恢复性”与中国传统文化“和”的价值有关。国学大师钱穆在谈到中国国民性时曾指出：“中国人乃在异中求同，其文化特征乃为求合性。”②“和”的心理意识的产生是多种因素合力的结果——小农经济的土壤上早已孕育出谦和不争的民族性格，家国一体的稳定社会构造也在呼唤“家和万事兴”，生活于一个个熟人圈子的人们尊奉“以和为贵”“以诉讼为耻”为“金科玉律”。“和”成为人们处理人际关系的主旨和依归，“无讼息诉”成为地方官员业绩考核的重要标准、统治者治天下的终极理想。在漫长的历史长河中，随着汉文化的传播，“和”的价值逐渐被南方少数民族所接纳。虽然今天的南方少数民族地区与费孝通先生所描述的“乡土社会”已有很大不同，总体上已变成一个血缘、地缘、业缘等关系交织而成的“半熟人社会”。但传统具有无形的巨大的历史惯性。无论在传统社会抑或当代社会，如果村寨成员内部发生纠纷就

① [美] 露丝·本尼迪克特：《文化模式》，王炜等译，北京：生活·读书·新知三联书店1988年版，第208页。

② 钱穆：《晚学盲言》，台北：东大图书公司1987年版，第289页。

径自诉诸“官府”，那么对簿公堂的尴尬以及此后两造之间社会关系的裂痕，是人们不愿看到的。因此，人们毋宁选择非正式制度下“吃转转酒”“以歌劝和”等温情脉脉的解纷方式，也不愿意扯破脸皮，诉诸国家法来解决。可见，当代南方少数民族乡规民约规定的纠纷解决方式是恢复性的，而非简单地连接、协助国家司法。人们（包括诉讼的主体、客体）无不以“和”作为一把万能钥匙，在诉讼中通过“调停”“德化息讼”，打开过多少是是非非的锈锁，解开了多少重重复复的死结，结果寻得了多少平平安安的氛围与和和睦睦的情境。[①]

五、重惩罚轻教化

贝卡里亚在《论犯罪与刑罚》一书中明言：“刑罚的目的仅仅在于：阻止罪犯再重新侵害公民，并规诫其他人不要重蹈覆辙。”[②] 简言之，刑罚的目的包括一般预防和特殊预防，前者指防止未犯罪的人走上犯罪道路，后者指防止犯罪人重新犯罪。或者说，刑罚的目的包括惩罚和教育两方面。南方各少数民族在对违反乡规民约的行为施以惩罚时，无时无刻不包含着教育之目的。需要注意的是，这里的“教育”与“教化”不同。据东汉许慎《说文解字》解释，“教，上所施下所效也。”[③] “化，教行也。教

---

① 李交发：《中国诉讼法史》（修订本），湘潭：湘潭大学出版社 2016 年版，第 256 页。

② ［意］贝卡里亚：《论犯罪与刑罚》，黄风译，北京：北京大学出版社 2008 年版，第 29 页。

③ 〔东汉〕许慎：《说文解字》，北京：中华书局 2002 年版，第 205 页。

行于上，则化成于下。”① 教化在中国传统文化中一般是指儒家所提倡的政教风化或者教育感化，儒家“教化”基于“人性善”的预设，它侧重于贤人的正面引导。而笔者所言的“教育”是在当代南方少数民族乡规民约的实施这一特定语境下，它侧重于通过对“反面教材”的惩罚来规诫一般人，注重的是教育而非教化。“重惩罚轻教化”具体表现为以下两个方面：

其一，有的乡规民约规定“株连”的惩罚方式。“株连”在传统乡规民约中出现较多，在当代乡规民约中仍有遗存，有违反国家法之嫌。1993 年贵州黎平岩洞镇《竹坪村村规民约》规定：“1. 针对当前存在的问题，如果作案人一无所有，则采取下列措施。2. 先由本人兑现，不足部分，上至叔伯，下至兄弟，左至亲属，右至朋友，补足为止。3. 有钱要钱，无钱拉猪牛，无猪牛撤拆房屋。”② 有的乡规民约规定了族长对违反者的处罚负有“连带”责任。贵州三都水族自治县九阡镇《水各村村规民约》第 17 条规定：“在清明节期间，强调‘九严禁’中的第二条规定，‘不允许在上坟期间烧香烧纸，燃放鞭炮’等违法违规行为，若一旦出现，每个家族都有族长，直接追究族长的责任，没有族长的直接追究当事人的责任，并作出 50～500 元罚款。”③ 这种独特的处罚方式的设定，旨通过处罚的扩大化，让违反者受到无辜牵连者的谴责和厌恶，从

① 〔东汉〕许慎：《说文解字》，北京：中华书局 2002 年版，第 537－538 页。

② 吴大华等：《侗族习惯法研究》，北京：北京大学出版社 2012 年版，第 241 页。

③ 饶文斌：《贵州三都水族村规民约探析》，桂林：广西师范大学 2016 年硕士学位论文，第 38 页。

而在更广泛的地域范围内达到寓教于罚、知所避就的效果。

其二，“双罚”现象加重了受罚者的负担。贵州从江县往洞乡1992年8月制定的《平楼议款条规碑》规定：“偷摸扒窃，为非作歹者，抓获后，除退还赃物外，每人每次罚款300元，并送交公安机关处理。对有功人员奖励六成罚款金额，内外勾引者从重处罚，加倍罚款，本规定同时适用于一切违法乱纪行为。”① “双罚”现象出现的原因在于，受罚行为同为乡规民约和国家法所禁止，且两者都有足够的“能力”来执行该惩罚，前者依靠的是村支“两委”成员、村民小组组长和“乡土法杰”，后者依靠的是国家公权力。“双罚”现象也是乡规民约与国家法冲突的体现。表面上看，实行“双罚”不仅是在严格执行乡规民约，而且将乡规民约的实施程序与国家司法衔接起来，可以有效维护村寨秩序，但是，站在受罚者的角度，双重处罚使其遭受了双倍的“报应”，违背了“任何人不因同一事件再度承受痛苦”② 的法律精神，这显然是不公平的。双重处罚的结果很有可能“矫枉过正”，使侵害人变成受害人，致使社会关系的平衡再次被打破。

在当代南方少数民族乡规民约的实施过程中，为什么会出现“重惩罚轻教化”的倾向？这首先得从“教化”说起。“教化”作为一种社会控制手段（或“牧民”手段），其出现要晚于“刑”或“法”，它主要在汉文化“辐射”的地区发挥作

---

① 张子刚辑录：《从江古今乡规民约资料汇编（一）：平楼议款条规碑》，载贵州省侗学研究会主办：《侗学研究通讯》2011年第1期。

② 张明楷：《刑法格言的展开》，北京：法律出版社2003年版，第292页。

用。与此相反，与中原相距甚远、汉文化很难“辐射”的南方少数民族地区，“惩罚”才是主要的社会控制手段，对于经济、文化相对落后的民族来说，直接对违规者施以惩罚比抽象、枯燥的说理效果更好。《尚书·吕刑》载：“苗民弗用灵，制以刑，惟作五虐之刑曰法。”[①] 这是中国古代关于南方少数民族制“刑”的最早记载。在漫长的古代社会，羞辱刑、资格刑、财产刑、身体刑、死刑等各种惩罚方式，一直是维护南方少数民族社会秩序的有力保障。由于南方少数民族地区大多地理位置偏僻，以儒家文化为主导的汉文化很难渗入，故“教化”这种社会控制手段在南方少数民族地区并未成为“主角”。其次，这种倾向与南方少数民族特殊的心理活动有关，归根结底是长期经济落后所致。南方少数民族大多居住于山区，商品经济非常落后，农业靠天吃饭，大多数家庭少有剩余产品，可支配的现金非常有限。在这种社会物质生活条件下，盗窃、抢劫、放火、杀人等侵害财产权、人身权的行为会给村寨成员的生命财产安全造成极大损失或威胁。因此，村民群众对违反乡规民约、破坏村寨秩序的行为都十分憎恶，这种情绪的抚慰和宣泄离不开惩罚的实施。除了情绪的宣泄外，还有利益考量之因素。在各种惩罚方式中，财产刑的适用范围很广，尤其是在当代乡规民约中，罚款、违约金、赔偿金、补偿金等大量出现。执行财产刑时，先拿出一部分赔偿受害人，剩余部

① 《尚书正义》卷十九《吕刑》，〔清〕阮元校刻：《十三经注疏》，北京：中华书局1980年版，第247页。

分用于聚餐、修路、教育、卫生等公益事业。趋利避害是人的本性，对于大多数村民来说，他们是执行财产刑的利益享有者，所以乐此不疲地参与执行。例如，贵州黔东南苗族的“罚三个100”对于普通家庭来说已经是较重的惩罚，有些村民抱有“罚他倾家荡产”的心态，对之极力支持。在这种心态的驱使下，对违规者的惩罚得到受害人和部分村民的拥护和支持，自然不存在“执行难”的问题。

对当代南方少数民族乡规民约主要特点的评述，既要处理好主流与支流的关系，比如，自治性、民族性、地域性都只是相对的，有时民族性凸显，有时地域性凸显。也要处理好历时性与共时性的关系。中华人民共和国成立以来的七十余年间，当代南方少数民族乡规民约也经历了不同的发展阶段，其与国家法律、法规和政策的互动程度不同，体现出的特点也有差异；同一时期的乡规民约由于距离政治中心的远近不同、中央和地方制定的少数民族政策不同，其体现出的自治性强弱不一。与传统南方少数民族乡规民约相比，当代南方少数民族乡规民约在制定与实施过程、主要内容等方面体现出一些新的特点，比如与法律、法规和国家政策的互动、融合更趋频繁，呈现出自治、法治、德治相融合的特征。与此同时，当代南方少数民族乡规民约也暴露出一些障碍和缺陷，比如内容呈现同质化，民族性、地域性淡化；条文烦琐细密，可操作性不强；重形式轻实质，很多乡规民约制定后沦为贴在墙上、写在纸上的具文等。当前，在大力推进依法治国、生态文明建设、乡村振兴等重大战略中不能忽视这些问题。

第六章 当代南方少数民族乡规民约的价值评析

研究一个事物或现象（物质的或精神的）的价值，“主要是从主体的需要和客体能否满足及如何满足主体需要的角度”[①] 来考察和评价。当代南方少数民族乡规民约作为一种非正式制度和“地方性知识”，属于“精神性”的价值客体，笔者对其价值分析的标准是看其能否和怎样满足个人、村寨和社会的需要。

一、积极价值

（一）维护社会秩序

霍布斯在其经典名著《利维坦》中描绘了无秩序社会的

① 中国大百科全书总编辑委员会《哲学》编辑委员会、中国大百科全书出版社编辑部编：《中国大百科全书·哲学》，北京：中国大百科全书出版社 1987 年版，第 343 页。

可怕图景，“最糟糕的是人们不断处于暴力死亡的恐惧和危险中，人的生活孤独、贫困、卑污、残忍而短寿”[①]。可见，秩序作为法的核心价值之一，对个人、村寨、民族乃至整个人类社会的生存和发展至关重要。当代南方少数民族乡规民约是南方少数民族地区赖以维持社会秩序的重要手段。可以说，当代南方少数民族乡规民约以其特有的运行方式在南方少数民族地区这个地域偏僻的“半熟人社会”中“创造了一个不尽同于正式法律的秩序空间”[②]。

其一，维护生产生活秩序。南方很多民族在水利分配、水源保护、山林地界划分等方面都制定乡规民约予以详细规制。1983 年5 月23 日，广西龙胜各族自治县泗水公社《周家大队村规民约》规定：

“不得强行分水或只顾本队不顾他队，水源林地的树木绝对不得砍伐，其土地不准耕种……凡盗窃他人家禽的，每只罚款10 元。凡偷盗 3 次以上的，各生产队可以去‘吃强盗饭’……凡违反以上公约的，全大队各生产队和社员都可以抓。抓到这些违法人员即可罚款。罚没收入应交大队统一管

① ［英］霍布斯：《利维坦》，黎思复、黎廷弼译，北京：商务印书馆 1985 年版，第 95 页。

② 梁治平：《乡土社会中的法律与秩序》，载王铭铭、［英］王斯福主编：《乡土社会的秩序、公正与权威》，北京：中国政法大学出版社 1997 年版，第 426 页。

理。大队给揭发人员罚款的70%作奖励，当场兑现。”[①]

婚姻家庭秩序是社会秩序的一个重要方面。当代南方少数民族乡规民约结合本民族传统习惯和国家法律规定，对破坏婚姻家庭秩序的行为加以处罚。例如，贵州黎平县永从乡《九龙村村规民约》（侗族）规定：“凡是对非法发生两性关系的和破坏人家家庭和睦关系的、强奸的，先罚款100元，并补女方营养费50元，再送司法机关处理。通奸的男女各罚款50元并双方打锣游街。”[②] 广西金秀长垌乡《三角屯村民公约》第11条规定：“互相通奸、发生不正当的两性关系，破坏他人家庭团结，罚款三个四十（指40斤米，40斤酒，40斤猪肉），男女同等处罚，给全队吃教育酒。”[③]

中华人民共和国成立以来相当长的一段时期内，在中国特色社会主义法律体系尚未形成的背景下，南方少数民族地区的固有法与国家制定法存在一定的冲突，国家法律在该地区虽未得到充分实施，但该地区也未曾出现霍布斯所描述的“最糟糕”的无序状况，正是由于乡规民约与宗教、禁忌、习惯等一道共同维持了这一地区的秩序。

其二，化解矛盾纠纷。南方少数民族地区纠纷解决方式呈

① 龙胜各族自治县民族局《龙胜红瑶》编委会编：《龙胜红瑶》，南宁：广西民族出版社2002年版，第49－51页。

② 刘锋、龙耀宏主编：《侗族——贵州黎平县九龙村调查》，昆明：云南大学出版社2004年版，第314页。

③ 陈寒非、高其才：《乡规民约在乡村治理中的积极作用实证研究》，载《清华法学》2018年第1期，第74页。

现多元化，归纳起来有调解（包括人民调解、司法调解、行政调解）、当事人和解、行政裁决、行政复议、仲裁、信访等非诉讼方式，也有一部分纠纷通过诉讼方式解决，但大量的民间纠纷是以调解方式终结的。羌族的“吃转转酒”、侗族的“以歌劝和”等都是富有特色的解纷方式，这些传承已久的解纷手段已成为一种非物质文化，内在地影响着各族群众的生活实践。四川羌区的羌民将民间纠纷调解方法形象地称为“吃转转酒”。凡举纠纷，一般由老民（即村寨有威信的长辈）通知当事人双方摆酒设宴，并请来知情人、行政首领以及地方上有名望的人物，齐聚一堂，大家一边饮酒一边议事，厘清是非曲直，最后责成过错方承担酒资。侗族在运用乡规民约解决纠纷时，经常将传统美德融入其中，例如将尊老敬老的美德以“敬老歌”“赞老歌”的形式向当事人宣讲。1991 年，贵州玉屏侗族自治县的石洞、高酿等 7 个镇采取这种方法共调解 49 起赡养纠纷，调解成功 46 起，成功率为 94%，并聘请 200 多名侗族、苗族歌手为义务调解员和普法宣传员，以生动活泼的形式开展纠纷预防工作。[①] 贵州黔东南侗族善于唱歌、写歌，有才者将调解纠纷的言辞编成侗歌传唱，若有婆媳吵架、邻里相争、打架斗殴、宗族纠葛等纠纷，寨老或歌师就站出来，边唱边调解，纠纷很快得以平息。这些调解方法非常独特，最大优势在于契合民族心理，且便于操作，易于执行，成本低廉，

① 吴大华：《论民族习惯法的渊源、价值与传承——以苗族、侗族习惯法为例》，载《民族研究》2005 年第 6 期，第 10 页。

群众乐于接受。

值得注意的是，在南方少数民族地区，乡规民约并非调解纠纷的唯一依据，国家法和家法族规、行业规范、宗教教规、团体章程等都以不同的方式影响着各族群众的法律实践。因此，在某一特定地域可能出现多种规范形态共同发挥作用的状况。即使在今天，在经济全球化背景下，南方各民族社会正经历着“规划的社会变迁”，“熟人社会”或“半熟人社会”正在逐渐消解，但是法律多元的客观存在，为人民群众选择合适的救济途径创设了可能性。不论是生产生活秩序的安排和维护，还是矛盾纠纷的化解和处理，都是社会秩序得以维护的体现。

（二）传承民族文化

当代南方少数民族乡规民约是民族法律文化的载体，“载体”代表着历史的传承，意味着南方各民族文化从古至今一以贯之的流传和延续。除了“载体”之外，各族社会中的“传统型权威”① 还扮演着民族文化“传播者”和“传承人”的角色，而各族社会中特定的场所、器物往往成为民族文化的实体标志。综合起来看，载体、传承人、标志三者一道共同担负起各族文化传承的重任。

“载体”即乡规民约本身。传统南方少数民族乡规民约有

① 很多时候，村支“两委”成员、村民小组组长和“乡土法杰”等当代南方少数民族乡规民约的制定与实施主体也发挥传承民族文化的功能。

独特的称谓，如苗族的“榔规榔约”、彝族的“节威”、侗族的“款约法”、瑶族的“石牌律”等。有文字的民族（如彝族），很早就形成法律文本，传承较为完整；无文字的民族，早期主要靠口传，后来借用汉字，制定成法律文本。总体上，大多数民族都是口承法律文化，通过法谚、神话、古歌、理词等喜闻乐见的方式实现传承。当代南方少数民族乡规民约的内容包罗万象，涉及社会生活的各个方面，既有维护治安、发展生产、保护环境等内容，又有公益互助、移风易俗、普法宣传等内容。其中很多体现民族特色的内容是传承固有习惯法的结果。例如，贵州黔东南地区苗族村寨流行的“罚三个 100”（或“三个 120”），苗族、侗族乡规民约中随处可见的保护风水林的规定等。当代南方少数民族乡规民约制定与实施的过程同时也是传递民族文化的重要活动。四川小凉山彝族以饮血酒盟誓订立《禁毒协议书》的过程是对彝族习惯法制定程序的传承，侗族歌会延续了“以歌劝和”的传统功能，广西金秀瑶族自治地方制定和公布《大瑶山团结公约》沿袭了传统石牌律的制定程序，羌族以“吃转转酒”的形式处理民间细故纠纷的过程是对议话会议的传承。这些乡规民约制定与实施的过程都以追溯本族渊源、重申本族使命和弘扬本族文化为必备内容，通过族长、寨老或者组长、村支“两委”成员的讲述、阐发以及立石牌、喝血酒、盟誓、砍鸡打狗等仪式强化文化认同感，使民族文化代代相传。

传承人即南方各少数民族的“传统型权威”，主要包括族长、头人和巫师（或祭司）等。各族的头人，如羌族的老民，彝族的德古，瑶族的石牌头人，苗族、侗族的寨老，景颇族的山官等；各族的巫师，如羌族的端公、彝族的毕摩、壮族的道公、景颇族的懂萨、土家族的梯玛、纳西族的东巴等。他们既是本族乡规民约制定的“首唱者”[①] 和乡规民约的实施者，亦是本族文化的精通者和传承人。他们通晓本民族语言、历史、典籍、神话、诗文、谱牒、历法、天文等，深谙当地的地理环境和风俗习惯，他们在参与制定、解释、实施乡规民约的过程中，顺其自然地传承了本民族文化。例如，在湘西、鄂西土家族、苗族社会，具有文学修养和艺术才能的榔头、款首、巫师、梯玛、理老和寨老们，按照文学语言的特征，把乡规民约编成语言精练、生动形象、音调和谐的艺术形式，供群众传唱。可见，无论是乡规民约的制定、实施等“正式场合”，还是祭祀、盟誓、节庆等“非正式场合”，南方各民族的历史文化传统都以寓教于乐、潜移默化的方式传承着，生生不息。又如，在广西金秀瑶族自治县六巷乡六巷村下古陈屯，有一位叫盘振武的头人，是石牌头人的后代，他拥有丰富的瑶族习惯法知识，对石牌律有深厚的感情，又热心公益，积极组织、参与村规民约的议定、修改和调解纠纷，在当地树立了良好的声誉和威望。其实，每个民族都不乏盘振武这样的“乡土法杰”[②]，他们虽然没有接受很好的学校教育，但是在成长过程中对本族

① ［日］滋贺秀三等：《明清时期的民事审判与民间契约》，王亚新、梁治平编，王亚新等译，北京：法律出版社 1998 年版，第 167 页。

② 高其才教授将盘振武这样的权威人士称为“乡土法杰”。参见高其才：《桂瑶头人盘振武》，北京：中国政法大学出版社 2013 年版，第 3 页。

文化耳濡目染，在日常的社会生活中感受到本族文化的价值，对乡规民约等民间规范深怀敬意，并通过自己的行为进行传承和弘扬。

标志即各族社会生活中客观存在的实体物，主要包括场所、器物等。场所，如苗族的鼓社与理场、羌族的议话坪与碉楼、彝族的火塘、侗族的鼓楼以及各族普遍存在的祠堂、庙宇等；器物，如瑶族的石牌、侗族的款碑、苗族的埋岩以及各族普遍存在的铜鼓、印玺、图腾柱、图腾物、权杖、法器、草标等。以上这些实体物不应仅仅停留在传统的物质层面上加以认识，我们在考察民族法律文化时不应忽视这些象征物、标志物之于文化传承的意义。石头、草标等大多数实体物常常不具备文化的意义，只有在特定的法律生活中被屡次使用，并注入了各民族成员的价值观念、需求、智力和行为以后，才逐渐培育出文化的意义。例如，风雨雷电是自然而非文化现象，“但高山族阿美人的求雨祈晴，景颇族的占卜祭风则都是地地道道的民族文化活动；同样，鸡、狗不是文化，但彝、景颇、苗、壮、瑶等的砍鸡砍狗等则是从事神意裁判的法律文化”[①]。石头本身不是文化，但广西金秀地区的石牌则被赋予多重文化含义，如它是瑶族社会组织的象征，石牌头人权威的象征，乡规民约的具体形式，族际法律文化互动的标志等。在有的民族社会，一棵普通的草木也可以成为具有特殊意义的法律文化载

① 张冠梓：《论法的成长——来自中国南方山地法律民族志的诠释》，北京：社会科学文献出版社2000年版，第543页。

体。苗族、瑶族、景颇族、傈僳族、独龙族等民族在运用乡规民约处理纠纷时，经常借用竹条、木棍、茅草等工具，用以计算当事双方责任的多少，最后以数量多少决胜负。这种“以筹判案”的方法，表明南方少数民族法律文化简单、淳朴、形象、具体的特征，是一种“接地气”的大众法律文化，与“束之高阁”或外来移植的法律文化有明显差异。此外，鼓社、理场、议话坪、碉楼、火塘、鼓楼等作为南方少数民族乡规民约制定、宣讲、普及、实施的场所，同时也是各族集会、议事、盟誓、娱乐的地点，它们已经成为承载着某种文化的象征，如同西方社会的教堂一样，虽屡经风雨却始终起着一种文化传承的作用。

（三）弥补国家法不足

乡规民约与国家法的关系是复杂的，时而表现为冲突和对峙，时而表现为互补和支持。即使到了今天，对于南方各少数民族而言，国家法仍然是一种外来秩序，它在本地区的实施不得不依靠乡规民约这种“地方性知识”的支持，这种支持主要体现为立法上的吸收、司法上的适用和执法上的辅助。

其一，当代南方少数民族乡规民约是民族区域自治立法的重要来源。民族自治地方的自治条例和单行条例是当代中国法律的正式渊源之一，而根据《宪法》第 116 条、《民族区域自治法》第 19 条、《立法法》第 75 条的规定，民族自治地方的人民代表大会有权依照当地民族的政治、经济和文化的特点，制定自治条例和单行条例。《立法法》第 75 条第 2 款还规定，自治条例和单行条例可以依照当地民族的特点，对法律和行政法规的规定作出变通规定，但不得违背法律或者行政法规的基本原则，不得对《宪法》和《民族区域自治法》的规定以及其他有关法律、行政法规专门就民族自治地方所作的规定作出变通规定。可见，民族自治地方有制定和变动自治条例和单行条例的权力，这种“变通立法权”的设置使得惯例、习惯以及包括乡规民约在内的习惯法成为民族区域自治立法的重要来源。一些民族自治地方在制定自治条例和单行条例时，都会收集辖区内各乡村的乡规民约和自治章程，从中吸收养分，以确保制定出的法律文本契合实际。惯例、习惯、习惯法等地方性知识由于生发于民族内部，与生俱来受到各族群众的认可，且内容极为丰富，它们为国家立法提供了弥足珍贵的“源材料”。1951 年广西金秀瑶族自治地方沿袭传统石牌律制定的具有民族自治地方单行条例性质的《大瑶山团结公约》，就是民族自治地方立法的成功典范。

其二，当代南方少数民族乡规民约是司法的重要依据。广大的南方少数民族地区涵盖了自治区、自治州、自治县三个级别的民族自治地方，它们都制定了数量众多的自治条例和单行条例。自治条例是民族自治地方实行民族区域自治的综合性的基本依据和活动准则。单行条例是民族自治地方的人民代表大会根据区域自治的特点和实际需要制定的单项法规。自治条例和单行条例可以作为民族自治地方的司法依据。现今，南方少数民族地区的司法机关在处理民事案件的过程中，若遇到一些现行法律法规没有明确规定的事项，或严格按照法律法规处理达不到预期的社会效果，此时通过援引乡规民约可以摆脱这个困境，但在程序上未经民族自治地方立法机关确认前司法机关不能适用。高其才指出，国家法律、法规对乡规民约的认可和支持，赋予乡规民约正式法源的地位①，为乡规民约在乡村治理中发挥积极作用提供了法律依据。在具体的司法实践中，法院援引乡规民约的方式可以灵活多样，以调解方式处理的案件，调解人可以援引乡规民约进行说服劝和；以判决方式处理的案件，裁判文书中可以援引乡规民约进行释法说理。例如，《最高人民法院关于进一步加强新形势下人民法庭工作的若干意见》（法发〔2014〕21 号）指出，“积极总结不同类型案件的特点，在法律规定框架内，恰当借助乡规民约，尊重善良风俗和社情民意，创新调解工作方法，力求从根源上彻底化解矛盾”。《最高人民法院关于为实施乡村振兴战略提供司法服务和保障的意见》（法发〔2018〕19 号）也要求“充分尊重符合社会主义核心价值观的农村风俗和生活习惯”“尊重不违反法律强制性规定的村规民约、乡风民俗，妥善把握民事审判对习惯的适用”“将执行过程与乡村社会矛盾纠纷多元化解决机制有效对接，与乡规民约、善风美俗建设有效对接，不断推进乡村社会主义核心价值观建设”。

其三，当代南方少数民族乡规民约是执法的重要辅助。当代南方少数民族乡规民约既有本民族、本地方的创造，在很大

① 参见陈寒非、高其才：《乡规民约在乡村治理中的积极作用实证研究》，载《清华法学》2018 年第 1 期，第 77 页。

程度上又受法律、法规和国家政策的指导，因而遵纪守法、普法教育等内容在其中大量涌现。云南腾冲县明光乡（现为腾冲市明光镇）《自治村村规民约》第3条规定：“每个公民都应该积极学习国家各种法律法规，做到知法、守法，自觉维护法律的尊严和权威，自觉遵守社会公德，维护社会秩序，爱护公共财物，同一切违法犯罪行为作坚决的斗争。”广西金秀瑶族自治县六巷乡《帮家、瓮江两村村规民约》规定：“今后群众在生产生活上用火都要坚持‘五不烧’的原则，违者引起火灾的，轻者按损失面积的木材不论大小每条罚款5角，并责成毁什么林造回什么林，护理3年后归还集体或个人，重者按《森林法》惩办。”[①] 此外，2011年通过的《刑法修正案(八)》规定了对判处管制、缓刑以及假释的罪犯依法实行社区矫正。此后，无论在最高审判机关的文件中，还是在司法实践中，都重视发挥村（居）委会在社区矫正工作中的辅助作用，因此很多村将社区矫正工作写入村规民约。从这个意义上讲，乡规民约、村规民约是国家法律在乡村实施的重要载体。地方上经常通过制定地方性法规、地方政府规章对乡规民约、村规民约进行确认、要求和规范，使其更好发挥辅助国家法律实施的积极作用。

其四，假使当代南方少数民族乡规民约对国家法的制定、适用、执行、遵守皆不能发挥积极价值，它的存在本身就已经

① 高其才：《习惯法的当代传承与弘扬——来自广西金秀的田野考察报告》，北京：中国人民大学出版社2015年版，第206页。

对南方少数民族地区的社会治理提供了一种有益的启示。国家制定法不可能事无巨细地深入社会生活的每个角落，在广大的农村尤其是偏远的少数民族地区，尚有国家法难以触及的“角落”，或虽有触及却难以实施，这时乡规民约正好填补了国家法的空缺，成为一种非常有效的补救机制。总之，国家制定法不是万能的，如果不注重探究国家法与乡规民约在社会变迁中的冲突、互动、调适，过分依赖国家法而忽视乡规民约的价值，那么南方少数民族地区的社会治理就会陷入这样的困境，“法律制定者如果对那些会促成非正式合作的社会条件缺乏眼力，他们就可能造就一个法律更多但秩序更少的世界”①。

二、消极影响

当代南方少数民族乡规民约对南方少数民族地区的社会治理，发挥了积极的作用，产生了良好的社会效果。与此同时，由于受传统习惯法影响根深蒂固，当代南方少数民族乡规民约也表现出一些缺陷与不足。比如，制定与实施的主体和程序不合法，有的内容明显违反法律的强制性规定，有的规定忽视了对个体权利的保护，与现代法治理念、法治精神相冲突，阻碍了村民法律意识的形成，从而给南方少数民族地区的社会治理带来一定的消极影响。

陈寒非、高其才剖析当代乡规民约在乡村治理中的消极作

① ［美］罗伯特·C. 埃里克森：《无需法律的秩序——邻人如何解决纠纷》，苏力译，北京：中国政法大学出版社2003年版，第354页。

用时，指出“有些乡规民约制定过程缺乏经过全体村民或者村民代表的广泛讨论，仅由少数村干部商量决定；有的乡规民约仅仅依照范本简单照搬照抄，针对性不强，与村民的生产、生活关系不大；有的乡规民约成为宗族力量、宗派势力的工具，成为为部分村民服务的规约”①。实际上两位学者指明了当代乡规民约存在的三个突出问题：制定程序不合法，内容不务实管用，“异化”现象。与前两者相比，乡规民约的“异化”造成的消极影响最直接、最严重。例如，村支“两委”成员、村民小组组长和“乡土法杰”作为乡规民约的制定与实施主体，利用主持、参与乡规民约制定与实施的便利，把乡规民约变为谋取利益的工具，贪污受贿，侵吞集体财产，侵犯了村民的合法权益，侵蚀了农村村民自治制度。

2016 年 8 月，云南省澄江县纪检监察机关在农村基层党风廉政建设专题调研暨案件线索分析会上通报了几起发生在群众身边的“四风”和“微腐败”案件，其中便提到“在为村民办理村民落户相关手续过程中以《村规民约》为依据，龙街街道村干部赵某伙同张某通过雁过拔毛的方式十余次收受他人现金人民币 50000 余元和二十余条香烟被立案审查；私自代替民主理财小组成员签字，故意规避监督程序，九村镇代某等

① 陈寒非、高其才：《乡规民约在乡村治理中的积极作用实证研究》，载《清华法学》2018 年第 1 期，第 76 页。

4 名村民小组干部分别受到通报批评问责。”①

当前我国广大农村地区在通过乡规民约实现乡村治理的实践中，面临着一种现实困境：乡规民约的制定与实施需要村支“两委”成员、村民小组组长和“乡土法杰”的主导和推动，这可称为“强人治村”的模式；但这种模式又很容易造成乡村权力的绝对化，损害基层民主，进而引发村级腐败。例如，云南临沧市耿马县勐撒镇丙令村岩某利用担任丙令组组长的职务便利，侵吞、窃取、骗取或者以其他非法手段占有公共财物，犯下贪污罪，最终被判处有期徒刑三年，并处罚金 20 万元。该案《一审刑事判决书》摘录如下：

“经本院审理查明：2015 年至 2017 年期间，被告人岩某利用担任耿马自治县勐撒镇丙令村委会丙令组组长的职务便利，在协助勐撒镇人民政府履行项目资金申请、呈报审批、拨款发放等工作职责及申报丙令组农户享受低保的工作职责过程中，以为农户申领建房补助或者拨款建设集体基础设施为由，收取或借用农户银行卡，冒领或骗取以下款项……以上款项合计 95.11 万元。”②

集体性腐败更是在乡村干部中屡屡上演。2016 年 6 月 7

① 云南省纪委监委网站：《澄江：严查群众身边的“雁过拔毛”式“微腐败”》，http：//ynjjjc. gov. cn/html/2016/tiewanfanfu_ 0805/19394. html，最后访问日期：2021 年 7 月 11 日。

② 云南省耿马傣族佤族自治县人民法院刑事判决书（2018）云 0926 刑初 187 号。

日，云南省纪委通报了大理白族自治州云龙县苗尾乡违纪案件。经查实，在苗尾电站建设和移民资金拨付、兑现过程中，存在苗尾乡部分乡村干部套取专项资金设立“小金库”并进行挥霍浪费、私分、串通工程项目招投标、放任当地砖厂非法用工强迫劳动等严重违纪违法问题。截至目前，共对46人作出处理，其中批评教育14人，党纪轻处分和组织处理6人，党纪重处分和重大职务调整4人，严重违纪涉嫌违法移送司法机关处理9人，司法机关直接立案侦查13人，收缴违纪违法资金306万余元……苗尾村党总支原书记张某某等6人虚套私分移民资金17.3万余元。水井村党总支原书记兼村委会主任杨某某等5人套取私分移民资金和村集体资金67万余元。[①] 诸如此类的案件十分常见，折射出当代南方少数民族乡规民约在实施过程中“异化”现象的加剧，为南方少数民族地区通过乡规民约实现乡村治理提供了警示和反思。时值全面推进乡村振兴、加快农业农村现代化的重要历史关头，对乡规民约加以变革调适的必要性愈加凸显。

① 云南省纪委监委网站：《胆大妄为套取移民资金46个“硕鼠”受严惩——云龙县苗尾乡部分乡村干部套取私分移民资金案例剖析》，http：//ynjjjc. gov. cn/html/2016/yianjingshi_ 1201/23387. html，最后访问日期：2021年7月11日。

第七章 “三治结合”：当代南方少数民族乡规民约的变革调适路径

“三治结合”指的是自治、法治、德治相结合，既是一种乡村治理体系和治理理念①，也是一种党组织领导的领导体制

---

* 本章内容已被《民间法》2021年第1期（第二十七卷）录用，在收录本书时稍作调整。

① 中共十九大报告提出“加强农村基础工作，健全自治、法治、德治相结合的乡村治理体系”；《中共中央 国务院关于实施乡村振兴战略的意见》提出“坚持自治、法治、德治相结合，确保乡村社会充满活力、和谐有序”；《最高人民法院关于为实施乡村振兴战略提供司法服务和保障的意见》提出“树立自治法治德治相结合理念”，“促进完善乡村自治、法治、德治相结合的治理体系”。《乡村振兴促进法》（2021年6月1日起施行）第41条规定“建立健全党委领导、政府负责、民主协商、社会协同、公众参与、法治保障、科技支撑的现代乡村社会治理体制和自治、法治、德治相结合的乡村社会治理体系”。

和工作机制[①]，还是一种现代基层社会治理机制[②]。乡规民约、村规民约[③]和村民自治章程是村民进行自我管理、自我服务、自我教育、自我监督的行为规范，是引导基层群众践行社会主义核心价值观的有效途径，是健全和创新党组织领导下自治、法治、德治相结合的现代基层社会治理机制的重要形式。[④] 因此，“三治结合”与乡规民约是理念、机制、体制、体系与规范、途径、载体的关系。“三治结合”的实现和构建需要乡规民约发挥实效，乡规民约要完成变革调适、重获“新生”也端赖“三治结合”的指导和推动。目前，学界对“三治结合”和乡规民约变革调适问题的研究已积累了较为丰富的成果，但将两者结合起来，尤其是将“三治结合”作为乡规民约变革调适的一种指导方针、应对策略和实现路径所从事的研究尚不多见。以下，笔者从当代南方少数民族乡规民约的问题审视、变革契机以及“三治结合”的核心内涵三方面分别展开论述。

① 《中共中央 国务院关于坚持农业农村优先发展做好“三农”工作的若干意见》提出“建立健全党组织领导的自治、法治、德治相结合的领导体制和工作机制”。

② 民政部等七部委《关于做好村规民约和居民公约工作的指导意见》提出“推动健全党组织领导下自治、法治、德治相结合的现代基层社会治理机制”。

③ 如无特别说明，本书通用乡规民约与村规民约这两个语词，并主要使用“乡规民约”一词。

④ 参见民政部等七部委《关于做好村规民约和居民公约工作的指导意见》。

一、当代南方少数民族乡规民约再审视

（一）乡规民约的同质化现象

随着行政权、司法权等国家权力逐渐向乡村社会“下沉”，乡规民约这一基层群众自治规范必然受到行政权力和司法权力的强有力指导。虽然，《宪法》和《村民委员会组织法》建立起农村村民自治制度，赋予村民委员会以基层群众性自治组织的法律地位，赋予乡规民约、村民自治章程以合法性地位，使乡村社会自治权得到法律认可。但乡镇政府、上级职能部门、基层法院及其派出法庭对乡规民约、村民自治章程的过度干涉可能造成村民自治权与国家行政权、司法权的冲突。行政权过度指导典型体现为，县（市、区）、乡镇政府把乡规民约的制定作为自上而下的任务安排，片面追求乡规民约“全覆盖”的同时容易忽视其是否因地制宜和务实管用。由此导致乡规民约呈现为“看上去很美”的“千篇一律”，而端赖其调整乡村社会关系、维护基层社会秩序的功能和价值无法有效发挥，“基本上是一个只能贴在墙上的规定”①，这种同质化

---

① 高其才、马敬：《陇原乡老马伊德勒斯》，北京：中国政法大学出版社 2014 年版，第 50 页。

现象可以称之为形式与实质的结构断裂或“结构混乱”①。

为了避免乡规民约在“全覆盖”过程中出现同质化现象，中央部委层面已经出台了针对性的指导意见。民政部等七部委联合发布的《关于做好村规民约和居民公约工作的指导意见》（下文简称《七部委指导意见》）提出“到2020年全国所有村、社区普遍制定或修订形成务实管用的村规民约、居民公约”，并对村规民约制定的基本原则、主要内容、制定程序、执行监督、组织实施作了详细规定。在这种背景下，乡规民约的变革调适被重新提上了议程。

乡规民约的同质化现象主要由国家行政权、司法权的过度指导所致，在其变革调适过程中首先需要限制行政权、司法权的过度指导，保障乡村自治权利的行使，然后厘清国家权力与村民自治的边界，给村民自治预留一定空间，避免重视法治而轻视自治的倾向。

（二）乡规民约抑制村民的权利意识

费孝通先生的“乡土中国”“熟人社会”是对1949年以前中国传统乡村社会的精辟描述，在他的笔下，传统乡村社会的诉讼观念及其与国家法律的格格不入和导致这种冲突的深层

① 董磊明、陈柏峰等学者将“最近十多年来”（系指20世纪90年代以来）中国农村社会陷入的一定程度的失序状态描述为“结构混乱”，具体表现为种种因素导致村庄共同体趋于瓦解，乡村社会面临着社会解组的状态。参见董磊明、陈柏峰、聂良波：《结构混乱与迎法下乡——河南宋村法律实践的解读》，载《中国社会科学》2008年第5期，第88页。

社会结构因素，以简明扼要的语言呈现出来。“中国正处在从乡土社会蜕变的过程中，原有对诉讼的观念还是很坚强地存留在广大的民间，也因之使现代的司法不能彻底推行。第一是现行法里的原则是从西洋搬过来的，和旧有的伦理观念相差很大。我在前几篇杂话中已说过，在中国传统的差序格局中，原本不承认有可以施行于一切人的统一规则，而现行法却是采用个人平等主义的。”①

虽然，有学者提出由于乡村体制变革，1949 年以后乡村社会不能再以“熟人社会”笼统描述，村民小组（自然村）仍属于熟人社会，而行政村却是“半熟人社会”②，“半熟人社会”的描述显然比简单的“社会转型”更具解释力。七十余年来乡村社会经历了“规划的社会变迁”，在国家权力向乡村社会步步渗透的过程中，法律知识也大量地输入乡村社会。但是，广大村民的法律意识仍然十分薄弱，以乡规民约为代表的民间自治规范，无论在规范层面还是在运行层面，都充分暴露出抑制权利意识的弊端，且并未因政府对普法宣传不遗余力的推行而得到明显改善。究其原因，既有中国传统社会数千年“无讼”观念根深蒂固的历史惯性影响，亦与以移植西方法为主流的现代法律体系在输入乡村社会时遭遇的“水土不服”和“结构混乱”有关。仅从“法治”的视角和范畴寻找问题的解决之策远远不够，跳出“法治”，从自治、法治、德治融

① 费孝通：《乡土中国 生育制度 乡土重建》，北京：商务印书馆 2014 年版，第 60 页。

② 贺雪峰：《论半熟人社会》，载《政治学研究》2000 年第 3 期，第 61 页。

合的视角或许可以找到行之有效的解决策略。

（三）乡规民约与国家法律的冲突

长期以来，乡规民约与国家法律的冲突是学界无法回避的一个重要问题，可以归结为习惯法与国家法或者非正式制度与正式制度、固有法与移植法的关系问题。众多的研究成果提供了不同的解释框架和解决对策，但在基层司法和乡村治理实践中，这一问题仍未得到有效解决，而且机械的解决策略表面上实现了乡规民约在内容和形式上与国家法律的调和，实际上有可能产生新的问题。比如，乡规民约的“虚置”“异化”现象，或者在村民生活实践中生发出乡规民约之外的不成文规范形态。

乡规民约处罚条款的合法性问题可谓探讨乡规民约与法律冲突的重要门径。对此问题的分析首先需要从现行《村民委员会组织法》第27条的规定展开。《村民委员会组织法》第27条规定：“村民自治章程、村规民约以及村民会议或者村民代表会议的决定不得与宪法、法律、法规和国家的政策相抵触，不得有侵犯村民的人身权利、民主权利和合法财产权利的内容。”显然，这一规定可以在乡规民约的制定环节有效减少、消除其与国家法律冲突的内容，对侵犯村民人身权利、民主权利和合法财产权利的内容进行审查，发挥法律对乡规民约的过滤机制。

乡规民约与国家法律冲突的表现形式呈现多样化，诸如制定或修订程序不符合《村民委员会组织法》等法律法规的规定，内容上尤其是罚则部分违反法律的强制性规定，适用与执行中存在“越权”行为或侵犯村民财产权、人身权和选举权、被选举权等民主权利的现象。例如，云南德宏傣族景颇族自治州潞西市（现为芒市）遮放镇遮冒村《拉寨村规民约》（1995年7月11日订立）规定：“如果抓到外来的小偷当场敲死，全寨人承担责任。”① 贵州平塘县卡蒲毛南族乡《诚信计划生育村规民约》（2012年1月1日施行）第6条规定：“外来人员应遵守流动人口的有关规定，村民不准租（借）房屋给违反计生的外来人员和未办理《流动人口婚育证》的外来人员。”② 有一些地方的乡规民约订有“牲畜下田，打死不赔”“祖业宅基，买卖由己”“出嫁之女，祖业无份”“偷鸡摸狗，吊打屁股”③ 等与法律规定相冲突的条文。例如，重庆酉阳土家族苗族自治县铜鼓镇《铜鼓村村规民约》第9条规定：“疯狗狂犬咬伤他人，疯狗的主人负责赔偿一切费用外，责令对疯狗处死，罚款20～100元。”④ 某些乡规民约强制性要求村民承担某种义务，否则就会限制或剥夺其村级福利待遇。广西罗城仫

---

① 李向玉、徐晓光：《“敲死小偷”：黔东南村寨“私力处死”现象的根源及司法影响》，载《湖北民族学院学报》（哲学社会科学版）2016年第6期，第79页。

② 王娜：《贵州省毛南族生育文化研究——以平塘县卡蒲毛南族乡为例》，贵阳：贵州师范大学2016年硕士学位论文，第47页。

③ 梁治平：《乡土社会中的法律与秩序》，载王铭铭、［英］王斯福主编：《乡土社会的秩序、公正与权威》，北京：中国政法大学出版社1997年版，第426页。

④ 王海银：《国家法在少数民族地区村规民约中的体现——以黔东南锦屏县村规民约为例》，贵阳：贵州大学2009年硕士学位论文，第20页。

佬族自治县东门镇上凤立屯《社会事务村规民约》规定："对违犯村规民约的村民，或教育制止，或取消村级福利待遇。"①四川羌族地区对不执行计划生育政策的村民采取剥夺其集体经济组织成员资格和福利待遇的处罚。例如，四川汶川县龙溪乡《俄布村村规民约》（1991 年制定）第 8 条规定："提倡晚婚晚育，少生优生，按照《宪法》规定，夫妻双方都有实行计划生育的义务，违者除给予规定罚款外，还要收回夫妇双方的上等承包地一亩至二亩，同时不审批宅基地，不批自用木材指标，不准随意开荒，不享受困难补助，不招工、招干，不享受一切待遇，如有调整土地时一律不安排。"②

此外，剥夺外嫁女集体经济组织成员权益的现象也屡屡见诸报端。2017 年 1 月，因修建二级公路征用贵州省镇远县涌溪乡芽溪村田坝××组公山大石板飞水岩片区，田坝××组得到征地补偿款 290000 元。其后，芽溪村田坝二组（被告）在没有通知龙和惠、龙嘉昕（原告）的情况下召开组民大会，经全体参会人员讨论后形成《关于田坝二组公山分红方案决议》，田坝二组依据该方案的规定，"第一，按现有人口分红（嫁出去、死亡、外来上户不能分）；未上户不能分"，对龙和惠、龙嘉昕不予分配该笔征地补偿款。两人以田坝二组的行为违反《土地管理法》《农村土地承包法》《妇女权益保障法》

① 黄荣幸：《基层治理法治化视野下民族地区法治村屯建设研究》，桂林：广西师范大学 2017 年硕士学位论文，第 39 页。

② 龙大轩：《乡土秩序与民间法律：羌族习惯法探析》，北京：中国政法大学出版社 2010 年版，第 342 页。

等法律，侵害两人合法权益为由，起诉到法院，请求撤销《关于田坝二组公山分红方案决议》，诉讼请求得到受诉法院支持，最终原告获得胜诉。[①]

乡规民约与法律冲突的现象折射出乡村治理场域中自治、法治、德治三者的内在张力。这一问题的解决需要立足于“三治结合”的视角，避免顾此失彼和各自为阵的弊端，唯有如此，方可确保乡规民约的合法性，同时保障村民自治权利和提升乡村德治水平。

二、当代南方少数民族乡规民约的变革契机与调适可能

（一）精准扶贫政策的实施助推乡规民约的变革调适

截至2020年底，我国为期八年的脱贫攻坚战取得了全面胜利。精准扶贫政策的实施很大程度上改善了乡村欠发达地区和低收入人口的经济状况，为乡规民约的变革调适优化了经济环境。回顾过往，在部分乡村地区，滥办酒席，天价彩礼，薄养厚葬，攀比炫富，铺张浪费，“等靠要”、懒汉行为，家庭暴力，拒绝赡养老人，侵犯妇女特别是出嫁、离婚、丧偶女性合法权益，涉黑涉恶，“黄赌毒”等突出问题曾经困扰过脱贫攻坚队员，在一定程度上制约精准扶贫政策的实施，影响乡村治理体系的建立健全。乡规民约、村规民约对这些问题未予充分重视，即使内容有所涉及，也不一定能得到有效执行。精准

① 详见贵州省镇远县人民法院民事判决书（2017）黔2625民初245号。

扶贫政策的实施反过来迫使那些陈旧落后、形同虚设的乡规民约作出变革调适。

民族地区是国家脱贫攻坚战的主战场和硬骨头。从2013年起，习近平总书记先后到湖南湘西、贵州、云南等少数民族聚居地区考察。在湘西考察时，首次提出了精准扶贫的概念，在贵州强调了“六个精准”①，在云南规划了扶贫开发的时间节点②。少数民族地区取得脱贫攻坚战的胜利，全面推进乡村振兴和共同富裕，需要乡规民约的变革调适以充分发挥积极作用；反过来，脱贫攻坚战的胜利，也为乡规民约的变革调适创造了契机。乡规民约的变革调适给村民带来的福利是长期的、隐性的，以往更加重视产业扶贫、金融扶贫等经济层面，从长远来看，更要发挥乡规民约在推进乡村振兴和乡村社会治理中的积极作用，尤其注重发挥乡规民约等规范层面对滥办酒席、天价彩礼、薄养厚葬等不合理、不文明行为的规范与制约作用。

（二）乡村振兴战略的实施为乡规民约的变革调适提供了契机

党的十九大报告首次提出“实施乡村振兴战略”，同时强

---

① “六个精准”指对象要精准、项目安排要精准、资金使用要精准、措施到位要精准、因村派人要精准、脱贫成效要精准。

② 2015年1月，习近平在云南考察时指出，扶贫开发是我们第一个百年奋斗目标的重点工作，是最艰巨的任务。现在距实现全面建成小康社会只有五六年时间了，时不我待，扶贫开发要增强紧迫感，真抓实干，不能光喊口号，决不能让困难地区和困难群众掉队。

调“加强农村基础工作，健全自治、法治、德治相结合的乡村治理体系”。2018年中央一号文件《中共中央 国务院关于实施乡村振兴战略的意见》作为新时代实施乡村振兴战略的纲领性文件，对实施乡村振兴战略的重大意义、指导思想、目标任务、基本原则、十项主要工作等作了总体性规定。该意见在“加强农村基层基础工作，构建乡村治理新体系”部分明确提出“坚持自治、法治、德治相结合，确保乡村社会充满活力、和谐有序”。2019年1月3日《中共中央 国务院关于坚持农业农村优先发展做好“三农”工作的若干意见》提出“增强乡村治理能力”“建立健全党组织领导的自治、法治、德治相结合的领导体制和工作机制，发挥群众参与治理主体作用……指导农村普遍制定或修订村规民约”。这些政策文件无一不将乡村振兴与乡村治理紧密联系起来，体现了“产业兴旺、生态宜居、乡风文明、治理有效、生活富裕”二十字方针的总体要求，其中蕴含着经济发展与制度供给相辅相成的关系原理。2021年6月1日，《乡村振兴促进法》开始施行，乡村振兴迈入有法可依的新阶段。《乡村振兴促进法》也为建立“三治结合”的乡村治理体系和发挥乡规民约在乡村振兴中的积极作用提供了法律依据。①

乡村振兴战略的实施可以充分调动社会各方资源要素，促进农村经济发展，进而对原有乡村社会结构和秩序、规范带来冲击和重塑，孕育出新型的乡村治理机制、体制和体系；乡村治理体系的建立健全是一种成功的制度供给，反过来可以有效推进乡村振兴战略的实施。因此，乡村振兴战略的实施可以推动乡规民约作出变革调适，使之更好地发挥在乡村治理中的积极作用。上述三个重要文件都不约而同地提到“自治、法治、德治相结合”即“三治结合”的政策，而乡规民约作为一种农村村民自治规范，既需要法治的保障和指导，又需要德治的支撑和滋养，恰好可以成为紧密连接自治、法治、德治三者关系的纽带。从这个意义上讲，“三治结合”政策为当代南方少数民族乡规民约的变革调适提供了可行路径。

（三）数字化时代的信息传播为乡规民约的变革调适减少了阻碍

信息传播对于乡村治理体系的建立健全至关重要。“一切混乱的根源均可以追溯到沟通传播和互信机制的欠缺，传播不

① 《乡村振兴促进法》第41条规定：“建立健全党委领导、政府负责、民主协商、社会协同、公众参与、法治保障、科技支撑的现代乡村社会治理体制和自治、法治、德治相结合的乡村社会治理体系，建设充满活力、和谐有序的善治乡村。”《乡村振兴促进法》第30条规定：“各级人民政府应当采取措施丰富农民文化体育生活，倡导科学健康的生产生活方式，发挥村规民约积极作用，普及科学知识，推进移风易俗，破除大操大办、铺张浪费等陈规陋习，提倡孝老爱亲、勤俭节约、诚实守信，促进男女平等，创建文明村镇、文明家庭，培育文明乡风、良好家风、淳朴民风，建设文明乡村。”

足容易导致信任匮乏，进而造成合作困难，以至于最终影响社会秩序的形成和维系。”[①] 数字化时代信息传播的实时性、无边界性、互动性、汇聚性等特性为乡村治理主体之间的共享、协调、开放提供了技术保障。乡村治理体系的构建端赖治理主体内部、多元治理规范之间的互动与融通。其一，乡村治理主体的多元性要求主体之间信息传播的顺畅度高。乡村治理的主体包括广大村民、“乡土法杰”[②]、村民小组、村民委员会、村党支部、驻村企事业单位、乡镇党委政府、基层人民法院及其派出法庭等。当代乡规民约的变革调适是建立健全乡村治理体系的必然要求，在此过程中，乡村治理多元主体之间依托数字化实现顺畅的信息传播和信息沟通显得十分重要。其二，乡村治理主体之间的双向性要求信息传播既有自上而下的传播渠道，也有自下而上的反馈机制。其三，乡村治理规范的多元性要求不同规范之间的互动与融通。数字化时代的信息传播增强了地方政府与乡村社会、法律法规等正式规范与乡规民约等非正式规范之间的互动，为乡规民约的变革调适减轻了阻碍。

高效便捷的信息传播加快了乡村社会的现代化进程，加速了乡村社会的信息流动。信息化时代以互联网为核心的信息传播媒介凭借其强大的辐射力，对乡村治理产生不可低估的影

① 费爱华：《乡村传播的社会治理功能探析》，载《学海》2011 年第 5 期，第 2 页。

② 高其才教授在《桂瑶头人盘振武》一书开头对“乡土法杰”作了描述。参见高其才：《桂瑶头人盘振武》，北京：中国政法大学出版社 2013 年版，第 3 页。

响。政府在乡村社会不遗余力的普法宣传或“送法下乡”不能不重视微信、微博、短视频等信息传播媒介的作用，精准扶贫政策和乡村振兴战略的实施也需要依托数字化技术。① 显见的是，乡规民约变革调适所需的社会成本和经济成本在数字化时代会大大降低。新媒体可以有效克服报纸、电视、广播、宣传栏等传统媒介在偏远乡村地区信息传播的局限性，降低信息获取的门槛。乡规民约、自治章程和国家法律可以通过短视频、微信公众号等丰富多彩的形式，同时呈现在以村民为主体的多方治理主体面前。在村民小组会议、村民会议、村民代表会议、村党支部会议、村民委员会会议等特定场合，以及乡规民约的制定、修订、执行、监督和人民调解、行政调解、司法调解、巡回审判等活动中，乡规民约与国家法律可以在同一个场域中实现充分交流、互动与融通。

三、以“三治结合”促进当代南方少数民族乡规民约的变革调适

构建“三治结合”的乡村治理体系，首先要确立自治为

① 《中共中央 国务院关于打赢脱贫攻坚战的决定》(2015 年 11 月 29 日) 提出“抓紧建立农村低保和扶贫开发的数据互通、资源共享信息平台”“构建社会扶贫信息服务网络”。《中共中央 国务院关于实施乡村振兴战略的意见》(2018 年 1 月 2 日) 提出“实施数字乡村战略”。《中共中央 国务院关于全面推进乡村振兴加快农业农村现代化的意见》(2021 年 1 月 4 日) 提出“实施数字乡村建设发展工程”“加强乡村公共服务、社会治理等数字化智能化建设”。《最高人民法院关于为全面推进乡村振兴加快农业农村现代化提供司法服务和保障的意见》(法发〔2021〕23 号) 提出“加强服务乡村公共服务、基层治理等举措的数字化、智能化建设，提升司法工作的信息化、智能化水平”。

基础，法治为保障，德治为支撑的治理格局，类似一个等边三角形，底边代表自治，两条腰分别代表法治和德治。以自治为基础，才能保障村民自治，防止行政权、司法权过度干涉；以法治为保障，才能完善乡村法治，确保乡规民约的合法性；以德治为支撑，才能提升德治水平，促进乡规民约发挥实效。自治、法治、德治三者均不可偏废，各自位置也不能相互取代。没有自治，法治和德治将成为无源之水、无本之木；没有法治，自治和德治无法加以保障；没有德治，自治和法治无法充分发挥实效。法治和德治在形式上是对等的，犹如等边三角形的两条腰，无论重法治轻德治抑或重德治轻法治都会失去平衡，造成治理体系的失衡或紊乱。

（一）以自治为基础，保障村民自治，防止行政权、司法权过度干涉

村民自治权利与行政权、司法权关系的界定是影响乡规民约变革调适之成败的重要因素。1982 年《宪法》第 111 条和 1987 年《村民委员会组织法》（试行）第 2 条确立了村民委员会“基层群众性自治组织”的法律地位，自此村民自治制度和村民自治权利得到宪法和法律的保障。《宪法》和《村民委员会组织法》在最近一次修订时（均在 2018 年）仍保留了该项规定，法律条文的所在位置都未曾改变。纵观历史，乡规民

约的出现要远远早于村民委员会。[1] 村民委员会和村民自治制度业经诞生，乡规民约便转而成为村民自治的一种重要形式，是村民行使自治权利、发展基层民主政治的一种重要手段和成果。因此，在乡规民约变革调适过程中，乡村治理的内部主体[2]应当以保障和实现村民自治权利为导向，主动适应时代变革，尽量避免行政权、司法权的过度干涉；乡村治理的外部主体应当尊重村民自治、尊重村民民主，确认、维护和保障乡规民约的效力。

《村民委员会组织法》第5条规定：“乡、民族乡、镇的人民政府对村民委员会的工作给予指导、支持和帮助，但是不得干预依法属于村民自治范围内的事项。村民委员会协助乡、民族乡、镇的人民政府开展工作。”该条将乡镇政府与村民委员会的关系界定为指导与被指导的关系，显著区别于上下级政府的领导与被领导关系。此处指导与被指导的关系，法条之意不在于行政和司法干涉乡村自治，而是实然操作层面的指导纠偏。在行政村、自然村（村民小组）这一特定场域中，凡属于村民自治范围内的事务，地方政府是无权干预的，行政权和

① 1980年1月8日，广西壮族自治区宜山县三岔公社合寨大队（现为宜州区屏南乡合寨村）果作屯以蒙宝亮、蒙光新、韦焕能、蒙成顺、蒙正昌、蒙正奉、蒙光捷等为代表的村民，冲破了生产大队、生产队的僵化体制，率先实行村民自治，成为“中国村民自治第一村”，果作村民委员会也成为“中国第一个村民委员会”。

② 乡村治理的主体包括广大村民、乡土法杰、村民小组、村民委员会、村党支部等内部主体，以及驻村企事业单位、乡镇党委政府、基层人民法院及其派出法庭等外部主体。

司法权需让位于村民自治权利。经济学家米尔顿·弗里德曼认为：“政府的必要性在于其是‘竞赛规则’的制定者，又是解释和强制执行这些已被决定的规则的裁判者。”① 政府的主要功能在于行政管理和社会服务，为乡村社会自主发展优化环境，而不是直接参与村民自治范围内的事项，全流程“亲历”乡村治理实践，这是政府作为乡村治理外部主体参与乡村治理时对自身的合理定位。

司法权与村民自治权利的关系问题已得到最高审判机关的关注。2018 年 11 月 7 日《最高人民法院关于为实施乡村振兴战略提供司法服务和保障的意见》（下文简称《最高院意见》）提出“充分保护村民的自治权利，坚持农民在乡村振兴战略中的主体地位，审慎把握村民自治与国家法治之间的边界”，“尊重不违反法律强制性规定的村规民约、乡风民俗”。该项规定显然是为防止法院在司法活动中遇到乡规民约与法律、法规、规章、政策规定冲突时可能采取“一刀切”的处理方式，特别强调审判机关应当尊重村民的自治权利，尊重不违反法律强制性规定的乡规民约。与《村民委员会组织法》第 27 条规定乡镇政府对违反宪法、法律、法规和国家政策的乡规民约具有“责令改正权”相比，该意见的规定笼统且模糊，缺乏可操作性。自治是乡规民约最具生命力的体现，作为村民自治的重要形式、手段和载体，乡规民约在变革调适过程中应当竭力

① ［美］米尔顿·弗里德曼：《资本主义与自由》，张瑞玉译，北京：商务印书馆 1986 年版，第 16 页。

避免同质化倾向。政府和司法机关也应当充分认识到自治是乡规民约的生存基础，尊重不违反法律强制性规定的乡规民约就是保障村民自治，努力克制行政权、司法权对乡规民约的“入侵”，避免“什么都管却什么都管不好”的尴尬遭遇。

（二）以法治为保障，完善乡村法治，确保乡规民约的合法性

乡规民约的变革调适首先需要解决其合法性问题，建立健全乡规民约的监督机制是确保乡规民约合法性的重要路径。《七部委指导意见》提出，“重点检查村规民约、居民公约制定或修订的主体、程序、内容是否合法，是否符合实际、具有可操作性，发现问题及时纠正”。该指导意见属于政策性文件，基于政府部门的立场对乡规民约的监督主体、监督内容、处理方式等作了规定。其对监督主体所作的列举式规定具有一定的局限性，所规定的监督内容包括合法性和合理性两个层面，合法性包括制定主体与程序合法、实体（内容）合法；合理性包括符合实际和具有可操作性，而处理方式则相对单一。结合《村民委员会组织法》《立法法》《行政处罚法》《行政诉讼法》《最高院意见》《七部委指导意见》等法律法规和政策性文件规定，建立健全乡规民约的监督机制可以从监督主体、监督内容、监督方式三个维度展开。

1. 明确乡规民约的监督主体

监督主体应当包括乡镇政府、上级职能部门、法院及其派出法庭等外部主体，以及村民议事会、人民调解委员会、村务

监督委员会、道德评议会、红白理事会、禁毒禁赌会、乡贤理事会、监事会、老人会、宗族会等内部主体。

2. 明晰乡规民约的监督内容

监督内容或监督客体应当包括乡规民约制定或修订主体的合法性、制定或修订程序的合法性、内容的合法性三个方面。对乡规民约制定或修订程序的监督应当考虑不同地区乡村社会结构的稳定状况。对于社会结构较为稳定的地区，乡规民约的制定或修订、执行可以拥有较大的自治空间；而对于社会结构转型剧烈的地区，乡规民约的制定或修订、执行应当得到有效的监督，乡规民约的监督主体应当充分发挥作用，基层政府、法院应加强对乡规民约的指导，把好“合法性”关口，防止灰色势力对乡规民约的非理性操控。①

3. 建立或完善审核制度、备案制度、司法审查、检查清理等监督方式

其一，审核制度指的是在乡规民约的制定或修订环节，村党组织和村民委员会根据有关意见修改完善后，报乡镇党委、政府审核把关，由其提出审核意见，村党组织和村民委员会根

① 陈寒非、高其才：《乡规民约在乡村治理中的积极作用实证研究》，载《清华法学》2018 年第 1 期，第 87 页。

据审核意见修改后提交村民会议审议表决的制度。[①] 审核制度是一种事前监督机制，在乡规民约的制定或修订环节就可以有效发挥监督作用，乡镇党委、政府担任监督主体，有利于监督作用的发挥。

其二，备案制度指的是《村民委员会组织法》第 27 条规定的，村民会议制定和修改村规民约后报乡、民族乡、镇人民政府备案的制度。如果乡规民约的内容违反法律的强制性规定，基层政府有对其责令改正的权力和责任。备案制度是一种事后监督路径，体现了以行政为主导的公权力对村民自治的监督，但目前关于备案的适用范围、时限、启动程序、处理方式等并未明确，可操作性不强，需要补其之短。

其三，司法审查。从现行法律、法规、司法解释和政策规定来看，对乡规民约的司法审查处于空白状态，不利于确保乡规民约的合法性。2000 年 3 月 8 日发布的《最高人民法院关于执行〈中华人民共和国行政诉讼法〉若干问题的解释》（法释〔2000〕8 号）第 59 条规定：“根据行政诉讼法第五十四条第（二）项规定判决撤销违法的被诉具体行政行为，将会给

① 《七部委指导意见》“制定程序”部分规定了审核的程序，原文如下：“（3）提请审核。村（社区）党组织、村（居）民委员会根据有关意见修改完善后，报乡镇党委、政府（街道党工委、办事处）审核把关。（4）审议表决。村（社区）党组织、村（居）民委员会根据乡镇党委、政府（街道党工委、办事处）的审核意见，进一步修改形成审议稿，提交村（居）民会议审议讨论，根据讨论意见修订完善后提交会议表决通过。表决应遵循《村民委员会组织法》《城市居民委员会组织法》相关规定，并应有一定比例妇女参会。未根据审核意见改正的村规民约、居民公约不应提交村（居）民会议审议表决。”

国家利益、公共利益或者他人合法权益造成损失的，人民法院在判决撤销的同时，可以分别采取以下方式处理：……（三）向被告和有关机关提出司法建议。”根据该司法解释，人民法院在行政审判中，可以判决撤销依据违法的乡规民约所作出的具体行为，同时针对违法的乡规民约向村民委员会或其他被告提出司法建议，具体途径可以是建议乡镇政府指导村委会对违法的乡规民约作出修正。2018 年 2 月 6 日《最高人民法院关于适用〈中华人民共和国行政诉讼法〉的解释》（法释〔2018〕1 号）出台，法释〔2000〕8 号废止，但法释〔2018〕1 号删除了原有的乡规民约司法审查的条款或规定，并未增设相应条款。因此，司法实践中司法机关对乡规民约进行司法审查缺少法律依据，重构乡规民约的司法审查机制十分必要。

根据 2018 年修正的《村民委员会组织法》第 36 条“村民委员会或者村民委员会成员作出的决定侵害村民合法权益的，受侵害的村民可以申请人民法院予以撤销，责任人依法承担法律责任”的规定，村民委员会或者村民委员会成员作出的决定应当接受司法审查。这与已经废止的〔2000〕8 号司法解释异曲同工，可谓复活了该条司法解释。如果村民委员会或者村民委员会成员作出的侵害村民合法权益的决定是依据违反法律强制性规定的乡规民约作出的，则审判机关可以对该决定实施司法审查。此过程涉及乡规民约制定或修订过程的程序性审查和乡规民约内容的实体性审查。

实体性审查的一个重要对象是乡规民约的罚则。乡规民约罚则条款的设置基准是不违反法律的强制性规定。如果法院在司法活动中认定乡规民约的规定违反法律的强制性规定，应当按照法律法规和政策规定进行处理；如果乡规民约仅违反法律的任意性规定，则可置之不理。乡规民约的罚则大多涉及村民的权利义务，其中罚款、“罚金”、违约金、赔偿金、补偿金等条款，不能简单认为其超过适度的范围就违反《行政处罚法》的规定，更不能认为乡规民约不可以设置罚则条款。《村民委员会组织法》第27条既没有规定村规民约可以设定惩罚措施，也没有规定村规民约不可以设定惩罚措施。换个角度看，村民自治章程、村规民约“不得有侵犯村民的人身权利、民主权利和合法财产权利的内容”的规定，“可以看作是对惩罚措施的限制，间接地表示了对村规民约规定惩罚措施的允许”①。何况，作为一种具有“准法”性质的基层自治规范，是不能没有适度的惩罚措施加以保障的。

乡规民约罚则条款的设置和执行属于村民自治的事项，其是否属于《行政处罚法》的管辖内容值得商榷。对于村民自治共同体及其权力机构村民小组会议、村民会议、村民代表会议而言，原则上不适用“法无授权不可为”，而应适用“法无禁止即可为”。乡规民约设定的罚则条款属于村民自治范围内的事项，并不需要《行政处罚法》的授权和规定。由于司法机关没有权力对乡规民约进行直接纠正，只能对个案中被告基于违法的乡规民约作出的具体行为进行纠正，从而迂回地对乡

① 唐鸣、朱军：《关于村规民约的几个问题》，载《江汉论坛》2019年第7期，第134页。

规民约的违法性作出否定性评价。司法审查是一种事后监督机制，审查的范围有限，纯属村民自治范围的事项应当被排除在外。

其四，检查清理指的是乡镇人民政府会同上级民政、司法行政、法院、农业农村、计划生育等部门对现行乡规民约、村民自治章程等进行检查，对违反法律强制性规定的，建议废止或修改；对违反法律任意性规定的，加以指导修正；对不符合实际、不具可操作性的，加以指导修改完善。

（三）以德治为支撑，提升德治水平，促进乡规民约发挥实效

关于德治在乡村治理体系中的定位、内涵和具体要求，中央和部委层面都在相关政策性文件中予以阐述，体现了德治在“三治结合”中不可或缺的地位和在乡村治理体系中不可取代的功能和作用。《中共中央 国务院关于实施乡村振兴战略的意见》在“加强农村基层基础工作，构建乡村治理新体系”部分以专门一段话阐述乡村治理体系中德治的具体要求。“提升乡村德治水平。深入挖掘乡村熟人社会蕴含的道德规范，结合时代要求进行创新，强化道德教化作用，引导农民向上向善、孝老爱亲、重义守信、勤俭持家。建立道德激励约束机制，引导农民自我管理、自我教育、自我服务、自我提高，实现家庭和睦、邻里和谐、干群融洽。广泛开展好媳妇、好儿女、好公婆等评选表彰活动，开展寻找最美乡村教师、医生、村官、家庭等活动。深入宣传道德模范、身边好人的典型事迹，弘扬真善美，传播正能量。”《最高院意见》则对德治在“三治结合”中的定位和功能予以明确，并强调司法审判的道德引导作用。“准确把握村民自治与国家法治的关系，积极搭建法治与德治的桥梁，促进完善乡村自治、法治、德治相结合的治理体系。”“在实行自治和法治的同时，注重发挥好德治的作用。坚持寓德治于法治，用法治促德治，让柔性的道德获得有力的推行，使道德与法律相得益彰。通过发挥司法审判的道德引导、行为规范作用，推动礼仪之邦、优秀传统文化和法治社会建设相辅相成。”《七部委指导意见》从总体要求、主要内容两个层面都阐明了乡规民约应有的德治要求，其强调乡规民约的制定或修订要“坚持价值引领，践行社会主义核心价值观，弘扬中华民族传统美德和时代新风；坚持因地制宜，充分考虑当地风俗习惯、历史文化等因素，通俗易懂，简便易行”；内容应包括“引导民风民俗。弘扬向上向善、孝老爱亲、勤俭持家等优良传统，推进移风易俗，抵制封建迷信、陈规陋习，倡导健康文明绿色生活方式等”。那么，德治在“三治结合”中的支撑地位以及德治对于乡规民约变革调适的作用是如何体现出来的呢?

其一，“法安天下，德润人心。”道德的践行离不开法律约束，法律的有效实施有赖于道德支持。德治可以有效提升村民道德素养和乡村道德水准，发挥道德的教化、激励、引导作用，培育文明乡风、良好家风、淳朴民风。对于法律法规和政策无法规制只能引导的事项，道德可以充分发挥教化、激励和引导作用。

其二，以“乡土法杰”为代表的乡村道德权威积极参与乡规民约的制定或修订、适用、执行、遵守和监督的全过程，将其较高的道德素养与法律素养同时灌注到乡规民约中，实现自治、法治与德治的融合。在乡村治理实践中，“乡土法杰”这一类人谙熟村情民意，有着复合型的知识结构，经常担任村民议事会、乡贤理事会、道德评议会、红白理事会、村务监督委员会、义务巡逻队的成员，有的担任村民小组组长、村民委员会成员，直接参与村民自治事务。他们既继承了传统道德的合理成分，又熟悉法律常识，以担任人民调解员、人民陪审员、普法宣传员的形式积极投身于乡村法治建设，可谓集自治、法治、德治于一身，在乡村治理体系构建中发挥着不可或缺的作用。

其三，传统美德、善良习俗、公序良俗等德治内涵可以作为乡规民约的合理性评价标准。乡规民约除了接受合法性评价外，还需满足一定的合理性标准，因为符情适理是规范制定与实施的前提和基础，否则势难符合实际、具有可操作性。《七部委指导意见》强调乡规民约“务实管用”之深意即在于此，即应当满足符合实际、具有可操作性的标准。从某种程度上说，弘扬传统美德、尊重善良习俗、符合公序良俗的乡规民约通常都是契合村情民意和乡村实际的乡规民约，这样的乡规民约才具有可操作性，便于发挥实效。

作为一种村民自治规范，当代南方少数民族乡规民约在乡村事务管理、社会秩序维护和矛盾纠纷化解等诸多方面发挥了至关重要的作用。然而，在当前乡村治理场域中，当代南方少数民族乡规民约也渐趋暴露出同质化现象严重、抑制村民权利意识、与国家法律冲突等问题，亟须作出变革调适。问题的出现常常伴随着应对策略的产生。一方面，精准扶贫和乡村振兴战略的实施为当代南方少数民族乡规民约的变革调适提供了崭新契机；另一方面，数字化信息传播的应用加速了乡村社会的信息流动，增强了地方政府与乡村社会、法律法规等正式规范与乡规民约等非正式规范之间的互动，为当代南方少数民族乡规民约的变革调适减少了阻碍。“三治结合”的乡村治理体系遵循自治为基础、法治为保障、德治为支撑的力量格局，三者缺一不可，既不能顾此失彼，轻重失衡，也不能各自为阵，相互割裂，应当相辅相成，齐头并进，共同促进当代南方少数民族乡规民约的变革调适，使其更好地发挥推进乡村治理的积极作用。

结语

当代南方少数民族乡规民约是一种“法”，作为一种非正式制度，诞生、成长于各民族内部，同时伴随着族际法律文化互动而发生演变。在制定与实施中形成一套完整而独特的程序，得益于神灵观念的运用、集体力量的凭依和紧贴民心的普法宣教，当代南方少数民族乡规民约实施效果显著，实现了法律效果与社会效果的统一。在制定与实施的主体、程序和内容上表现出自治性、民族性、地域性、恢复性、重惩罚轻教化的特点。其维护社会秩序、传承民族文化、弥补国家法不足等积极价值凸显，但随着经济全球化浪潮的推进、社会主义市场经济的兴起以及人权意识的觉醒，其抑制权利意识、与国家法律冲突等消极影响也渐趋暴露出来。总体来看，它的积极价值远大于消极影响，这也是坚持辩证分析和历史分析方法得出的结论。当代南方少数民族乡规民约暴露出同质化现象严重、抑制村民权利意识、与国家法律冲突等问题，而精准扶贫和乡村振兴战略的实施以及数字化信息传播的应用为当代南方少数民族乡规民约的变革调适提供了新的契机。“三治结合”的乡村治理体系和现代基层社会治理机制恰好可以成为当代南方少数民族乡规民约变革调适的可行路径。“三治结合”的乡村治理体系具有三个内涵：以自治为基础，保障村民自治，防止行政权、司法权过度干涉；以法治为保障，完善乡村法治，确保乡规民约的合法性；以德治为支撑，提升德治水平，促进乡规民约发挥实效。

作为一种“地方性知识”，当代南方少数民族乡规民约活生生地存在并潜移默化地影响着人们生活的事实，恰好为社会治理提供了国家法以外的另一条道路，在理念和实践上都有重要的启发意义。1978 年改革开放以来，社会主义市场经济的洪流几乎席卷了中国的每一个角落。偏僻闭塞、面积辽阔的南方少数民族地区同样未能超然物外，历经四十余年的社会变迁，原先由血缘、地缘、业缘关系编织而成的“熟人社会”在很大程度上已经“结构混乱”，转变为“半熟人社会”。正如书中所阐述的，当代南方少数民族乡规民约具有生根发芽的文化“沃土”、顽强的适应能力和积极的价值内涵，代表和满足了特定地域、特定民族的法律需求，在国家法律体系尚未充分健全、充分完善的社会主义初级阶段和社会急剧转型时期，应当允许它与国家法共同发挥作用。清末修律以来一百多年的经验和教训已经证明，机械地把西方法移植而来栽种在有着数千年传统法律文化的土壤之上，不但长不出漂亮的花朵，结不出丰硕的果实，还出现了“法治秩序的好处未得，而破坏礼治秩序的弊病却已先发生了”[①] 的状况。何况，20 世纪以来，以自由、民主、人权、法治为特征的现代西方法开始出现“现代性危机”[②]，许多国家开始反思西方法律传统是否真正适合不同地区、不同国家、不同民族的需要。20 世纪 70 年代，法律人类学界开始提出“法律多元”理论。在广阔的南方少数民族地区，法律多元的真实存在为各民族提供了多样的制度供给，为个体权利救济创设了选择的可能性，为个体之间、个体与集体之间的纠纷提供了多元化解决机制，使他们的法律实践变得丰富多彩。

我们需要做的是，既要不断挖掘当代南方少数民族乡规民约的积极价值和内涵，又要坚决剔除其消极影响，促进其变革调适，与国家法形成良性互动，充分发挥其在乡村治理中的积极作用。

如何发挥当代南方少数民族乡规民约在乡村治理中的积极作用？这一问题的解决与全面推进乡村振兴、加快农业农村现代化的重大战略部署息息相关。习近平总书记在中央农村工作会议上强调，“脱贫攻坚取得胜利后，要全面推进乡村振兴，这是‘三农’工作重心的历史性转移。要坚决守住脱贫攻坚成果，做好巩固拓展脱贫攻坚成果同乡村振兴有效衔接，工作不留空档，政策不留空白。”中共中央、国务院《关于全面推

① 费孝通：《乡土中国 生育制度 乡土重建》，北京：商务印书馆 2014 年版，第 61 页。

② “现代性危机”是相对于传统文化产生的一个概念术语，主要指人类社会由于物质膨胀、文化领域逐渐与传统决裂所带来的各种社会问题及各种文化表现。

进乡村振兴加快农业农村现代化的意见》《关于实现巩固拓展脱贫攻坚成果同乡村振兴有效衔接的意见》等中央层面的政策文件为乡村振兴战略的实施作出了总体部署，《最高人民法院关于为全面推进乡村振兴加快农业农村现代化提供司法服务和保障的意见》《农业农村部关于全面推进农业农村法治建设的意见》等部委层面的政策文件为乡村振兴战略的贯彻落实提供了具体指导，以《乡村振兴促进法》为核心的法律法规为全面推进乡村振兴战略提供了法治保障。“农为邦本，本固邦宁。”“民族要复兴，乡村必振兴。”乡村振兴战略的实施与乡规民约、村规民约积极作用的发挥是相辅相成的关系。乡村振兴战略的实施可以促进乡规民约、村规民约的变革调适，使其充分发挥积极作用；充分发挥乡规民约、村规民约的积极作用，可以有效推进乡村振兴战略的实施。随着乡村振兴的全面实施，其深度、广度、难度或将逐渐加大，如何应对，既需要科学的顶层设计使其“落地生根”，也需要学界积极探索，提供更多理论支撑。

参考文献

一、古籍

[1]〔西汉〕司马迁．史记[M]．北京:中华书局,1959.

[2]〔西汉〕孔安国,传,〔唐〕孔颖达,疏．尚书正义[M]//〔清〕阮元校刻．十三经注疏．北京:中华书局,1980.

[3]〔东汉〕班固．汉书[M]．北京:中华书局,1962.

[4]〔东汉〕赵岐,注,〔北宋〕孙奭,疏．孟子注疏[M]//〔清〕阮元校刻．十三经注疏,北京:中华书局,1980.

[5]〔东汉〕郑玄,注,〔唐〕孔颖达,疏．礼记正义[M]//〔清〕阮元校刻．十三经注疏．北京:中华书局,1980.

[6]〔东汉〕许慎．说文解字[M]．北京:中华书局,2002.

[7]〔南朝宋〕范晔．后汉书[M]．北京:中华书局,1965.

[8]〔唐〕房玄龄,等．晋书[M]．北京:中华书局,1974.

[9]〔唐〕长孙无忌,等撰,刘俊文,点校．唐律疏议[M]．北京:中华书局,1983.

[10]〔元〕脱脱,等. 宋史[M]. 北京:中华书局,1977.

[11]〔明〕钱古训,撰,江应樑,校注. 百夷传校注[M]. 昆明:云南人民出版社,1980.

[12]〔清〕席裕福,等纂. 皇朝政典类纂:卷 373[M]. 清光绪二十九年(1903 年)铅印本.

[13]〔清〕张廷玉,等. 明史[M]. 北京:中华书局,1974.

[14]〔清〕赵尔巽. 清史稿[M]. 北京:中华书局,1977.

[15]〔清〕赵翼. 檐曝杂记[M]. 北京:中华书局,1982.

[16]〔清〕汪森,编辑,桂苑书林编辑委员会,校注. 粤西诗载,校注(四)[M]. 南宁:广西人民出版社,1988.

[17]〔清〕薛允升,著,胡星桥,邓又天,主编. 读例存疑点注[M]. 北京:中国人民公安大学出版社,1994.

[18]王云五. 丛书集成初编:炎缴纪闻及其他一种[M]. 上海:商务印书馆,1936.

[19]马建石,杨育棠. 大清律例通考校注[M]. 北京:中国政法大学出版社,1992.

[20]张荣铮,刘勇强,金懋初,点校. 大清律例[M]. 天津:天津古籍出版社,1993.

[21]王天海,校释. 荀子校释(下册)[M]. 上海:上海古籍出版社,2005.

二、地方志

[1]〔晋〕常璩. 华阳国志:卷 1[M]. 北京:中华书局,1985.

[2]〔宋〕范成大,撰,齐治平,校补. 桂海虞衡志校补[M]. 南宁:广西民族出版社,1984.

[3]〔清〕谢启昆,纂修. 广西通志:卷278[M]. 清嘉庆五年(1800年)刻本.

[4]〔清〕李锡书,纂修. 汶志纪略:卷3[M]. 清嘉庆十年(1805年)刻本.

[5]〔清〕闵叙,辑,陆祚蕃,著. 粤述[M]. 北京:中华书局,1985.

[6]〔清〕段汝霖,撰,伍新福,校点. 楚南苗志[M]. 长沙:岳麓书社,2008.

[7]刘显世,谷正伦,修,任可澄,杨恩元,纂. 民国贵州通志:卷三十四[M]. 民国三十七年(1948年)铅印本.

[8]江碧秋,修,潘宝箓,纂. 罗城县志:卷3[M]. 台北:台北成文出版社,1975.

[9]阿坝州文物志编写组. 阿坝州志·文物志[Z]. 阿坝州:油印稿,1988.

[10]广西壮族自治区大新县志编纂委员会. 大新县志[M]. 上海:上海古籍出版社,1989.

[11]广西壮族自治区地方志编纂委员会. 广西通志·民俗志[M]. 南宁:广西人民出版社,1992.

[12]都安瑶族自治县志编纂委员会. 都安瑶族自治县志[M]. 南宁:广西人民出版社,1993.

三、专著

[1]毛泽东．毛泽东选集:第5卷[M]．北京:人民出版社,1967.

[2]《民族问题五种丛书》云南省编辑委员会.中国少数民族社会历史调查资料丛刊:云南苗族瑶族社会历史调查[M].昆明:云南民族出版社,1982.

[3]严汝娴,宋兆麟．永宁纳西族的母系制[M]．昆明:云南人民出版社,1983.

[4]林耀华．原始社会史[M]．北京:中华书局,1984.

[5]广西壮族自治区编辑组,《中国少数民族社会历史调查资料丛刊》修订编辑委员会．广西瑶族社会历史调查(一)[M].北京:民族出版社,2009.

[6] 四川省编辑组．羌族社会历史调查[M]．成都:四川省社会科学院出版社,1986.

[7]胡朴安．中华全国风俗志:上编[M]．石家庄:河北人民出版社,1986.

[8]中国大百科全书总编辑委员会《哲学》编辑委员会、中国大百科全书出版社编辑部．中国大百科全书·哲学[M]．北京:中国大百科全书出版社,1987.

[9] 梁漱溟．儒家文化要义[M]．上海:学林出版社,1987.

[10]钱穆．晚学盲言[M]．台北:东大图书公司,1987.

[11]《中国少数民族社会历史调查资料丛刊》修订编辑委

员会. 广西少数民族地区碑文契约资料集[M]. 北京:民族出版社,2009.

[12] 石启贵. 湘西苗族实地调查报告[M]. 长沙:湖南人民出版社,1986.

[13]庄锡昌,顾晓鸣,顾云深,等. 多维视野中的文化理论[M]. 杭州:浙江人民出版社,1987.

[14] 贵州省黄平县民族事务委员会. 苗族古歌古词:下集"理词"[Z]. 黄平:内部资料,1988.

[15]陈克进. 婚姻家庭词典[M]. 北京:中国国际广播出版社,1989.

[16] 朱谦之. 文化哲学[M]. 北京:商务印书馆,1990.

[17]柏果成,等. 贵州瑶族[M]. 贵阳:贵州民族出版社,1990.

[18]范宏贵. 少数民族习惯法[M]. 长春:吉林教育出版社,1990.

[19] 云南省编辑组. 白族社会历史调查(四)[M]. 昆明:云南人民出版社,1991.

[20] 中国大百科全书总编辑编委员会《社会学》编辑委员会、中国大百科全书出版社编辑部. 中国大百科全书·社会学[M]. 北京:中国大百科全书出版社,1991.

[21]岑家梧. 岑家梧民族研究文集[M]. 北京:民族出版社,1992.

[22]沈宗灵. 现代西方法理学[M]. 北京:北京大学出版社,1992.

[23] 黄钰,辑点．瑶族石刻录[M]．昆明:云南民族出版社,1993.

[24]广西壮族自治区少数民族古籍整理出版规划领导小组．融水苗族埋岩古规[M]．南宁:广西民族出版社,1994.

[25] 邓敏文,吴浩．没有国王的王国——侗款研究[M]．北京:中国社会科学出版社,1995.

[26]梁治平．清代习惯法:社会与国家[M]．北京:中国政法大学出版社,1996.

[27]苏力．法治及其本土资源[M]．北京:中国政法大学出版社,1996.

[28]江山．法的自然精神导论[M]．北京:法律出版社,1997.

[29]王铭铭,[英]王斯福．乡土社会的秩序、公正与权威[M]．北京:中国政法大学出版社,1997.

[30]郑杭生,等．当代中国社会结构和社会关系研究[M]. 北京:首都师范大学出版社,1997.

[31]何积全．苗族文化研究[M]．贵阳:贵州人民出版社,1999.

[32]高铭暄,赵秉志．刑法论丛:第3卷[M]．北京:法律出版社,1999.

[33]俞荣根．羌族习惯法[M]．重庆:重庆出版社,2000.

[34]徐晓光,吴大华．苗族习惯法研究[M]．香港:华夏文化艺术出版社,2000.

[35]张冠梓．论法的成长——来自中国南方山地法律民

族志的诠释[M]. 北京:社会科学文献出版社,2000.

[36] 莫金山. 瑶族石牌制[M]. 南宁:广西民族出版社,2000.

[37]苏力. 送法下乡——中国基层司法制度研究[M]. 北京:中国政法大学出版社,2000.

[38]张晋藩. 中国法制通史:第8卷[M]. 北京:法律出版社,2000.

[39] 李兵. 佤族——沧源勐董镇帕良村[M]. 昆明:云南大学出版社,2001.

[40]张巨成. 水族——富源古敢乡都章村[M]. 昆明:云南大学出版社,2001.

[41]杨一凡,田涛,主编,张冠梓,点校. 中国珍稀法律典籍续编:第9册 少数民族法典法规与习惯法(上)[M]. 哈尔滨:黑龙江人民出版社,2002.

[42]杨一凡,田涛,主编,张冠梓,点校. 中国珍稀法律典籍续编:第10册 少数民族法典法规与习惯法(下)[M]. 哈尔滨:黑龙江人民出版社,2002.

[43]龙胜各族自治县民族局《龙胜红瑶》编委会. 龙胜红瑶[M]. 南宁:广西民族出版社,2002.

[44]田成有. 法律社会学的学理与运用[M]. 北京:中国检察出版社,2002.

[45]冉春桃,蓝寿荣. 土家族习惯法研究[M]. 北京:民族出版社,2003.

[46]张明楷. 刑法格言的展开[M]. 北京:法律出版

社,2003.

[47]谢晖,陈金钊. 民间法:第3卷[M]. 济南:山东人民出版社,2004.

[48]刘锋,龙耀宏. 侗族——贵州黎平县九龙村调查[M]. 昆明:云南大学出版社,2004.

[49]一凡藏书馆文献编委会. 古代乡约及乡治法律文献十种(全三册)[M]. 哈尔滨:黑龙江人民出版社,2005.

[50]狄小华,李志刚. 刑事司法前沿问题:恢复性司法研究[M]. 北京:群众出版社,2005.

[51] 王平. 恢复性司法论坛[M]. 北京:群众出版社,2005.

[52]强世功. 调解、法制与现代性:中国调解制度研究[M]. 北京:中国法制出版社,2001.

[53] 李鸣. 碉楼与议话坪:羌族习惯法的田野调查[M]. 北京:中国法制出版社,2008.

[54]陈金全. 西南少数民族习惯法研究[M]. 北京:法律出版社,2008.

[55]陈金全,巴且日火. 凉山彝族习惯法田野调查报告[M]. 北京:人民出版社,2008.

[56]高其才. 瑶族习惯法[M]. 北京:清华大学出版社,2008.

[57]曾代伟. 巴楚民族文化圈研究——以法律文化的视角[M]. 北京:法律出版社,2008.

[58]贵州人民出版社. 解读贵州:余秋雨黔东南纪行

[M]. 贵阳:贵州人民出版社,2008.

[59]龙大轩. 乡土秩序与民间法律:羌族习惯法探析[M]. 北京:中国政法大学出版社,2010.

[60]吴浩,梁杏云. 侗族款词[M]. 南宁:广西民族出版社,2009.

[61]《民族问题五种丛书》贵州省编辑组,《中国少数民族社会历史调查资料丛刊》修订编辑委员会. 苗族社会历史调查(三)[M]. 北京:民族出版社,2009.

[62]黄才贵. 贵州民族文化论丛[M]. 贵阳:贵州人民出版社,2009.

[63]何永斌. 西川羌族特殊载体档案史料研究[M]. 成都:四川出版集团,巴蜀书社,2009.

[64]徐晓光. 原生的法——黔东南苗族侗族地区的法人类学调查[M]. 北京:中国政法大学出版社,2010.

[65]周世中,等. 西南少数民族民间法的变迁与现实作用——以黔桂瑶族、侗族、苗族民间法为例[M]. 北京:法律出版社,2010.

[66]袁翔珠. 石缝中的生态法文明:中国西南亚热带岩溶地区少数民族生态保护习惯研究[M]. 北京:中国法制出版社,2010.

[67]张应强,王宗勋. 清水江文书·第3辑(全10册)[M]. 桂林:广西师范大学出版社,2011.

[68]夏征农,陈至立. 大辞海·民族卷[M]. 上海:上海辞书出版社,2012.

[69]吕立汉. 浙江畲族民间文献资料总目提要[M]. 北京:民族出版社,2012.

[70]胡卫东. 黔东南苗族山林保护习惯法研究[M]. 成都:西南交通大学出版社,2012.

[71]莫金山. 金秀瑶族村规民约[M]. 北京:民族出版社,2012.

[72]吴大华,等. 侗族习惯法研究[M]. 北京:北京大学出版社,2012.

[73]高其才. 桂瑶头人盘振武[M]. 北京:中国政法大学出版社,2013.

[74]赵天宝. 景颇族纠纷解决机制研究[M]. 北京:法律出版社,2013.

[75]张冠梓. 中国少数民族传统法律文献汇编:第二册[M]. 北京:中国社会科学出版社,2014.

[76]高其才,马敬. 陇原乡老马伊德勒斯[M]. 北京:中国政法大学出版社,2014.

[77]费孝通. 乡土中国 生育制度 乡土重建[M]. 北京:商务印书馆,2014.

[78]高国藩. 中国巫术通史(下)[M]. 北京:凤凰出版社,2015.

[79]谢晖,陈金钊,蒋传光. 民间法:第15卷[M]. 厦门:厦门大学出版社,2015.

[80]高其才. 习惯法的当代传承与弘扬——来自广西金秀的田野考察报告[M]. 北京:中国人民大学出版社,2015.

[81]谢晖,陈金钊,蒋传光. 民间法:第十七卷[M]. 厦门:厦门大学出版社,2016.

[82]石建平,冯志农,马照南. 福建乡规民约[M]. 福州:海峡文艺出版社,2016.

[83]李交发. 中国诉讼法史:修订本[M]. 湘潭:湘潭大学出版社,2016.

[84]高其才. 中国习惯法论:第3版[M]. 北京:社会科学文献出版社,2018.

[85]高其才. 通过村规民约的乡村社会治理——当代锦屏苗侗地区村规民约功能研究[M]. 湘潭:湘潭大学出版社,2018.

[86]高其才. 村规民约传承固有习惯法研究——以广西金秀瑶族为对象[M]. 湘潭:湘潭大学出版社,2018.

[87]陈寒非. 南方主要少数民族村规民约与纠纷解决[M]. 湘潭:湘潭大学出版社,2018.

[88]吕川. 南方主要少数民族治安村规民约研究[M]. 湘潭:湘潭大学出版社,2018.

[89] 郭亮. 南方主要少数民族乡规民约与基层民主治理:以合寨村为个案[M]. 湘潭:湘潭大学出版社,2018.

[90]陈秋云,等. 海南黎族社会村规民约研究[M]. 湘潭:湘潭大学出版社,2018.

[91]中共中央马克思、恩格斯、列宁、斯大林著作编译局. 马克思恩格斯选集:第二卷[M]. 北京:人民出版社,1972.

[92]中共中央马克思、恩格斯、列宁、斯大林著作编译局.

斯大林选集:上卷[M]. 北京:人民出版社,1979.

[93] [日]穗积陈重. 法律进化论:合订本[M]. 黄尊三,等译. 上海:商务印书馆,1929.

[94] [德]黑格尔. 历史哲学[M]. 王造时,译. 北京:生活·读书·新知三联书店,1956.

[95] [法]孟德斯鸠. 论法的精神[M]. 张雁深,译. 北京:商务印书馆,1959.

[96] [法]拉法格. 思想起源论[M]. 王子野,译. 北京:生活·读书·新知三联书店,1963.

[97] [法]埃蒂耶纳·卡贝. 伊加利亚旅行记:第2、3卷[M]. 李雄飞,译. 北京:商务印书馆,1978.

[98] [英]霍布斯. 利维坦[M]. 黎思复,黎廷弼,译. 北京:商务印书馆,1985.

[99] [美]米尔顿·弗里德曼. 资本主义与自由[M]. 张瑞玉,译. 北京:商务印书馆,1986.

[100] [英]欧内斯特·巴克. 英国政治思想——从赫伯特·斯宾赛到现代[M]. 黄维新,胡待岗,等译. 北京:商务印书馆,1987.

[101] [法]亨利·莱维·布律尔. 法律社会学[M]. 许钧,译. 上海:上海人民出版社,1987.

[102] [美]露丝·本尼迪克特. 文化模式[M]. 王炜,等译. 北京:生活·读书·新知三联书店,1988.

[103] [英]科特威尔. 法律社会学导论[M]. 潘大松,等译. 北京:华夏出版社,1989.

[104] [美]费兰茨·博厄斯. 原始人的心智[M]. 项龙,王星,译. 北京:国际文化出版公司,1989.

[105] [美]埃尔曼. 比较法律文化[M]. 贺卫方,高鸿钧,译. 北京:生活·读书·新知三联书店,1990.

[106] [美]伯尔曼. 法律与宗教[M]. 梁治平,译. 北京:生活·读书·新知三联书店,1991.

[107] [美]霍贝尔. 初民的法律——法的动态比较研究[M]. 周勇,译. 北京:中国社会科学出版社,1993.

[108] [美]伯尔曼. 法律与革命[M]. 贺卫方,等译. 北京:中国大百科全书出版社,1993.

[109][日]滋贺秀三等. 明清时期的民事审判与民间契约[M]. 王亚新,梁治平,编,王亚新,等译. 北京:法律出版社,1998.

[110] [美]克利福德·吉尔兹. 地方性知识——阐释人类学论文集[M]. 王海龙,张家瑄,译. 北京:中央编译出版社,2000.

[111] [英]哈耶克. 法律、立法与自由:第2-3卷[M]. 北京:中国大百科全书出版社,2002.

[112] [美]罗伯特·C. 埃里克森. 无需法律的秩序——邻人如何解决纠纷[M]. 苏力,译. 北京:中国政法大学出版社,2003.

[113] [美]史蒂文·瓦戈. 社会变迁[M]. 王晓黎,等译. 北京:北京大学出版社,2007.

[114] [意]贝卡里亚. 论犯罪与刑罚[M]. 黄风,译. 北

京:北京大学出版社,2008.

四、论文

1. 期刊论文

[1]黄才贵,吴永清. 侗族的习惯法[J]. 贵州文史丛刊,1982(3).

[2][美]M. A. 格伦顿,等. 比较法律传统序论——比较法的范围、目的、法律传统和方法论[J]. 潘汉典,译. 法学译丛,1987(2).

[3]朱文运. 水头寨布依族的乡规民约[J]. 贵州民族研究,1988(3).

[4]向零. 洞款乡规及其演变——对侗族社会组织形式、功能及其演变的探讨[J]. 贵州民族研究,1989(3).

[5]周勇. 初民社会纷争调处的法则——黔东南苗族"佳"歌的法律分析[J]. 比较法研究,1993(2).

[6]王学辉. 云南少数民族习惯法形成和发展的轨迹[J]. 现代法学,1998(3).

[7]龙大轩. 羌族民约的习惯法特征[J]. 西南政法大学学报,1999(1).

[8]苏力. 中国当代法律中的习惯——从司法个案透视[J]. 中国社会科学,2000(3).

[9]张广修. 村规民约的历史演变[J]. 洛阳工学院学报(社会科学版),2000(2).

[10]贺雪峰. 论半熟人社会[J]. 政治学研究,2000(3).

[11]张晓辉,王启梁. 民间法的变迁与作用——云南25个少数民族村寨的民间法分析[J]. 现代法学,2001(5).

[12]杨军昌. 侗寨占里长期实行计划生育的绩效与启示[J]. 中国人口科学,2001(4).

[13]曹全来. 国际化与本土化:晚清法制改革的两个目标[J]. 天津社会科学,2003(3).

[14]卞利. 明清徽州乡(村)规民约论纲[J]. 中国农史,2004(4).

[15]谢晖. 当代中国的乡民社会、乡规民约及其遭遇[J]. 东岳论丛,2004(4).

[16]张中秋. 乡约的诸属性及其文化原理认识[J]. 南京大学学报(哲学·人文科学·社会科学版),2004(5).

[17]张明新. 乡规民约存在形态刍论[J]. 南京大学学报(哲学·人文科学·社会科学版),2004(5).

[18]刘方权. 恢复性司法:一个概念性框架[J]. 山东警察学院学报,2005(1).

[19]徐晓光. 从苗族"罚3个100"等看习惯法在村寨社会的功能[J]. 山东大学学报(哲学社会科学版),2005(3).

[20]吴大华. 论民族习惯法的渊源、价值与传承——以苗族、侗族习惯法为例[J]. 民族研究,2005(6).

[21]董建辉. "乡约"不等于"乡规民约"[J]. 厦门大学学报(哲学社会科学版),2006(2).

[22]邹敏. 关于唐律"化外人相犯"条的再思考[J]. 贵州

民族研究,2006(5).

[23]何文钜,何忠志.《大瑶山团结公约》与民族自治地方立法[J]. 广西政法管理干部学院学报,2008(3).

[24]董磊明,陈柏峰,聂良波. 结构混乱与迎法下乡——河南宋村法律实践的解读[J]. 中国社会科学,2008(5).

[25]粟丹. 从款约的发展看侗族法文化的变迁[J]. 甘肃政法学院学报,2008(6).

[26]杨洪林."德古"与"莫"——凉山彝人社会中的世俗权威与纠纷解决方式[J]. 西南民族大学学报(人文社科版),2008(8).

[27]吴云. 水族生态环境保护的法律问题思考——以三都水族自治县为例[J]. 云南行政学院学报,2008(5).

[28]丁成成,李向玉. 黔东南少数民族村寨村规民约研究[J]. 凯里学院学报,2009(5).

[29]龙大轩,刘玲. 略论西南少数民族地区的民事纠纷及其解决机制[J]. 甘肃政法学院学报,2010(6).

[30]赵月,冉景丞. 茂兰国家级自然保护区水族现代村规民约中的生态保护因素分析[J]. 中国林副特产,2010(3).

[31]李胜利. 论习惯法在云南省德宏傣族景颇族自治州民族法制建设中的调适[J]. 思想战线,2010(6).

[32]张晋藩. 从晚清修律官"固有民法论"所想到的[J]. 当代法学,2011(4).

[33]徐晓光. 小牛的 DNA 鉴定——黔东南苗族地区特殊案件审理中的证据与民间法参与[J]. 广西民族大学学报(哲学

社会科学版),2011(1).

[34]张子刚,辑录. 从江古今乡规民约资料汇编(一):平楼议款条规碑[J]. 侗学研究通讯,2011(1).

[35]李向玉. 民族习惯法转型期的法治现代化——以黔东南少数民族地区一起"鼓藏民约"司法个案为例[J]. 甘肃政法学院学报,2011(2).

[36]周真刚. 习惯法对少数民族传统文化的保护[J]. 西南民族大学学报(人文社会科学版),2011(3).

[37]费爱华. 乡村传播的社会治理功能探析[J]. 学海,2011(5).

[38]胡兴东. 西南民族地区多元纠纷解决机制研究[J]. 中国法学,2012(1).

[39]张新,李晓蓉. 试析遵义仡佬族习惯法的现实状态及其特点[J]. 遵义师范学院学报,2012(4).

[40] 刘雁翎. 正安仡佬族环境习惯法的调查[J]. 贵州民族学院学报(哲学社会科学版),2012(4).

[41]吴立志. 论刑事和解与恢复性司法的关系[J]. 学术论坛,2012(2).

[42]谭万霞. 村规民约:国家法与民族习惯法调适的路径选择——以融水苗族村规民约对财产权的规定为视角[J]. 法学杂志,2013(2).

[43]董迎轩,周真刚. 黔东南少数民族村规民约对其传统建筑的保护[J]. 贵州社会科学,2013(3).

[44]段玥婷,周芸芸. 浅谈德宏地区少数民族村规民约

[J]. 东南大学学报(哲学社会科学版),2013,15(S1).

[45]苏洁. 法文化在民间的秩序与格局——以道真县仡佬族习惯法为视角的考察[J]. 甘肃政法学院学报,2014(1).

[46]牛坤. 洱海周边白族居民的传统生态观及其现代价值[J]. 大理学院学报,2015(9).

[47]陈翠玉. 跨界合作:国家法与习惯法的关系图景——以西南少数民族婚姻纠纷解决实践为例[J]. 理论与改革,2015(1).

[48]郭武. 论环境习惯法在环境纠纷解决中的功能[J]. 海峡法学,2015,17(2).

[49]邢雪娥. 论哈尼族传统村规民约对梯田保护的作用[J]. 红河学院学报,2016(1).

[50]高霖. 影视剧中"古镇形象"对古镇社区的影响——对丽江古城和大理龙下登村的案例研究[J]. 中国民族博览,2016(1).

[51]李向玉,徐晓光."敲死小偷":黔东南村寨"私力处死"现象的根源及司法影响[J]. 湖北民族学院学报(哲学社会科学版),2016(6).

[52]杜孝义. 谈神灵观念[J]. 科学与无神论,2016(6).

[53]胡卫东. 论民事习惯的行政司法适用——以黔东南苗族"田边地角"管理习惯为研究视角[J]. 宁夏社会科学,2016(5).

[54]郭亮,陈金全. 互动共治:乡村治理的历史逻辑与法秩序转型——从"桂西北"特定地域观瞻[J]. 西南民族大学学

报(人文社科版),2016(10).

[55]曾祥慧,周真刚．贵州畲族村落的类型与管理研究[J]．贵州民族研究,2017(12).

[56]刘雁翎．清水江文书中的苗族,侗族环境生态习惯法[J]．贵州民族研究,2017,38(5)

[57]陈寒非,高其才．乡规民约在乡村治理中的积极作用实证研究[J]．清华法学,2018(1).

[58]王代芬,罗永春．村规民约:践行乡村振兴战略的民间制度保障——以云南省墨江哈尼族自治县龙坝镇为例[J]．农业农村部管理干部学院学报,2018(4).

[59]高其才．通过村规民约的乡村治理——以贵州省锦屏县启蒙镇边沙村环境卫生管理为对象[J]．广西民族研究,2018(4).

[60]杜健荣．少数民族习惯法司法适用的障碍及其克服[J]．贵州民族研究,2018(11).

[61]李向玉．转型抑或边缘:法治进程中的习惯法与国家法[J]．哈尔滨工业大学学报(社会科学版),2018(3).

[62]滕晓梅．水族村寨乡规民约在培育社会主义核心价值观中的功能与作用——以荔波县玉屏镇水葩村为例[J]．品牌研究,2018(6).

[63]高其才．通过村规民约改变不良习惯探析——以贵州省锦屏县平秋镇石引村为对象[J]．法学杂志,2018(9).

[64]高其才．乡村治理视角下村规民约的变与常——以贵州省锦屏县平秋镇魁胆村为考察对象[J]．学术交流,2019

(4).

[65]徐晓光,徐斌．乌江流域少数民族碑刻习惯法研究[J]．原生态民族文化学刊,2019,11(2).

[66]唐鸣,朱军．关于村规民约的几个问题[J]．江汉论坛,2019(7).

[67]尹若曦．勐宋哈尼族村规民约演变及其乡村治理功能[J]．智库时代,2019(8).

[68]周芳,胡兴东．近40年云南少数民族地区村规民约变迁研究[J]．贵州民族研究,2020(7).

2. 学位论文

[1]周相卿．黔东南雷山县三村苗族习惯法研究[D]．昆明:云南大学,2004.

[2]郭凤鸣．云南贡山丙中洛乡少数民族习惯法的育人功能研究[D]．重庆:西南大学,2008.

[3]刘泽友．湘鄂西土家族家族司法研究[D]．湘潭:湘潭大学,2009.

[4]王海银．国家法在少数民族地区村规民约中的体现——以黔东南锦屏县村规民约为例[D]．贵阳:贵州大学,2009.

[5]李向玉．黔东南苗族婚姻习惯法与国家法的冲突与调适[D]．贵阳:贵州大学,2009.

[6]罗波．壮族当代乡规民约与乡村整合:以龙脊村为例[D]．南宁:广西民族大学,2010.

[7]陈晓丹．当代土家族地区村规民约研究——以湖北省长阳土家族自治县为个案[D]．武汉:中南民族大学,2011.

[8]包其剑．毛南族习惯法研究——以环江县下南乡毛南族为例[D]．桂林:广西师范大学,2011.

[9]余翠娥．公共事务的合作共治——德宏傣族景颇族自治州艾滋问题治理模式研究[D]．昆明:云南大学,2011.

[10]岳雪莲．仫佬族流动人口与流出地社会变迁研究——基于广西罗城凤梧村的调查[D]．武汉:中南民族大学,2011.

[11]郗春媛．人口较少民族社会文化变迁研究——以云南布朗族为例[D]．北京:中央民族大学,2011.

[12]原美林．中国传统家族司法研究[D]．湘潭:湘潭大学,2012.

[13]陈谌．传统与生态——少数民族习惯法对澜沧千年万亩古茶园的保护作用研究[D]．昆明:昆明理工大学,2013.

[14]赵祖磊．白族传统乡规民约中的道德思想及其现代价值[D]．大理:大理学院,2014.

[15]薛新新．论广西瑶族村规民约——以金秀,恭城瑶族自治县为例[D]．桂林:广西师范大学,2014.

[16]吴纪树．当代苗族村规民约的罚款研究——以黔东南台江县两乡村规民约为中心的分析[D]．贵阳:贵州民族大学,2014.

[17]徐志成．畲族生态伦理研究[D]．杭州:浙江财经大学,2015.

[18]柳诗丹．马克思主义生态视角下云南少数民族生态文化研究[D]．哈尔滨:东北林业大学,2015.

[19]王娜．贵州省毛南族生育文化研究——以平塘县卡蒲毛南族乡为例[D]．贵阳:贵州师范大学,2016.

[20]娄义鹏．贵州少数民族地区纠纷解决机制研究——以苗族、侗族、布依族为例[D]．北京:中央民族大学,2016.

[21]饶文斌．贵州三都水族村规民约探析[D]．桂林:广西师范大学,2016.

[22]宋玉霞．羌族乡规民约在其基层治理中的应用研究——基于"中国羌族第一寨"萝卜寨的调查[D]．成都:四川省社会科学院,2017.

[23]黄荣幸．基层治理法治化视野下民族地区法治村屯建设研究[D]．桂林:广西师范大学,2017.

[24]张利利．民族地区民族习惯与国家法的互动研究——以德峨镇纠纷调解案件为例[D]．南宁:广西民族大学,2017.

五、报纸、裁判文书、电子文献

[1]喻中．法律效果与社会效果的思量[N]．法制日报,2008－04－20(10).

[2]贵州省镇远县人民法院民事判决书(2017)黔2625民初245号.

[3]云南省耿马傣族佤族自治县人民法院刑事判决书(2018)云0926刑初187号.

[4]云南省纪委监委网站．澄江：严查群众身边的“雁过拔毛”式“微腐败”[EB/OL].(2016－08－05)[2021－07－11]. http://ynjjjc.gov.cn/html/2016/tiewanfanfu_0805/19394.html.

[5]云南省纪委监委网站．胆大妄为套取移民资金46个“硕鼠”受严惩——云龙县苗尾乡部分乡村干部套取私分移民资金案例剖析[EB/OL].(2016－12－01)[2021－07－11]. http://ynjjjc.gov.cn/html/2016/yianjingshi_1201/23387.html.

后 记

本书是在我硕士学位论文基础上修改、充实而成。2016 年 4 月，我正值硕士学位论文开题阶段，在导师李交发教授的指导下，初步拟就了“南方少数民族乡规民约研究”这一题目。时年 7 月，“南方主要少数民族乡规民约与社会治理研究丛书”出版项目在湘潭大学出版社启动，我有幸参会并聆听了高其才教授、陈金全教授等多位长期从事少数民族习惯法研究的专家学者的报告，受益颇深，从此愈加坚定了我研究这个题目的决心和勇气。2017 年 5 月，我以“南方少数民族乡规民约研究——以羌、彝、瑶、侗、苗为重点”为题完成硕士学位论文答辩。四年多以来，我对这一领域的关注从未停歇，通过坚持不懈的努力，如今终于完稿付梓。本书从选题、提纲拟定、写作到最终定稿，得到了湘潭大学法学院李交发教授、刘海鸥教授和清华大学法学院高其才教授的悉心指导，书稿凝结了诸位老师的心血，我在此谨向他们致以真诚的谢意。

作为一个初学者，面对“当代南方少数民族乡规民约探析”

这个较为宏大的选题，无论是原始资料的搜集，还是自身理论储备、研究方法和视野都捉襟见肘。不过，我在研读了大量民间法、习惯法、民族学、人类学方面的专著、论文、原始资料和田野调查报告之后，被丰富多彩的少数民族法律文化深深吸引。我来自拥有二十多个少数民族的云南，距离我从小生活的村庄不到一公里的地方就有一个傈僳族小寨，他们的宗教、语言、服饰、舞蹈、歌曲、故事无不引人好奇。这些都深深地激发我从事南方少数民族乡规民约研究的兴趣。囿于时间、精力，我没有进行深入系统的田野调查，本书所引材料大多来自专家、学者的田野调查报告和研究成果，在此向他们表示诚挚的敬意和谢忱。

感谢湘潭大学出版社对本书写作、出版的支持和资助，感谢湘潭大学出版社章育良教授、黄琼编辑对书稿的辛勤付出。

感谢我的家人对我一如既往的支持与鼓励，感谢湘潭大学法学院博士工作室诸位学友的陪伴。

本书在原始资料、案例、方法、理论等方面都显不够，有些民族未能涉猎，对有些重要问题虽有论及，但浅尝辄止，没有深入探讨其形成的深层原因、表现形式和解决对策。例如，当代南方少数民族乡规民约在制定、内容、实施上逐渐呈现趋同性，民族性、地域性淡化，甚至消失；有的条文烦琐细密，操作性不强；重形式轻实质，许多乡规民约、村规民约制定出来后很快沦为写在纸上、贴在墙上的具文等。当前我国正在努力推进依法治国、乡村振兴、生态文明建设、创新社会治理体制等重大战略，乡村社会治理，尤其是少数民族地区的社会治理迎来了重要机遇和契机，乡村社会治理的深度、广度、难度都会增加。对此，如何充分发挥南方少数民族乡规民约的积极作用,健全自治、法治、德治相结合的乡村治理体系,是一个有重大现实价值的课题。“当代南方少数民族乡规民约探析”是一个值得继续深入研究的选题,我仍将持续关注这个选题,待条件具备时,再作深入系统的田野调查和研究。本书存在的诸多不足乃至舛误之处,敬请方家批评指正,也期待学界同侪共同探讨。

2021 年 7 月 11 日于湘潭大学西山 309 室

图书在版编目（CIP）数据

当代南方少数民族乡规民约探析 / 李天助著. -- 湘潭 : 湘潭大学出版社, 2021.9
ISBN 978-7-5687-0620-9

Ⅰ. ①当… Ⅱ. ①李… Ⅲ. ①少数民族－乡规民约－研究－南方地区 Ⅳ. ①D927

中国版本图书馆 CIP 数据核字（2021）第 174771 号

当代南方少数民族乡规民约探析

DANGDAI NANFANG SHAOSHU MINZU XIANGGUI MINYUE TANXI

李天助 著

责任编辑： 黄 琼
封面设计： 李 平
出版发行： 湘潭大学出版社
社　　址： 湖南省湘潭大学工程训练中心
电　　话： 0731-58298960 0731-58298966（传真）
邮　　编： 411105
网　　址： http://press.xtu.edu.cn/
印　　刷： 长沙鸿和印务有限公司
经　　销： 湖南省新华书店
开　　本： 880 mm×1230 mm 1/32
印　　张： 9
字　　数： 210 千字
版　　次： 2021 年 9 月第 1 版
印　　次： 2021 年 9 月第 1 次印刷
书　　号： ISBN 978-7-5687-0620-9
定　　价： 36.00 元